Dans la même collection

HUBERT MONTAGNER, *L'Enfant et la Communication. Les rythmes de l'enfant et de l'adolescent.*
RENÉ ZAZZO, *Le Paradoxe des jumeaux.*
CATHERINE ET GUY VERMEIL, *Le Lièvre et la Tortue.*
SUSAN FORWARD, *Parents toxiques.*
VICTOR COURTECUISSE, *L'Adolescence. Les années métamorphose.*
RICHARD A. GORDON, *Anorexie et Boulimie.*
DAVID LASKIN, KATHLEEN O'NEILL, *Les Petites Filles.*
DANIÈLE RAPPOPORT, SIMON-DANIEL KIPMAN, *La sexualité « oubliée » des enfants.*

L’ENFANT ACTEUR DE SON DÉVELOPPEMENT

Du même auteur

L'ATTACHEMENT, LES DÉBUTS DE LA TENDRESSE, Éditions Odile Jacob, Paris, 1988. (Livre de Poche)

Hubert Montagner

L'enfant acteur de son développement

Stock - Laurence Pernoud

Introduction

Le faible intérêt de la plupart des grands penseurs de l'époque moderne pour la petite enfance, et singulièrement des philosophes, est un phénomène étrange. La révolution scientifique ne cesse en effet de révéler la précocité et la complexité des « compétences du bébé », et de mettre ainsi en question notre connaissance de la nature humaine et des constructions de l'humanisation.

Comme nous avons contribué à le montrer*, après de nombreux chercheurs (voir la bibliographie), le bébé possède, dès les prémices de la vie, des capacités diversifiées à s'ouvrir sur le monde qui l'environne. Nous verrons qu'il le conquiert, dès qu'il le peut, à son rythme et à son initiative. Avant ou après la naissance, selon ce qui est considéré, il est prêt à percevoir les informations du dehors. Il peut les capter, les mettre en mémoire, les comparer et leur donner une signification. Dès les premiers jours, il utilise ses compétences pour entrer dans le jeu des interactions avec cette personne attentive et aimante qu'est la mère. En même temps qu'il est piloté, il est capable de la piloter jusqu'à la conduire dans un dialogue étonnant. La « façon » même dont il s'endort est susceptible de modifier le comportement et le discours de sa mère, mais aussi de tous ceux qui le regar-

* Montagner, 1988.

dent et l'écoutent. Plus généralement, il montre qu'il est capable d'accepter et de renforcer la communication avec des personnes qu'il n'a jamais rencontrées, qu'elles soient adultes ou enfants.

Entre 8 et 10 mois, l'enfant peut même partir à la conquête d'un espace à trois dimensions. Bien avant de savoir marcher, certains enfants sont capables, en effet, de se hisser jusqu'à au moins un mètre cinquante, lorsqu'ils escaladent un plan incliné ou empruntent un escalier hélicoïdal avec des marches « à leurs dimensions » (voir le chapitre 3).

Autrement dit, à un âge qui varie de quelques jours à quelques mois, selon les aspects du développement considérés, les bébés sont des « êtres-sujets » dotés d'un formidable éventail de compétences. Très tôt, ils apparaissent capables de les révéler au cours d'actions qu'ils décident et contrôlent dès lors que le contexte s'y prête. Faciliter l'émergence et le développement de ces compétences, c'est rendre l'enfant capable de s'adapter aux environnements les plus divers et les plus inattendus. Il peut ensuite développer, au fil du temps, des capacités à répondre de manière ajustée aux questions nouvelles ou banales, rares ou habituelles, simples ou complexes qui lui sont posées dans ses différents lieux de vie.

L'ENFANT-OBJET DES SOCIÉTÉS MODERNES

Pourtant, ils sont nombreux ceux qui se laissent aller à disserter sur la condition humaine, comme s'ils ignoraient la subtilité des constructions de l'enfance, malgré les multiples travaux et les efforts de vulgarisation des chercheurs et cliniciens tout au long du XXe siècle, à la suite des grands théoriciens de la genèse du fonctionnement affectif, cognitif et mental de l'être humain*. Beaucoup agissent comme si

* Freud, 1900 et 1967, 1905 et 1962, 1926 et 1965 ; Wallon, 1934, 1942, 1945 ; Piaget, 1923, 1945, 1950, etc. (voir la bibliographie).

les seules mesures techniques, d'ordre médical, social ou éducationnel, au moment de la moyenne enfance et de l'adolescence, étaient suffisantes pour corriger ou supprimer les difficultés apparues à la naissance ou pendant la petite enfance. Les êtres humains seraient-ils dénués d'histoire personnelle ? Seraient-ils de véritables pâtes molles, malléables à volonté en vue d'en faire des individus conformes à l'attente sociale ? Pourraient-ils être considérés seulement comme des êtres dont les difficultés et les dysfonctionnements se réparent par le simple remplacement d'une « pièce » par une autre ? Une telle position, *a priori* caricaturale et pourtant relativement fréquente, admet implicitement que les enfants sont des êtres-objets, uniquement déterminés et façonnés par l'action des adultes, quel que soit le moment du développement où elle s'exerce.

Ou bien, pour les autres, le déterminisme génétique ou familial serait tellement pesant que toute action de la société serait vouée à l'échec.

En vérité, comme le montrent de multiples études et comme nous l'examinerons dans ce livre, l'enfant est un être dynamique qui a la possibilité de façonner son développement, grâce aux nombreuses compétences qui lui permettent d'orienter, de réorienter et de piloter ses interactions avec l'environnement. Il n'est pas seulement une personne qui reçoit les influences des autres, et qui se laisse mouler dans leurs projets. Il se construit aussi comme un être-sujet, à l'égal de toute personne qui choisit et décide, dans le cadre permanent des interactions avec sa mère, évidemment, et aussi avec ses autres partenaires.

LA PETITE ENFANCE, UN DOMAINE ENCORE TROP SOUVENT MÉCONNU ET DÉLAISSÉ

Si les philosophes sont peu nombreux à s'intéresser à l'enfance, à l'exception notoire de Michel Serres en France, c'est peut-être aussi parce que les responsables politiques n'ont pas toujours su ou pu mettre en œuvre des actions efficaces à partir des données combinées de la recherche et de la clinique. Tout se passe comme si les politiques redoutaient les débats de fond pouvant écorner les paravents moraux et institutionnels qui enferment l'enfant et sa famille dans des conceptions anciennes. En outre, ils évitent de reconsidérer les finalités des différentes structures éducatives, les unes par rapport aux autres, comme si les enfants, les familles et la société (et la connaissance qu'on en a) n'avaient pas changé. Beaucoup prétextent que le domaine de la petite enfance n'est pas celui du législateur, encore moins celui de l'exécutif, même si quelques avancées ont pu se développer avec la publication de décrets importants, comme celui de 1989 qui valorise les fonctions et rôles des médecins de protection maternelle et infantile. Résultat, le judiciaire fait ce qu'il peut, en général de façon malaisée, dès qu'il statue sur les enfants abandonnés, rejetés, mal aimés, maltraités, instables, repliés ou enfermés sur eux-mêmes, martyrisés, prostitués, etc. La liste, hélas, s'allonge sans cesse à la lecture des pages société des journaux qui rapportent les faits divers les plus sordides.

Je n'ai trouvé nulle part un projet de société qui intègre la petite enfance dans sa réflexion. En revanche, la procréation artificielle (les bébés éprouvettes), les mères porteuses et l'insuffisance de la démographie, sont des thèmes « porteurs » qui suscitent, eux, l'intérêt (légitime) du législateur. *Mais y a-t-il une femme ou un homme exerçant un mandat politique, élu par les parents des futurs citoyens, qui ait réfléchi aux conditions et stratégies à mettre en œuvre pour que les compétences précoces des jeunes enfants ne restent pas enfouies sous les contraintes et les a priori d'une société normative et productiviste ?*

Comment, par exemple, les politiques et les économistes peuvent-ils dénoncer l'échec scolaire, en se contentant d'explications qui reposent sur l'insuffisance intellectuelle ou culturelle des enfants et de leur famille, ou l'insuffisance du système scolaire ! Ignorent-ils à ce point le boulet que peut traîner un enfant lorsqu'il se sent mal aimé ou pas aimé, sans repères, pendant de longs mois, parfois depuis la naissance ? Ont-ils conscience que les manques et les insuffisances accumulés tout au long du développement peuvent former une chape épaisse, qui freine ou empêche l'émergence des compétences, et coupe toute envie ou désir d'apprendre ?

En effet, les enfants qui se sentent mal aimés, ignorés ou rejetés ont souvent des troubles du sommeil ou de l'alimentation, un vécu quotidien pauvre en stimulations et en informations sociales, et un environnement qui ne favorise ni l'émergence des compétences ni la construction des savoirs. Leur confinement dans des lieux étriqués interdit l'exploration de l'espace et la découverte des capacités du corps. Peut-on croire qu'ils seront en mesure plus tard d'élaborer des réponses adaptées aux événements les plus imprévus et complexes de la vie quotidienne, et d'avoir envie d'accéder aux savoirs et apprentissages officiellement confiés à l'école ? Malgré la qualité de ses maîtres, cette institution a trop souvent comme principe de se masquer les yeux et se boucher les oreilles pour mieux « ignorer » les contraintes personnelles et familiales qui empêchent un enfant d'être... un enfant (et *a fortiori* un élève), c'est-à-dire un être social, de temps, de rythmes et d'espace, qui se nourrit d'interactions et de tendresse, et pas seulement un être biologique dont le cerveau sert essentiellement à l'apprentissage des savoirs transmis par les adultes.

Invité à de nombreux colloques sur les rythmes dits « scolaires », je suis sidéré par la préoccupation exclusive de nombreux participants, à savoir la condition des élèves dans l'école, sans prise en compte de l'enfant lui-même qui « se cache » derrière chaque élève. Croient-ils vraiment que les difficultés des élèves à apprendre soient sans rapport avec tout ce qu'ils vivent en tant qu'enfants au cours des vingt-quatre heures de la journée, tout au long de la semaine et de l'année ?

En règle générale, peu d'adultes ont conscience de ce que

représente réellement une journée pour de nombreux enfants. Elle est ainsi programmée qu'elle leur interdit de faire éclore et fructifier leurs compétences. Ils ne peuvent alors se développer comme des êtres-sujets, acteurs de leur devenir. Les exemples qui illustrent cette réalité sont nombreux. J'en ai choisi deux chez des enfants plus âgés que ceux dont il sera question dans ce livre. Ils me permettent de souligner les motivations qui m'ont conduit à me pencher sur les compétences dont les enfants sont porteurs dès les premiers jours, et sur celles qui éclosent au cours des premiers mois. Ils correspondent à deux « âges-charnières » qui soulèvent de multiples questions, notamment dans le choix et le fonctionnement des institutions d'accueil et d'éducation*.

LE PARCOURS DU COMBATTANT DES ENFANTS DE DEUX A TROIS ANS

De nos jours, les enfants de 2 à 3 ans confiés à une crèche ou à une école maternelle sont nombreux. Ils sont souvent réveillés à 6 h 30-7 heures, ou plus tôt encore, en raison du rythme de travail, des influences culturelles et/ou des habitudes de leurs parents. En outre, le lieu de travail des parents est parfois éloigné. Ces enfants n'ont plus alors la possibilité d'émerger progressivement de leur sommeil, puis d'être nourris de tendresse et de communication par leurs parents, ces êtres d'attachement. La probabilité d'être réveillés pendant une phase de sommeil lent est élevée** et, en conséquence, la possibilité qu'ils pleurent ou soient mal réveillés et grincheux ne l'est pas moins. Les conditions pour que chacun soit à l'écoute de chacun ne sont pas réunies.

* Voir les analyses particulièrement pertinentes de B. Zazzo, 1978, 1984.

** H. Montagner, 1983.

L'enfant ne peut vivre et être vécu comme un être-sujet. C'est non seulement un moment de télescopage des rythmes individuels et des comportements, mais aussi un moment où la nécessité d'aller toujours plus vite pour alimenter, faire la toilette et vêtir l'enfant, ne permet pas le développement de ses compétences à solliciter, dialoguer et piloter. L'absence de temps de respiration (de « temps-sujet »), ou la réduction de ce temps à sa plus faible expression ne permettent pas davantage à la mère et au père de manifester leurs propres compétences à solliciter, dialoguer et piloter.

Lorsque ces phénomènes sont particulièrement accentués, la séparation entre l'enfant et sa mère (ou son substitut) est souvent mal vécue par tous deux, lorsque l'enfant est confié à une assistance maternelle, à une crèche, à une école maternelle, ou à une personne qui le conduit ensuite à la crèche ou à l'école maternelle : pleurs et comportements de détresse chez l'enfant, sentiment de culpabilité et angoisse chez la mère. A-t-on réfléchi à l'équilibre psychologique et physiologique, et aussi à l'efficacité professionnelle, de ces mères qui courent après le temps, jusqu'à ne plus en disposer pour être attentives aux compétences de leurs enfants et développer avec eux les interactions qui forgent l'attachement mutuel ? L'organisation de la journée et l'aménagement des structures d'accueil de ces enfants leur permettent-elles de découvrir et révéler leurs compétences, et de les investir comme autant de ressources pour leur développement ?

Rythmes individuels et rythme de la crèche

Intéressons-nous d'abord à l'accueil dans les crèches ou les structures équivalentes. Un nombre croissant d'entre elles sont soucieuses d'accueillir chaque enfant et chaque mère, et de personnaliser les interactions, les activités, les rythmes, les modes d'occupation de l'espace, les repas, les temps de sommeil, etc., selon l'écoute et la perception que les éducatrices, souvent remarquables, ont de chaque enfant et de sa famille*. D'autres ont peu de moyens matériels, notamment des personnels en nombre suffisant et des espaces aménagés. Elles manquent aussi parfois d'informations et de savoir-faire. Il est fréquent, par exemple, que le repas et le sommeil soient organisés de façon immuable ou presque. Le repas de la mi-journée est généralement fixé entre 10 h 30 et 11 heures, puis la sieste est organisée entre 11 h 30 et 12 heures, et les activités d'après sieste environ trois heures plus tard. Mais, dans ce programme, deux variables n'apparaissent pas encore assez souvent : *l'individualité de chaque enfant et ses capacités à réguler en fonction de ce qu'il a vécu*. Par exemple, un enfant de 2 à 3 ans régule au cours de la journée la quantité de ses prises alimentaires en fonction de ses repas précédents**. Ainsi, en fonction de ce qu'il a ingéré au petit déjeuner à la maison, mais aussi selon la manière dont il l'a vécu, il est plus ou moins prêt à accepter à une heure fixe de se trouver à table à la crèche, et d'y déjeuner de bon appétit. Quant au sommeil, les différences sont très grandes d'un enfant à l'autre dans l'organisation du rythme lui-même (certains enfants de 2 à 3 ans ont encore deux plages de sommeil entre 7 heures et 19 heures ; d'autres ne présentent plus de plage de sommeil diurne), l'heure et la durée de l'endormissement, l'heure d'éveil et la durée de chaque épisode de sommeil.

En fait, il n'existe pas de règle générale pour organiser à heure fixe un temps de repas et un temps de sommeil pour tous. Même si le bon sens, la rationalité « économique » et la nécessité d'organiser le temps quotidien conduisent à des règles de fonctionnement stables d'un jour à l'autre, on ne peut ignorer la diversité des capacités, des rythmes et des habitudes des enfants, surtout lorsqu'ils apparaissent très différents les uns des autres. Avec ses propres régulations comportementales et rythmiques, un enfant de 2 à 3 ans

* Vignolles, 1991.
** Laurent, 1983.

auquel on impose une « programmation standard », ne peut révéler la diversité et la complexité de ses compétences, et ne peut, en conséquence, se développer pleinement comme un être-sujet, acteur de son développement. Est-il si compliqué de prévoir un certain échelonnement des repas et des temps de sommeil à partir de l'observation des comportements spontanés des enfants et des informations données par la famille ? Que font les autorités de tutelle pour que soit possible une prise en compte individualisée des enfants ?

Rythmes individuels et rythme de l'école maternelle

A l'école maternelle, si on se limite au rythme veille-sommeil et aux enfants qui développent encore un épisode de sommeil diurne, il existe le plus souvent un décalage important entre le moment où les enfants de 2 à 3 ans présentent des signes qui annoncent le sommeil (généralement entre 11 h 30 et 12 h 30), et le moment où ils sont placés dans les conditions qui leur permettent de s'endormir (vers 14 heures), les horaires d'accueil à l'école maternelle étant 8 h 30-11 h 30 et 13 h 45-16 h 45*. Ce n'est pas un hasard si les institutrices d'école maternelle avouent qu'elles vivent souvent un début d'après-midi particulièrement difficile lorsqu'elles ont la responsabilité d'enfants de 2 à 3 ans. Certains d'entre eux ne s'endorment pas, s'agitent ou pleurent ; d'autres trouvent le sommeil seulement trente à soixante minutes après s'être allongés ; d'autres encore se réveillent en pleurant. Là non plus, l'enfant n'a aucune possibilité de vivre son rythme veille-sommeil en tant que sujet qui décide et choisit, en fonction des signes que lui envoient son cerveau et son corps. La même situation de sommeil (s'allonger par exemple dans l'obscurité ou la semi-obscurité d'un même lieu), le moment de l'endormissement et la durée de la situation de sommeil sont imposés à tous, même

* Montagner, 1983 ; Montagner *et al.*, 1992.

lorsqu'ils ne dorment plus pendant la journée au sein du milieu familial, ou lorsque ce sommeil a une durée très courte (la durée de sieste de certains enfants de 2 à 3 ans peut être de quinze à trente minutes).

L'insuffisance des aménagements d'espace

A la crèche et à l'école maternelle, les lieux où les enfants évoluent en dehors des repas et du sommeil sont souvent inadaptés à leurs véritables compétences et aux différences individuelles de rythmes et de comportements à chaque âge. La plupart de ces lieux sont rarement aménagés pour favoriser à la fois le développement des systèmes perceptifs, des systèmes moteurs, des systèmes de communication et des systèmes cognitifs. Trop souvent, leur conception n'autorise pas l'exploration et la conquête d'espaces à trois dimensions, au cours desquelles le schéma corporel (la représentation que l'on a de son corps) et les régulations motrices et interactives se construisent. Si les objets sont presque toujours abondants, l'ensemble de leurs propriétés et de leurs fonctions, notamment dans les échanges entre enfants, et leur intégration dans toutes les dimensions de l'espace et dans des « lieux » symboliques (mezzanine et structures d'escalade, « coin pour jouer à la maman », « nids » incitant au blottissement et au rêve, lieu où on fait à manger, etc.), ne peuvent se révéler pleinement à la plupart des enfants, faute d'aménagements appropriés de l'espace. Conséquence, les enfants ne peuvent pas explorer l'ensemble de leurs compétences à leur rythme et selon leurs choix. Tous sont confinés dans un espace à deux dimensions, comme s'ils avaient un corps limité à des évolutions dans des surfaces, par le même scénario de développement. Pourtant, nous le verrons, chaque enfant a des compétences précoces de conquête de l'espace, y compris dans sa troisième dimension, au moyen de stratégies et de régulations qui lui sont propres.

Lorsqu'ils découvrent les différentes compétences de leur

enfant dans la troisième dimension de l'espace, les parents portent sur lui un regard plus positif, plus confiant, surtout lorsqu'il a (ou lorsqu'il a eu) des difficultés de développement (handicaps, maladies, hospitalisations, difficultés alimentaires, comportements inhabituels, etc.).

La fin d'une journée ordinaire

En fin d'après-midi, lorsqu'il retrouve une mère ou des parents pressés par le temps, le jeune enfant doit, là aussi, subir une nouvelle programmation de son temps. Fatigué, malmené par un rythme sans cesse imposé, et frustré de communication, chacun a la plus forte probabilité de se vivre et de vivre l'autre comme un être-objet. Qui n'a jamais rencontré, en fin d'après-midi, des mamans qui ne savent plus ce qu'elles doivent faire ou ne pas faire, dire ou ne pas dire, à un enfant inconsolable ? Pourtant, il est possible d'éviter ou d'atténuer ce type de situation, en organisant de façon personnalisée et appropriée les temps et lieux de vie des enfants, pour eux-mêmes — comme nous le préciserons dans ce livre —, mais aussi pour l'accueil et la détente des parents.

La journée se termine si vite, après le temps consacré aux devoirs ménagers et aux obligations professionnelles, que de nombreuses mères n'ont pas le sentiment de se vivre comme des êtres-sujets, et ne peuvent en même temps offrir à leur(s) enfant(s) ce sentiment. Toujours animés par leurs capacités à piloter les autres et à développer la communication avec eux, surtout lorsqu'il s'agit de la personne d'attachement initial qu'est la mère, les enfants rentrés à la maison vont développer des « trésors » de stratégie pour attirer l'attention, induire des réponses, relancer la communication. La diversité et la complexité de leurs compétences apparaissent alors de façon éclatante, en particulier lorsqu'il s'agit de retarder le moment d'être mis au lit et le moment de l'endormissement. Malheureusement, il est fréquent que la maman n'ait plus la force ou l'envie de vivre un temps-sujet avec un être-sujet. Nul ne s'étonne alors que l'une des plaintes le plus souvent formulées par les mères est la difficulté de leur jeune enfant à accepter d'être mis au lit et à s'endormir, c'est-à-dire la séparation avec l'être d'attachement avant de basculer dans le trou noir du sommeil.

Je prendrai un deuxième exemple pour souligner la nécessité d'une reconnaissance précoce des compétences du jeune enfant, afin de mieux appréhender les difficultés ultérieures de l'enfant devenu élève, et de lever les obstacles, qui freinent ou empêchent l'émergence des compétences restées enfouies.

LE PARCOURS DU COMBATTANT DES ENFANTS DE SIX ANS

Les contraintes du début de la journée

Examinons la journée d'un écolier de 6 ans qui vient d'être accueilli à la « grande école », c'est-à-dire à l'école élémentaire. Il commence souvent sa journée sans avoir pu se réveiller de lui-même. Il n'est pas rare qu'il lui manque plusieurs heures de sommeil, comme le montre la durée réelle de son sommeil nocturne pendant les vacances. Dans ce cas, comment s'étonner que deux enfants sur trois au cours préparatoire (ils ont entre 6 et 7 ans) bâillent beaucoup en classe entre 9 heures et 9 h 30*, c'est-à-dire à un moment où paraissent se manifester les effets résiduels de l'un des pics d'endormissement observés entre 4 et 15 mois** ? C'est aussi l'un des deux moments de la journée scolaire (avec le début de l'après-midi) où l'activité intellectuelle et les performances à différents tests apparaissent

* Koch *et al.*, 1987 ; Soussignan *et al.*, 1988 ; Montagner *et al.*, 1992.
** Montagner *et al.*, 1992 ; Roquefeuil *et al.*, 1992.

inférieures à celles qui sont observées entre 10 et 12 heures et 15 et 17 heures*.

Quand il est réveillé par des parents pressés qui commencent tôt leur journée de travail, et lorsque le chemin qui le mène à l'école est long, l'enfant de 6 ans a peu d'occasions de vivre un temps-sujet au cours duquel il décide et choisit. Il est objectivement traité comme un objet. Sait-on qu'en France, dans certaines zones rurales et dans certains « grands ensembles » près des villes, la durée du transport scolaire, au nom évocateur de « ramassage scolaire », dépasse souvent quarante-cinq minutes, parfois soixante (à l'île de la Réunion, elle peut être de quatre-vingt-dix minutes). Transporté, ballotté, enfermé, c'est véritablement un être-objet qui arrive à l'école !

Une journée scolaire pour des enfants-élèves ou pour l'élève ?

En outre, la journée scolaire est ainsi conçue qu'elle ne permet pas aux enfants de faire émerger nombre de leurs compétences, notamment celles qui modifient leur environnement. Le plus souvent, il n'y a ni temps ni espace où chacun puisse faire respirer son cerveau et son corps, et en même temps découvrir et faire découvrir les compétences qu'il porte en lui. La rigidité des conceptions sur l'élève et l'ignorance de ses compétences d'enfant, l'absence de renouvellement des finalités de l'école, le carcan de l'un des programmes les plus rigides du monde, l'enfermement dans une journée scolaire interminable et dans des espaces « pétrifiés » (y compris la cour dite de récréation), ne peuvent permettre l'éclosion d'êtres-sujets qui modifient et remodèlent leur environnement, dans un mouvement sans cesse renouvelé de création et d'autorégulation. Les conséquences fâcheuses pour le développement et le devenir de l'élève sont

* Testu, 1982, 1990.

particulièrement bien expliquées par Vermeil et Vermeil (1987). Alors que de nombreux maîtres font la preuve quotidienne d'une intelligence en mouvement et d'une écoute individualisée de leurs élèves, la plupart des responsables font comme si volonté, intelligence de l'enfant et méthodes de transmission du savoir combinées rendaient dérisoires les différences de rythmes entre enfants : rythmes de vigilance et d'attention, mais aussi rythmes pour capter et traiter les informations, rythmes pour exécuter les tâches, rythmes de performances et rythmes biologiques. Trop souvent, les élèves ne sont plus que des enfants-troncs, réduits à une paire d'oreilles reliées aux mécanismes cérébraux de l'audition, du stockage et du traitement des informations dites et écrites, puis à la restitution de ces informations selon des schémas stéréotypés.

Il serait temps de prendre conscience qu'un enfant se cache derrière chaque élève. Réduit à sa condition d'élève, l'éventail des compétences s'ouvre lorsqu'il est d'abord un enfant. Nous verrons quelles sont ces compétences, et comment leur émergence et leur reconnaissance au début de la vie peuvent donner à l'enfant des racines pour qu'il découvre et cultive les savoirs de la vie. Mais, lorsque ces compétences restent enfouies au cours de la prime enfance, il devient difficile de les faire émerger, quelles que soient les qualités pédagogiques des enseignants et autres éducateurs, même si, heureusement, cela reste possible.

Pour en revenir à notre enfant de 6 ans, est-on vraiment conscient de son vécu après le temps scolaire ? Le plus souvent, il a le « choix » entre accompagner sa mère dans l'accomplissement de ses tâches ménagères, sociales ou personnelles (ce qu'on ne saurait, évidemment, reprocher aux mères), être reçu dans des lieux familiaux ou des lieux d'accueil où ses capacités d'initiative sont faibles ou nulles, ou prolonger la journée d'apprentissage par de nouveaux apprentissages imposés («cours» de musique, de sport, de langues, de peinture, etc.). Enfin, c'est souvent le temps des devoirs à la maison, qu'ils aient été demandés par le maître ou qu'ils soient organisés par les parents. Ou alors, c'est le moment sacré de la fascination par la télévision.

A quels moments les enfants ainsi «programmés» peuvent-ils réellement choisir entre faire et ne pas faire, rêver ou s'activer, se réfugier dans leur jardin secret ou plus prosaïquement un coin à soi, manipuler et assembler à leur rythme les objets habituels ou nouveaux, y compris les plus anodins en apparence (morceaux de bois, ficelles, boîtes de conserve, cailloux, feuilles, etc.), explorer et conquérir des espaces, être complices d'autres enfants? Dès lors, à quels moments pourraient-ils acquérir et développer des stratégies autres que celles de l'école et de la famille? A quels moments pourraient-ils découvrir qu'ils sont capables de modifier leur environnement par leurs propres choix, à leur seule initiative ou de façon conjuguée avec d'autres enfants, à leur rythme et selon le scénario qu'ils ont imaginé?

Objets de la programmation des adultes, il ne reste le plus souvent aux enfants que les échanges au cours du dîner et les échanges précédant l'endormissement pour avoir le sentiment qu'ils sont des êtres-sujets avec leurs propres façons d'être, leurs façons d'organiser et d'inventer les mots, leur imaginaire, leur façon d'utiliser et d'assembler les objets, leur façon de communiquer et leur façon d'aimer.

Comment les responsables et les décideurs politiques peuvent-ils être sourds et aveugles devant de telles évidences? Pourquoi n'ont-ils rien à proposer pour éviter que les enfants ne soient enfermés dans des contraintes de relations, de temps, de rythme et d'espace qui empêchent le jaillissement et le pétillement des compétences qui fondent l'intelligence? Il serait intéressant de suivre pendant quelques jours les technocrates, champions de l'individu-objet, auxquels on imposerait exactement le même rythme qu'aux enfants du cours préparatoire, et la même impossibilité d'exprimer leurs choix et leurs compétences personnelles.

UN NOUVEAU PROJET : L'ENFANT-SUJET, ACTEUR DE SON DÉVELOPPEMENT

Placés dans la condition d'êtres-objets, les enfants de tous âges ne sont donc pas souvent vécus et reconnus comme des personnes qui organisent leur prise d'informations, agissent, communiquent, apprennent, pensent et créent, à leur initiative et selon leurs rythmes, dans le cadre de projets et stratégies qui leur sont propres. Ils sont confinés dans des positions de spectateurs ou de suiveurs vis-à-vis de modèles sociaux qui sont de plus en plus complexes et difficiles à comprendre.

Pourtant, il faut le répéter, et nous le vérifierons tout au long de ce livre, chaque enfant est un être-sujet dès la naissance ou les premiers jours. Très tôt, il a, en effet, des compétences diversifiées qui lui permettent d'agir sur son environnement et de recueillir des informations sur les conséquences de son action. Capable de percevoir des informations véhiculées par la voix, le visage, les gestes, les postures, les odeurs corporelles, les saveurs, les touchers et les modes de portage, le bébé reçoit de multiples stimulations de sa mère et des autres personnes*. Il y répond d'une façon ou d'une autre, soit par des mimiques interprétées par le partenaire comme des signes de plaisir ou de déplaisir (sourires ou grimaces), d'accord ou de désaccord, soit par d'autres manifestations, elles aussi interprétées comme des états émotionnels ou des intentions. Les réponses du bébé peuvent aussi être des pleurs, des bruitages vocaux, des vocalisations, des orientations du regard, des agitations des bras ou des jambes, des agrippements du doigt du parte-

* Voir la Bibliographie.

naire, ou encore des régurgitations, mictions ou défécations. Le développement des interactions dépend des capacités du partenaire à répondre à ces différents comportements et à se laisser piloter par le bébé, puis à le piloter lui-même. Chaque personne prend l'apparence d'un être-sujet. Elle prend l'initiative et répond, non pas simplement en reproduisant les comportements et manifestations vocales de l'autre, mais aussi en faisant connaître et reconnaître son registre personnel à l'autre. Le bébé apparaît ainsi comme un être très personnel, qui a sa façon d'entrer en contact avec son partenaire, comme le souligne d'ailleurs Stern en réactualisant le concept de « self » dans son livre *Le Monde interpersonnel du nourrisson* (1989). Chaque enfant peut alors être acteur de son développement, quel que soit le poids de ses particularités génétiques, notamment lorsqu'il a des manques ou déficits au niveau de ses systèmes sensoriels ou perceptifs (enfants aveugles ou sourds par exemple), ou d'autres systèmes (enfants hypotoniques ou dystoniques ; enfants présentant des anomalies diverses du cerveau...), ou encore de sa « carte » génétique (enfants trisomiques). Mais, pour agir sur sa propre construction et être acteur de son développement, il est essentiel qu'il y ait dans son environnement au moins une personne (habituellement la mère) qui soit à l'écoute, interactive et flexible, et qui le considère lui-même comme tel. Ses compétences peuvent alors se révéler « à ses yeux » et « aux yeux » du partenaire, puis se structurer dans le cadre de ses interactions successives avec la même personne, puis d'autres partenaires. Les représentations, l'imaginaire, les émotions ou affects, le projet et les fantasmes de la mère et du père, jouent évidemment un rôle essentiel dans ces phénomènes*. La perception du monde

* Je renvoie pour cela à Brazelton (1981, 1982, 1983, 1985), Tronick *et al.* (1980, 1982, 1984), Lebovici et Soulé (1972), Lebovici et Weil-Halpern (1989), Lebovici, Diatkine et Soulé (1985), Soulé (1982, 1984), Kreisler (1981, 1987), Mazet et Lebovici (1988), Mazet et Stoléru (1988), Dolto (1985), This (1975, 1980), Lebovici (1983, 1988), Stern (1985,

médical et de ses pratiques à la maternité ou à la clinique d'accouchement est également importante dans ces états psychiques, comme le montre Françoise Molenat avec beaucoup de sensibilité et de rigueur (1992).

En complément de ces études cliniques, j'ai écrit ce livre pour montrer que les compétences du jeune enfant peuvent émerger et se structurer à tout moment, y compris lorsqu'il a des difficultés ou handicaps au cours des premières semaines et des premiers mois, et lorsque la mère elle-même ou les parents sont alors en difficulté. Pour cela, il faut créer les conditions pour que l'enfant lui-même et ses proches (particulièrement sa mère) découvrent ou prennent conscience, même après plusieurs mois, qu'il est un être-sujet autonome, interactif, flexible et capable d'agir sur son environnement.

MON CHEMINEMENT

Depuis mon arrivée en 1988 à l'unité 70 de l'Inserm à Montpellier, j'ai poursuivi les études entreprises à Besançon depuis 1970 sur le développement de l'enfant, mais dans un autre cadre pluridisciplinaire, qui combine les recherches fondamentales et les recherches cliniques. Avec mes amis pédiatres, pédopsychiatres, psychologues, psychophysiologistes et éthologues, j'ai en effet le privilège d'organiser et de bénéficier de recueils de données complémentaires sur les compétences perceptives, comportementales, interactives et cognitives du bébé et du jeune enfant, l'évolution temporelle et les modifications de ces compétences au

---

1989), Brazelton et Yogman (1986), Winnicott (1969, 1971, 1986, 1988), Cramer (1987, 1989), Lebovici, Mazet et Visier (1989), Brazelton et Cramer (1991). Cette liste n'est évidemment pas exhaustive. Je me suis limité à quelques ouvrages et publications qui ont abordé ce domaine au cours des vingt-cinq dernières années.

cours des deux premières années, l'évolution du psychisme de la mère (à partir de la naissance, et parfois dès la dernière partie de la grossesse) en fonction de son histoire et de son vécu, et enfin l'évolution du regard et des pratiques des différentes personnes qui entourent l'enfant. Cette approche combinée a nécessité de nouvelles méthodes et techniques. Débouchant sur des résultats originaux, elles nous conduit à un approfondissement des concepts clés du développement du jeune enfant et à des propositions de concepts nouveaux.

Les recherches fondamentales et les recherches cliniques ont pu ainsi se développer dans le cadre d'un thème commun : « Émergence et ontogenèse des conduites enfantines — Comparaison des conduites normales et pathologiques ». Ce thème repose sur des études longitudinales, effectuées séparément pour des raisons de rigueur méthodologique, mais liées par une cohérence conceptuelle, et interactives à tout moment de la recherche, chacune pouvant éclairer les autres.

J'ai choisi de construire « l'enfant acteur de son développement » à partir d'exemples et de données obtenus au moyen de trois types de méthodes complémentaires : éthologiques, cliniques et expérimentales. Les exemples rapportés dans le chapitre premier (« Les ressources des bébés ») sont extraits de l'étude longitudinale et comparative de bébés « normaux » et de bébés à risque, au moyen d'une méthodologie qui combine l'approche éthologique et l'approche clinique. Le chapitre 2 (« La précocité et la complexité des interactions entre enfants ») contient les principaux résultats obtenus au moyen d'une méthode expérimentale sur les compétences cachées des jeunes enfants, dès lors qu'ils se trouvent placés dans une situation assise qui permet de compenser leur immaturité tonico-posturale. Enfin, nous montrons dans le chapitre 3 (« L'étude ''naturaliste'' de l'enfant en activité libre dans un groupe d'enfants du même âge ») comment une méthode de type éthologique permet de révéler des compétences « cachées », qui n'apparaissent ni dans les situations expérimentales de laboratoire, ni dans les situations habituelles d'examen clinique.

Il m'a paru utile de présenter les trois chapitres dès l'introduction. Le lecteur pourra ainsi mieux saisir leur complémentarité, et trouver plus rapidement l'information qu'il recherche particulièrement sur tel ou tel aspect de nos études.

Chapitre premier : « Les ressources des bébés »

Dans ce chapitre, un suivi de quelques enfants et de leur mère, au cours de la première année, nous fait comprendre comment et dans quels contextes les compétences perceptives et interactives de l'enfant émergent et se structurent. Et cela, même lorsqu'il a des difficultés ou handicaps initiaux, ou lorsque des facteurs de vulnérabilité existent chez la mère ou dans la famille. Les études longitudinales permettent de mieux saisir à quel(s) moment(s) du développement individuel et dans quelles circonstances, des phénomènes de non-accordage ou de désaccordage (voir plus loin pour la définition de ces concepts), de non-synchronisation ou de désynchronisation peuvent s'installer ou s'amplifier dans le dialogue mère-enfant. Il s'agit par exemple du non-accrochage ou de l'« évitement actif » du regard de la mère par celui du bébé, ou de la non-prise en compte des signaux de refus alimentaire du bébé par une mère angoissée en raison des difficultés alimentaires de l'enfant. Ou encore, un contact corporel tellement « fusionnel » entre la mère et le bébé qu'il n'y a pas d'espace de communication entre les deux personnes, et qu'un dialogue ne peut se développer entre elles. Mais, en variant les situations d'interaction entre le bébé et sa mère, en créant des situations d'interaction avec d'autres partenaires (père, frère ou sœur, personne non familière, etc.), on peut aussi, au cours du suivi du bébé et de sa famille pendant la première année, faire émerger chez le bébé des compétences qui n'étaient pas apparues auparavant, au cours d'une vie quotidienne caractérisée par le non-accordage ou le désaccordage, la non-synchronisation ou la désynchronisation entre le bébé et sa mère. On peut notamment révéler que la « faim » du bébé à piloter et à se faire piloter, à induire des réponses et à répondre, est manifeste, même lorsqu'elle est restée enfouie pendant quelques mois et ne s'est pas manifestée dans les interactions avec la mère. Découvrant les compétences de leur bébé à l'interaction et la communication, et découvrant qu'elles peuvent les amplifier et les enrichir, des mères angoissées, non accordées ou mal accordées avec le bébé, en contretemps dans leurs échanges avec lui, peuvent alors modifier leur regard. Des accordages nouveaux ou mieux ajustés se développent ensuite entre les deux personnes, en même temps que les difficultés initiales s'estompent (le bébé accroche plus souvent et longtemps le regard maternel ; ses difficultés alimentaires s'atténuent et ne focalisent plus l'attention de sa mère ; des espaces de communication se développent à proximité et à une certaine distance corporelle ; etc.). Nous verrons que de telles émergences peuvent être observées à différents moments du développement de l'enfant, et ne sont donc nullement réduites à des moments qui seraient plus sensibles ou critiques que d'autres.

Chapitre 2 : « La précocité et la complexité des interactions entre enfants »

L'enfant apparaît aussi comme un acteur précoce dans ses interactions avec d'autres enfants. Deux d'entre eux, âgés de 4 mois, sont placés en situation de face à face dans deux sièges conçus pour assurer le maintien de leur tête et la verticalité de leur buste. Alors même qu'ils n'ont pas encore la maîtrise de leur tonus postural, ils se montrent pourtant compétents pour développer entre eux des interactions structurées. Chacun d'eux éprouve, dans cette situation, ses capacités à modifier et piloter le comportement d'un partenaire dont le registre est différent de celui de la mère et des autres personnes de sa famille. Il découvre ses propres capacités à induire les réponses d'un partenaire dont les compétences sont proches ou peu différentes des siennes, mais aussi ses capacités à répondre à une personne très différente de la personne d'attachement initial qu'est la mère, ou une autre personne familière (père, frères et sœurs...). Ce type d'étude montre que la construction de l'enfant comme être de communication et de connaissance est un phénomène complexe, qui ne se limite pas au processus d'attachement avec la mère (ou son substitut), et à la seule dynamique des interactions avec elle, même si elles sont, évidemment, essentielles. En outre, la découverte par la mère et le père de compétences inattendues chez leur enfant, peut modifier le regard qu'ils portent sur lui, et entraîner chez eux de nouvelles façons d'être et de nouvelles pratiques.

Chapitre 3 : « L'étude "naturaliste" de l'enfant en activité libre dans un groupe d'enfants du même âge »

Ce chapitre montre que les compétences précoces du jeune enfant à organiser, par lui-même et à son rythme, la découverte et la conquête d'espaces à trois dimensions, sont mésestimées ou ignorées. D'autres compétences, souvent insoupçonnées, sont alors révélées.

Par exemple :

• La mise en œuvre de stratégies et de régulations motrices pour escalader, descendre, enjamber, se hisser, sauter, plonger, etc. ;

• L'organisation de la prise d'informations sur les éléments de l'espace ;

• La coordination des déplacements et comportements avec ceux des autres enfants qui investissent les mêmes lieux ;

• L'utilisation organisée et parfois symbolique des objets par rapport à l'espace.

Nous découvrons aussi la subtilité et la complexité des systèmes d'interaction du jeune enfant de moins de deux ans, qui évolue à son rythme parmi ses pairs dans de tels espaces. Là encore, la découverte de ses compétences, cette fois celles qui consistent à communiquer avec ses compagnons de jeu en activité libre, forge chez le jeune enfant des mécanismes qui en font un être-sujet, agissant par et pour les autres, et se donnant à lui-même des ressorts essentiels de son devenir.

Là aussi, la découverte par la mère et la famille de compétences inattendues chez l'enfant peut transformer le regard qu'elles portent sur lui. Désormais, elles observent qu'il est capable, à partir de ses seules compétences, de maîtriser à son initiative un espace à trois dimensions, de développer en même temps des systèmes de communication et de coordination complexes avec ses compagnons de jeu. Il est fréquent que la mère et la famille modifient alors leur écoute de l'enfant. Plus confiantes et rassurées, elles favorisent davantage l'ensemble des capacités d'expression du « petit », qui peut ainsi se développer comme être-sujet, et mettre en place les fondements essentiels de sa personne.

1

Les ressources des bébés

Tous les cliniciens sont évidemment soucieux de mieux comprendre et prévenir les difficultés et pathologies du développement de l'enfant. Parmi leurs préoccupations majeures : la vulnérabilité du bébé, la vulnérabilité de la mère et celle de la famille, et, plus généralement, les facteurs biologiques et d'environnement qui peuvent apparaître en relation avec telle ou telle difficulté ou pathologie. Nécessaires, de telles préoccupations doivent se nourrir de toutes les informations qui aident à comprendre pourquoi, et dans quelles circonstances, un bébé va mal. Mais connaître l'étendue des ressources d'un bébé, jusque dans les situations et conditions les plus difficiles, s'avère tout aussi indispensable. Une meilleure connaissance de ces ressources permet, en effet, de mieux comprendre les moyens, les mécanismes et les processus par lesquels un bébé est capable de mobiliser l'une ou l'autre d'entre elles. En particulier lorsqu'il doit s'adapter à un environnement carencé ou difficile.

Nous avons donc choisi d'explorer les ressources du bébé à partir d'exemples particulièrement riches d'enseignement. Ils nous permettront de mieux cerner dans quelle mesure, et dans quelles conditions, un bébé peut infléchir l'attitude et les représentations de ses partenaires, en particulier de la personne d'attachement initial qu'est la mère.

Notre approche se fait dans un cadre, celui du concept de l'attachement proposé par le psychanalyste Bowlby à la fin des années 1950 et au début des années 1960 (1958, 1960). Il sera ensuite développé dans trois livres magistraux (1969, 1973, 1980). Comme nous l'avons déjà expliqué*, le concept et la théorie de l'attachement de Bowlby ont joué un rôle considérable dans l'évolution des chercheurs et des cliniciens. Tout d'abord dans leur réflexion, puis dans leurs concepts, leur interprétation des observations et leurs études autour du développement normal et pathologique de l'enfant.

Sans entrer dans les détails, rappelons que Bowlby définit l'attachement comme un besoin primaire spécifique, au même titre que la faim et l'alimentation. Les comportements d'attachement sont ceux qui réduisent la distance entre le bébé et sa mère. Ils permettent ainsi aux deux personnes d'établir et de maintenir le contact l'une avec l'autre. (Pour une information sur les interprétations et les enjeux du concept d'attachement, voir Zazzo, 1974.)

Selon la théorie, la réduction de la distance avec la mère et le maintien de la proximité avec elle réduisent la crainte et l'anxiété chez le bébé. Celui-ci peut alors développer avec sa mère des interactions ajustées et synchrones, et l'utiliser comme une base « sûre et sécurisante » (en anglais, *secure*). Le bébé peut construire, à partir de cette base, des interactions ajustées avec ses autres partenaires et, plus généralement, avec son environnement. Des travaux importants ont confirmé la pertinence de la théorie de l'attachement de Bowlby. Il faut notamment souligner les études d'Ainsworth (1973, 1974, 1979), qui se rapportent aux réac-

* Montagner, 1988.

tions des enfants âgés de 1 an, au départ et au retour de leur mère, dans une situation expérimentale qualifiée d'étrange ou d'étrangeté *(strange situation)*. Ainsi Ainsworth distingue-t-elle notamment des enfants « résistants » et des enfants « évitants » : selon les cas, ils ne répondent pas, peu, ou de façon mal ajustée et non synchronisée à l'éloignement, la présence et (ou) le retour de leur mère (le protocole expérimental organise cette absence temporaire, le remplacement de la mère par une autre personne, puis son retour). Les réactions des bébés sont interprétées comme le résultat d'un non-attachement ou d'un attachement difficile, non sûr et non sécurisant, entre le bébé et sa mère, au cours des jours et semaines qui suivent la naissance.

Les positions théoriques et les travaux de Bowlby et Ainsworth ont inspiré de nombreuses études sur les comportements d'attachement et les interactions comportementales entre le bébé et sa mère. Cependant, au cours des années 1980, le psychanalyste Stern complète le concept d'attachement par celui d'*attunement* que l'on peut traduire par « accordage » (1985, 1989). Stern désigne ainsi non seulement les ajustements comportementaux et la synchronisation des interactions comportementales entre le bébé et sa mère, mais aussi l'ajustement de leurs émotions ou affects. Les interactions comportementales et émotionnelles entre le bébé et sa mère peuvent apparaître si étroitement ajustées que Stern les considère comme préformées. Spécifiques, elles existeraient dès la vie intra-utérine.

Le pédopsychiatre Lebovici (1983) propose, quant à lui, le concept d'interactions fantasmatiques. Il permet d'inclure les différentes dimensions du psychisme de la mère dans l'étude de ses interactions comportementales et émotionnelles avec son bébé, y compris celles qui peuvent être liées à ses relations avec son conjoint ou son compagnon, et les autres personnes familières (par exemple les propres parents de la mère).

Étudier le développement global du bébé et du jeune enfant devient dès lors une entreprise très complexe. Elle nécessite des recherches pluridisciplinaires, au plan clinique et au plan fondamental. Concrètement, il faut organiser de façon interactive, entre cliniciens et chercheurs, des recueils de données sur les compétences et ressources du bébé et de sa mère (et des autres personnes du milieu familial), aux plans physiologique, comportemental et psychique.

Enfin, on ne peut se limiter aux seules observations du bébé, de sa mère et de leurs interactions durant les premiers jours. Il faut aussi organiser un suivi tout au long des premiers mois. On peut ainsi cerner les changements qui surviennent d'un moment à l'autre du développement de l'enfant, et rechercher les relations possibles entre ces changements et les modifications qui les accompagnent dans les compétences et ressources du bébé, dans les compétences et ressources de la mère, et dans la dynamique de leurs interactions. Malgré sa complexité, c'est la voie que suit notre groupe de recherche. Une telle démarche exige du temps et des études longitudinales sur de nombreux bébés, ajoutées à la prise en compte d'une grande diversité de facteurs de risques. Il n'est donc pas encore possible de proposer des résultats qui intègrent les différents aspects de la recherche. C'est pourquoi je me limiterai dans ce livre à l'examen des compétences et ressources de quelques bébés, et aux changements profonds que leur manifestation et leur reconnaissance peuvent induire dans leur développement, ainsi que dans les processus d'attachement et d'interaction avec leur mère. Je n'aborderai pas ici la vie prénatale, même si « les bébés sont compétents avant de naître* ».

J'ai choisi trois exemples pour illustrer cet objectif.

* Cyrulnik, 1989. Je renvoie pour cet aspect aux travaux de DeCasper *et al.* (1980, 1983, 1986), Busnel *et al.* (1983, 1986, 1989), Lecanuet *et al.* (1985, 1986, 1987), Querleu *et al.* (1985). (Voir aussi Le Boyer, 1974.)

PREMIER EXEMPLE

Comment Cécile, un bébé qui présentait un retard de croissance *in utero*, a révélé ses véritables capacités et comment sa maman, déprimée mais « compétente », s'y est ajustée.

Les jours qui suivent la naissance

Cécile est née à terme. Elle pèse 2,420 kilos, alors que l'échographie pratiquée au 7e mois avait révélé un important retard de croissance. La mère, le père et l'équipe médicale s'attendaient ainsi à la naissance d'un bébé ayant un poids beaucoup plus faible. L'enfant a donc comblé partiellement son retard de croissance au cours des derniers mois de la gestation.

A l'issue d'une grossesse difficile qu'elle a mal vécue (elle était déprimée et « faisait » de l'anorexie), et déçue notamment d'avoir une fille (ce qu'elle savait depuis l'échographie, alors qu'elle ne souhaitait pas le savoir), la mère ne paraît pas avoir établi d'attachement avec Cécile au cours des jours qui suivent la naissance. Parlant à la pédopsychiatre essentiellement d'elle-même et de ses difficultés, elle n'évoque presque pas son bébé. Elle ne paraît pas s'être investie dans son rôle de mère et ne semble pas manifester un grand intérêt pour l'enfant. Nous mettons tout en place pour établir au troisième jour postnatal un premier recueil de données sur les compétences perceptives et interactives de l'enfant et de sa mère. Cette intervention se fait selon un protocole invariable, élaboré par notre équipe. Il nous permet de comparer entre eux, au même âge, des bébés hypotrophes (dont le poids est inférieur à 2,5 kilos à la naissance pour une naissance à terme), prématurés, ou caractérisés par d'autres facteurs de risque, et des bébés témoins (c'est-à-dire ne présentant aucune anomalie, trouble ou difficulté décelables).

L'expérience montre que le protocole est bien accepté par les bébés, les mères et les familles.

Le protocole qui permet de suivre l'enfant dans son développement

Le bébé est endormi dans son berceau. L'un des chercheurs l'amène dans un local calme où se déroulent les prises de vue. La mère est présente tout au long de la session filmée. Une caméra est placée à un mètre environ au-dessus de l'enfant. Mise en marche pendant son sommeil, elle fonctionne sans interruption. On enregistre ainsi les comportements et vocalisations du bébé après un éveil spontané. Cela permet de comparer les différences éventuelles, ou les similitudes, entre les différents bébés, qui ont alors une forte probabilité d'être dans un état de vigilance comparable.

Lorsque le bébé est au stade 4 de Prechtl (1965, 1974), c'est-à-dire lorsqu'il est agité et présente des comportements de succion, nous émettons, au moyen d'un magnétophone, une série de bruits dans un ordre aléatoire. Il s'agit de la voix d'une mère inconnue de l'enfant, des pleurs d'un bébé, de bruits de cœurs qui battent à 70 ou 140 battements par minute (parmi ces derniers bruits, on a sélectionné le bruit du cœur d'un fœtus et le bruit du cœur d'un adulte) et de bruits produits par un métronome aux mêmes fréquences (70 et 140 battements par minute). Nous pouvons ainsi étudier les réactions comportementales et vocales des bébés, auxquels on diffuse différentes stimulations spécifiques (issues de l'espèce humaine), familières ou non, et des stimulations non spécifiques.

Après deux séries de stimulations, la caméra est portée à l'épaule pour filmer l'alimentation de l'enfant, au sein ou au biberon, et les interactions qui se développent avec sa mère, tout au long de l'alimentation.

Nous continuons de filmer les interactions entre le bébé et sa mère pendant quinze à vingt minutes après la fin de l'alimentation, puis nous demandons à la mère de remettre l'enfant dans son berceau. Nous diffusons de nouveau la série de bruits. Ce qui nous permet de cerner le rôle éventuel des états internes liés à l'alimentation sur les réponses du bébé aux stimulations sonores*. Enfin, de part et d'autre du berceau, la mère et le chercheur parlent en alternance au bébé. L'objectif est de comparer les réponses de l'enfant à la voix maternelle et à la voix d'une personne inconnue.

Le résultat des observations

A l'âge de 3 jours, Cécile est un bébé éveillé, attentif et compétent

La première analyse porte sur la capacité d'attention que développe Cécile par rapport à la voix de sa mère, au chercheur qui lui parle et aux différents bruits. Une constatation s'impose : elle oriente la tête en direction des voix et des bruits, modifie les mouvements de ses globes oculaires, de sa tête, de son corps, de ses membres antérieurs ou postérieurs, chaque fois qu'une voix ou un bruit sont émis ou s'arrêtent (on peut noter que, contrairement à la plupart des études dans ce domaine, l'enfant est aussi réactive aux différentes stimulations après et avant l'alimentation, mais de façon différente**).

Cécile manifeste un double système de réponses, qui traduit peut-être un double système d'écoute :

a. Lorsqu'on lui fait entendre le bruit d'un cœur fœtal (dont le rythme est comparable au sien) ou le bruit d'un cœur qui bat à 70 battements par minute (qui correspond au cœur d'une personne adulte au repos et non stressée), elle s'immobilise. Sa tête est tournée en direction de la source sonore. Ses globes oculaires s'immobilisent au coin des yeux (figure 1 : photo 1). C'est aussi ce qu'on observe quelques

* Mennesson, Montagner *et al.*, en préparation.
** *Ibid.*

secondes après que sa mère commence à lui parler, juste après la série de stimulations qui suit la tétée (figure 2). L'enfant paraît se mettre dans une situation d'écoute attentive et détendue, comme si elle reconnaissait ces bruits familiers et cette voix, connus et reconnus comme sécurisants. En outre, lorsqu'il s'agit de sa mère qui lui parle de l'autre côté du berceau, Cécile se détourne et oriente le regard et le corps pour se trouver en interaction œil à œil avec elle (figure 2 : photos 3, 4 et 5).

b. Tout change lorsque sont émis la voix de la mère inconnue, le bruit d'un cœur d'adulte qui bat à 140 battements par minute (le bruit du cœur d'une personne qui vient de produire un effort physique ou qui est stressée) ou les battements du métronome (figure 1 : photo 2). Les réponses sont différentes : les globes oculaires sont animés de mouvements, comme si l'enfant explorait son environnement et recherchait l'origine de la stimulation. En outre, on observe une agitation corporelle, plus ou moins marquée selon la stimulation. Tout se passe comme si l'enfant était dans une situation d'écoute exploratoire d'une stimulation inconnue, et a priori non sécurisante. Cécile nous permet d'émettre l'hypothèse que, par leurs différentes réactions, les bébés peuvent manifester différentes qualités et tonalités d'écoute, en fonction de la spécificité et de la familiarité des stimulations.

C'est sous le regard de sa mère que Cécile révèle des capacités réelles et affinées de discrimination des voix et des sons.

Les conduites de la mère sont ambivalentes. En effet, d'une part, elle apparaît très attentive au déroulement de la tétée et au comportement de succion de son bébé. Elle l'encourage même verbalement à deux reprises (« C'est bien, c'est bien »), lorsque le bébé augmente la fréquence et l'intensité de ce comportement. Elle le repositionne au sein de façon ajustée chaque fois que cela semble nécessaire. Elle lui porte des touchers caressants et enveloppants. Elle lui caresse la joue et la région buccale avec un doigt, elle enveloppe sa tête avec la main et caresse ses jambes. Elle a donc

Fig. 1

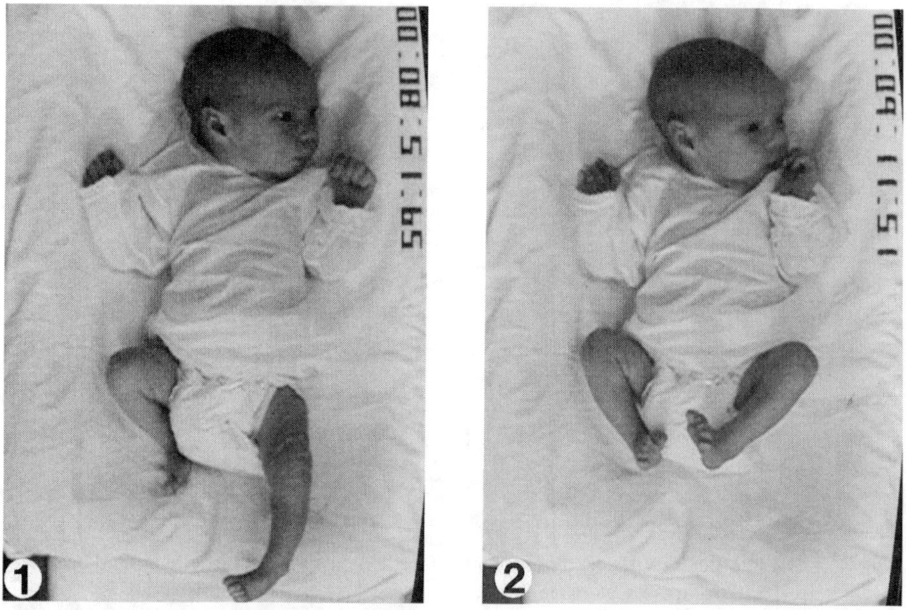

A l'âge de 3 jours, les réactions de Cécile sont différentes selon qu'elle entend des bruits cardiaques familiers et a priori sécurisants (1), ou des battements de métronome, encore jamais entendus, qui sont émis aux mêmes fréquences (2).

1. Réactions au bruit d'un cœur d'adulte dont le rythme est de 70 battements par minute (c'est le cœur d'une personne au repos, non angoissée et non stressée) (photo 1). L'enfant s'immobilise après avoir orienté la tête en direction de la source sonore. Elle a les yeux grands ouverts et ses globes oculaires s'immobilisent alors qu'elle a orienté la tête en direction de la source sonore. Elle paraît adopter une attitude d'écoute calme et apaisée. Elle présente les mêmes réactions à la diffusion du bruit d'un cœur fœtal dont le rythme est de 140 battements par minute, c'est-à-dire comparable à son propre rythme cardiaque.

2. Réactions au bruit d'un métronome qui bat à 70 ou 140 battements par minute. Deux types de réactions sont observés selon la série de stimulations : a) une agitation corporelle avec des mouvements exploratoires des globes oculaires, comme si l'enfant recherchait l'origine de la stimulation (photo 2) ; b) une immobilité corporelle comme sur la photographie 1, mais avec des mouvements exploratoires des globes oculaires.

Tout se passe comme si l'enfant recherchait visuellement l'origine d'une stimulation qu'elle entend pour la première fois et qui n'est ni spécifique (c'est-à-dire issue de l'espèce humaine), ni a priori apaisante et sécurisante.

Cécile paraît avoir au moins deux systèmes d'écoute :

— Un système d'écoute calme et « apaisée », lorsqu'elle entend des bruits spécifiques, familiers et a priori sécurisants ou apaisants.

— Un système d'écoute active et exploratoire, lorsqu'elle entend des bruits non spécifiques, non familiers, et a priori non sécurisants ou apaisants.

Fig. 2

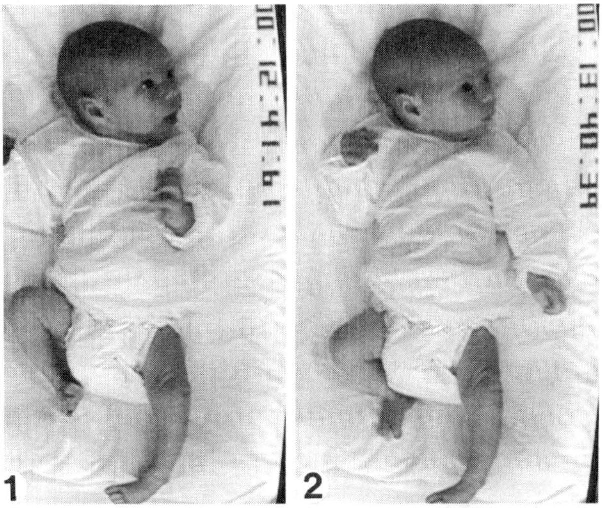

A l'âge de 3 jours, les réactions de Cécile à la voix maternelle sont déjà sélectives, organisées et orientées.

1. L'enfant adopte une attitude d'écoute immobile et calme à la voix de sa mère, qui commence tout juste à lui parler.

2. Les globes oculaires s'immobilisent au coin des yeux, comme dans les situations où l'enfant entendait des bruits de rythmes cardiaques familiers (voir la photo 1 de la figure 1). Elle paraît reconnaître une source d'informations familières et sécurisantes.

3, 4 et 5. L'enfant détourne la tête et se tourne vers sa mère, dont elle recherche le regard. Il s'écoule moins de 4 secondes entre le moment où l'enfant présente une attitude immobile, calme et apaisée (photo 2) et le moment où l'enfant accroche le regard de sa mère (photo 5).

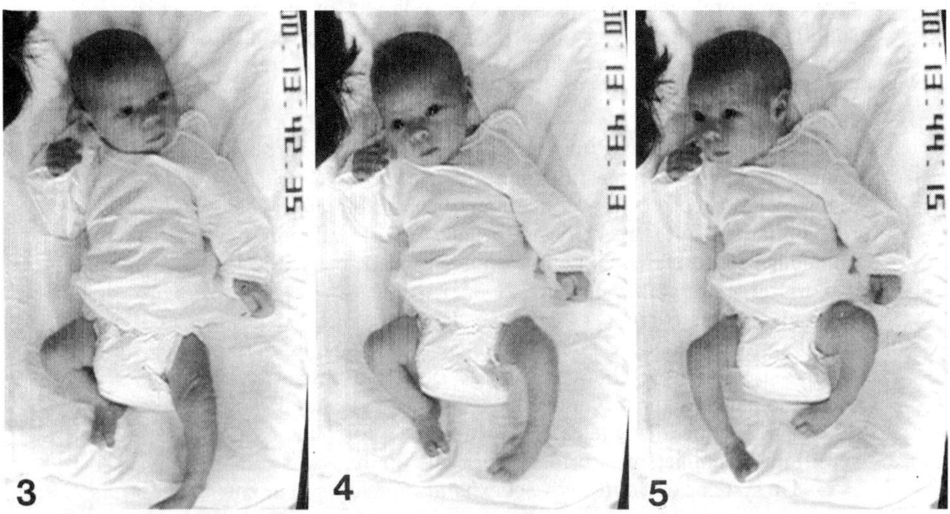

des comportements qui nourrissent habituellement les interactions d'une mère avec son bébé, même s'ils sont non renouvelés et peu fréquents. D'autre part, elle ne sourit jamais, mais présente un visage peu expressif et empreint de tristesse. En dehors de ses deux courtes manifestations verbales, elle ne parle pas. Après la tétée, elle ne manifeste pas d'élan en direction du bébé, ne sourit toujours pas et garde un visage triste ; elle ne parle ni ne vocalise ; elle ne caresse plus l'enfant et ne l'embrasse à aucun moment. Elle ne parle pas de son bébé au chercheur. C'est seulement à la demande de celui-ci qu'elle parle à l'enfant après la phase de stimulations sonores (figure 2). Elle découvre ainsi les capacités du bébé à capter son regard et à maintenir avec elle un contact œil à œil durable. Ses paroles sont alors gratifiantes.

La concentration de l'attention de la mère sur la tétée pourrait être en relation avec l'inquiétude provoquée par le retard de croissance de l'enfant *in utero*, et son poids relativement faible à la naissance. L'absence d'élan en direction du bébé, et l'absence d'interactions avec celui-ci après la tétée, rejoignent l'absence d'évocation du bébé au cours des entretiens de la mère avec la pédopsychiatre, avant et après la naissance. Déprimée au cours de la dernière partie de sa grossesse, elle ne s'est pas encore investie comme mère. *Cependant, elle vient de vivre les ressources d'un bébé éveillé, attentif, compétent et gratifiant.* A la question du chercheur, à la fin du protocole : « Vous avez vu comme elle est attentive ? », elle répond d'un « oui » surpris et approbateur. Elle enchaîne en parlant à son bébé (« On t'en fait des choses, aujourd'hui »).

A l'âge de 1 mois, Cécile est un bébé aux capacités déjà complexes

Filmée en continu pendant deux heures dans le milieu familial, selon le même protocole qu'à l'âge de 3 jours (à l'exception des phases d'émission des stimulations sonores, qui sont supprimées), Cécile manifeste à 1 mois des compétences déjà diversifiées et complexes, qui apparaissent comme le prolongement des capacités observées au cours de la première session.

a. Elle a un comportement de succion actif et sonore, et développe un regard aimanté et soutenu, en direction du visage et du regard de sa mère.

b. Ses yeux restent en permanence grands ouverts avant, pendant et après la tétée, quels que soient le contexte et la personne d'interaction. Attentive à son environnement, elle répond à ses stimulations, soit en réorientant son regard, soit par des mimiques, soit par une agitation corporelle, soit par des manifestations vocales ou encore, pendant la tétée, par des modifications du comportement de succion.

c. Après la tétée, lorsqu'elle est tenue en situation de face à face, elle se laisse facilement accrocher le regard par celui de sa mère, et maintient avec elle un contact œil à œil soutenu (figure 3).

d. La nuque et la tête cette fois bien maintenues par la mère, à la suggestion du chercheur, Cécile manifeste une étonnante capacité d'exploration visuelle de l'environnement, qui lui fait découvrir un mobile suspendu à un mètre environ au-dessus de sa tête. Elle paraît alors fascinée (figure 4 : photos 1 à 4). La tension de son corps et l'orientation soutenue de son regard apparaissent comme un signal pour la mère, qui découvre ainsi la capacité de l'enfant à explorer visuellement son milieu.

e. Lorsque la mère prend alors l'initiative de se lever et d'approcher le visage de l'enfant à vingt centimètres environ du mobile, Cécile transporte le bras en un mouvement enveloppant qui conduit sa main au contact de l'objet (figure 4 : photos 5 à 8). Elle révèle ainsi sa capacité à coordonner et ajuster ses actes par rapport à une cible apparue dans son champ visuel.

f. Le regard de Cécile reste longuement orienté en direction du visage et des yeux du chercheur, qui s'est approché

Fig. 3

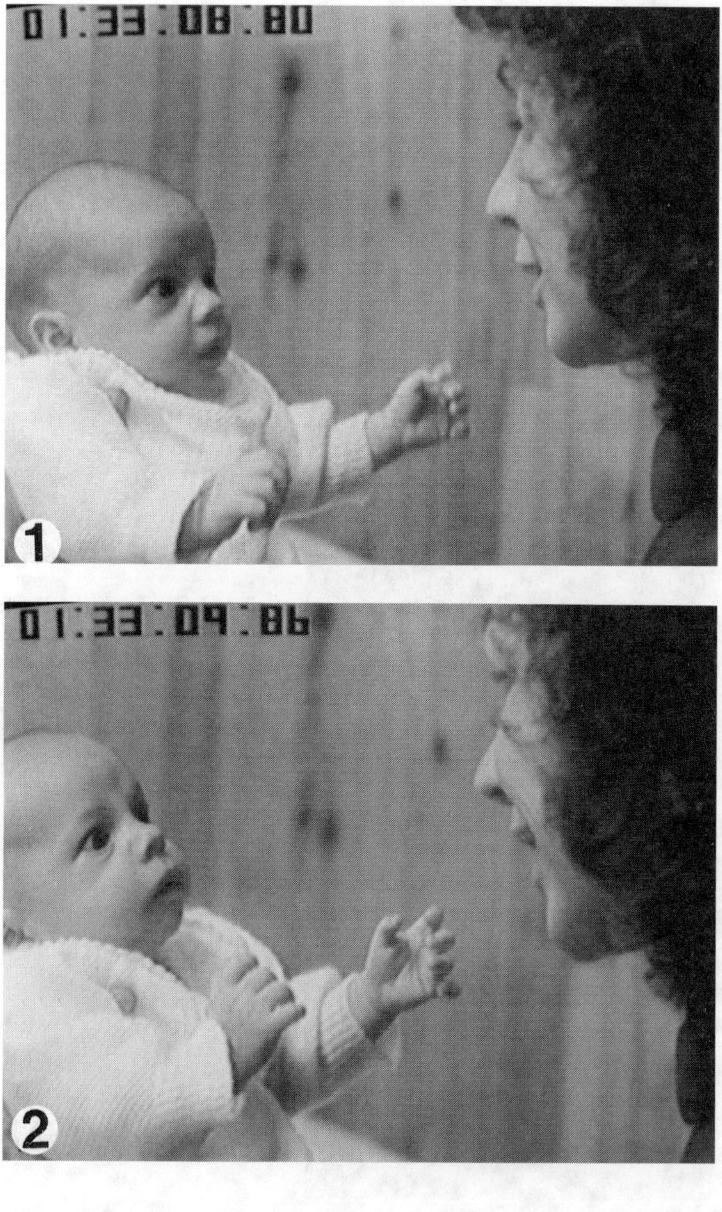

A l'âge de 1 mois, les accrochages mutuels du regard sont bien développés dans les interactions face à face entre Cécile et sa mère, même lorsque la tête de l'enfant n'est pas soutenue par la main de la mère. Contrairement aux observations du 3e jour, la mère sourit à l'enfant.

Fig. 4

A l'âge de 1 mois, Cécile révèle des capacités étonnantes d'attention visuelle et de coordination du geste vis-à-vis d'un objet.

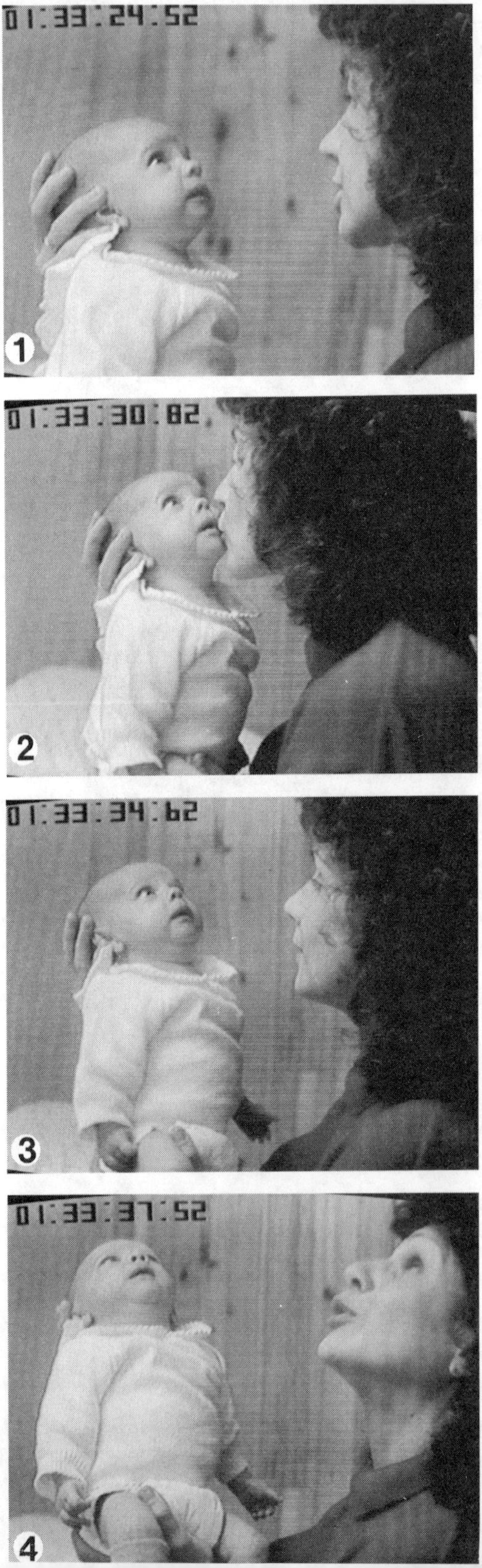

1. La tête bien soutenue par la main de sa mère, l'enfant oriente le regard dans une direction située au-dessus de la tête maternelle.

2-4. Le regard de l'enfant paraît aimanté par l'objet regardé. En 4, la mère oriente elle-même son regard dans la même direction que l'enfant, et découvre la cible regardée (un mobile suspendu au plafond).

5. A la suite de cette observation, la mère approche le visage de l'enfant à 20 centimètres environ de la cible.

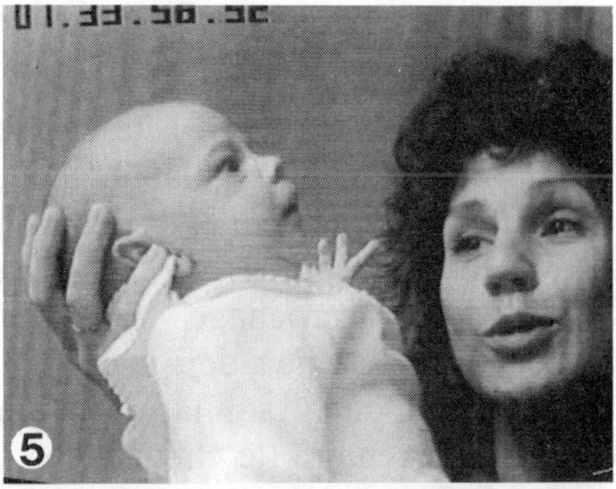

6-8. En un geste enveloppant, l'enfant conduit sa main au contact de l'objet. Cécile révèle ainsi pour la première fois (à sa mère, aux observateurs et à elle-même) ses capacités de coordination oculo-motrice, c'est-à-dire ses capacités à coordonner et ajuster les mouvements de son bras et de sa main vis-à-vis d'un objet que l'on présente dans son champ visuel.

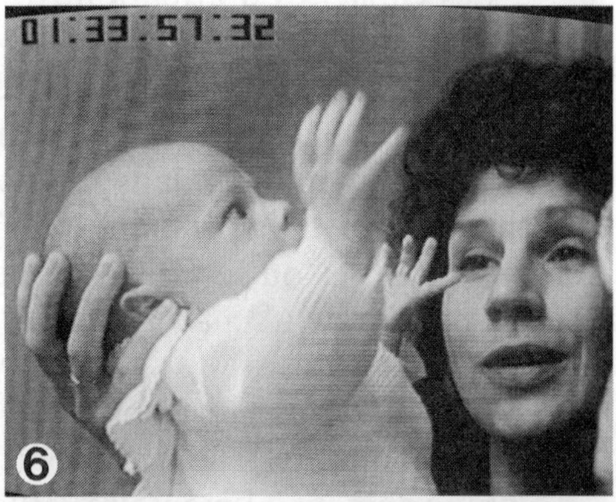

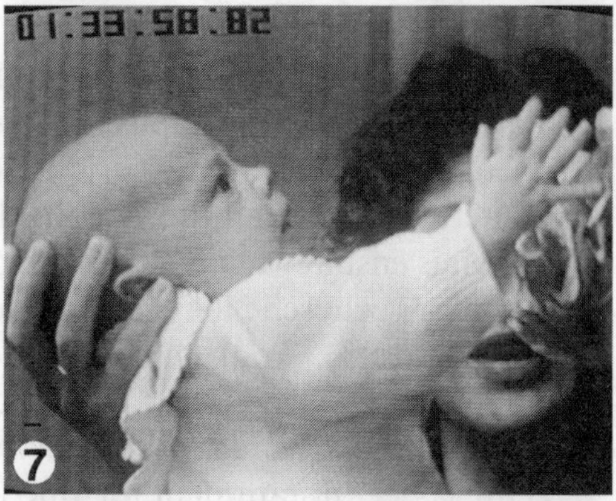

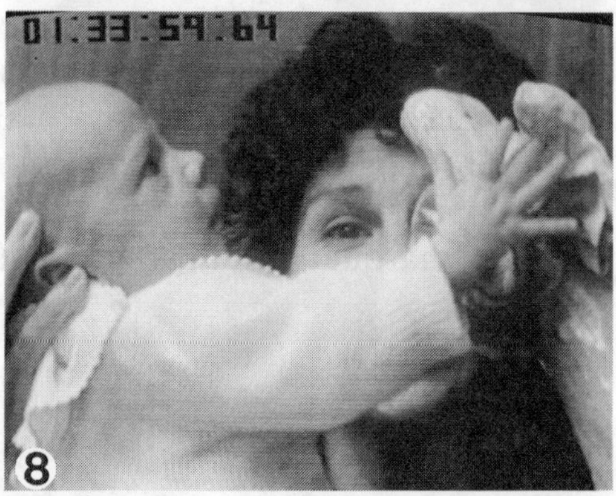

à vingt centimètres. Elle développe progressivement une mobilité faciale étonnante, alternant les mimiques de curiosité, d'étonnement et de déplaisir. Les mimiques de déplaisir et les amorces de pleurs deviennent prédominantes, lorsque l'accrochage visuel se poursuit avec le partenaire inconnu. Cécile a déjà la capacité de varier ses réponses en fonction de la familiarité (sa mère) et de l'« étrangeté » de son partenaire (le chercheur).

Les capacités d'attention, de discrimination perceptive et d'ajustement de Cécile, déjà évidentes au 3e jour postnatal, se sont donc remarquablement développées et affinées en l'espace d'un mois, pendant la phase alimentaire ou postalimentaire, dans les interactions avec la mère ou dans celles avec la personne étrangère, que la cible du regard soit un objet ou le visage d'une personne.

La mère de Cécile s'est investie comme mère d'un bébé gratifiant.

Elle fixe sans cesse son bébé pendant la phase alimentaire, comme si elle continuait de s'assurer de son bon comportement alimentaire. Elle cherche, comme à trois jours, à le favoriser en ajustant sans cesse le mamelon au contact de la bouche de l'enfant. Cependant, au cours de la tétée, elle ne parle pas, ni ne vocalise. Son visage reste peu expressif et non souriant. Cette attitude attentive et muette paraît traduire encore de l'inquiétude.

Mais ensuite, au cours des interactions qui suivent la tétée, la mère recherche le regard de l'enfant, lui parle et lui sourit (figure 3). Tout en souriant, elle lui soutient la tête et la nuque, à la suggestion du chercheur. Ce faisant, elle l'aide à explorer par le regard son environnement, non sans l'avoir embrassée, notamment lorsque Cécile tend brusquement le corps, au moment où son regard accroche le mobile (figure 4). « C'est bien, ma chérie », dit-elle lorsque le bébé avance ensuite le bras et la main en direction de l'objet. Elle souligne ainsi une compétence qu'elle vient d'observer pour la première fois.

Remarquablement attentive et accordée à l'ensemble des

manifestations de l'enfant, la mère de Cécile conforte ainsi les compétences déjà constatées au cours du troisième jour. En même temps, elle favorise et souligne l'émergence de celles qui sont observées pour la première fois, qu'il s'agisse de la découverte d'un objet situé à une certaine distance, du transport ajusté de la main vers celui-ci quand il se trouve à proximité immédiate, ou des mimiques d'étonnement et de déplaisir en situation de face à face avec un visage inconnu. Désormais, elle parle de son enfant, en reconnaissant que Cécile lui apporte beaucoup de gratification. Elle est maintenant fière de sa fille.

A l'âge de 4 mois, Cécile est une enfant aux compétences remarquablement développées

A 4 mois, l'équipe de recherche constate les compétences diversifiées et complexes de Cécile, mais aussi l'« épanouissement » de sa mère et l'accordage étroit qui s'est développé entre elles.

Le regard de Cécile est toujours aussi aimanté en direction du visage maternel, tout au long de la phase alimentaire. Mais il effectue maintenant un va-et-vient entre le visage de la mère, le chercheur, les objets et les autres éléments de l'environnement. Nourrie désormais au biberon, son comportement de succion s'apparente à une forme de dialogue avec la mère. En effet, lorsque celle-ci lui parle, sa réponse est un comportement de succion sonore ou un bruit de bouche caractéristique, auquel la mère répond au dixième de seconde près par une vocalisation, une modification du regard, une mimique ou une production langagière. Cécile montre comment vis-à-vis de sa mère, elle a développé, ses orientations du regard, ses mimiques, ses bruits de bouche et ses vocalisations, de façon encore plus ajustée, tout en lui souriant. Tout indique qu'il y a véritablement accordage entre les deux personnes, c'est-à-dire ajustement interactif des émotions et pas seulement des comportements. Après l'alimentation, la petite fille révèle davantage ses remarquables capacités d'attention et d'ajustement à l'environnement. Non seulement elle oriente beaucoup son regard vers sa mère et lui sourit (figure 5 : photo 1), mais elle affine aussi son comportement d'extension du bras et de la main en direction des objets. D'enveloppant, le mouvement du bras s'organise en un geste précis de projection, qui permet la prise de nombreux objets. Si Cécile accroche le regard des autres personnes qui la tiennent contre elles ou à bout de bras, ces accrochages sont fugaces. Elle préfère alors orienter son visage et son regard vers sa mère. Lorsqu'elle n'est pas en interaction avec elle, mais avec une autre personne, Cécile présente un visage peu expressif, détourne les yeux et ne se laisse pas accrocher le regard, même lorsque l'autre personne est souriante (figure 5 : photos 2 et 3). Elle apparaît alors muette : elle ne produit ni bruits de bouche ni vocalisations. Le regard orienté en direction de sa mère, elle serre les poings et se tasse, comme si elle voulait se protéger et réserver ses interactions à sa mère. Toutes les capacités interactives de Cécile paraissent ancrées dans la relation avec sa mère.

Cécile a maintenant une mère détendue et comblée.

La mère est encore plus attentive qu'à l'âge de 1 mois aux manifestations de l'enfant pendant et après l'alimentation au biberon. Au cours de la phase alimentaire, son regard est le plus souvent orienté en direction du bébé. Elle lui sourit et lui parle. On n'observe plus chez elle le moindre signe d'anxiété. Détendue, elle détourne son regard de l'enfant, dialogue avec le chercheur, souligne les compétences de l'enfant et tout le plaisir qu'elle prend avec elle. Après l'alimentation, elle regarde longuement l'enfant, lui sourit, lui parle, émet des onomatopées, la caresse, lui prend la main et l'embrasse. Elle tend de nouveaux objets, que l'enfant prend selon un comportement très ajusté, et en souriant, ce qui induit ou renforce le propre sourire de la mère.

La mère avoue désormais le plaisir qu'elle ressent avec une enfant qu'elle qualifie d'intéressante et de vivante. « Elle est envahissante », s'exclame-t-elle. Tout se passe comme

Fig. 5

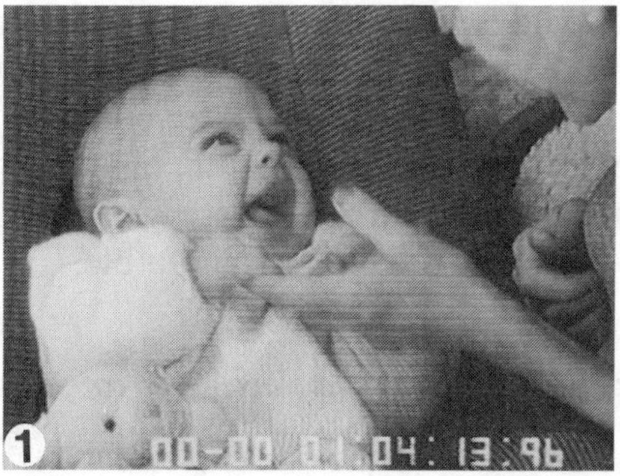

A l'âge de 4 mois, Cécile n'a pas le même comportement lorsqu'elle est en interaction avec sa mère (1) ou avec une personne inconnue (2-3).

1. Dans toutes les situations, l'interaction mère-enfant apparaît ajustée, accordée (voir le texte) et synchrone. L'enfant et sa mère se répondent à tout moment par toutes les modalités habituelles de l'interaction face à face : orientations ciblées du regard, vocalisations, sourires, grimaces, touchers, pressions manuelles.

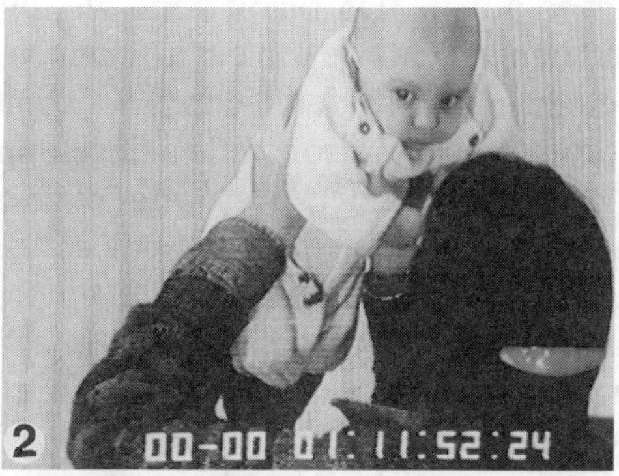

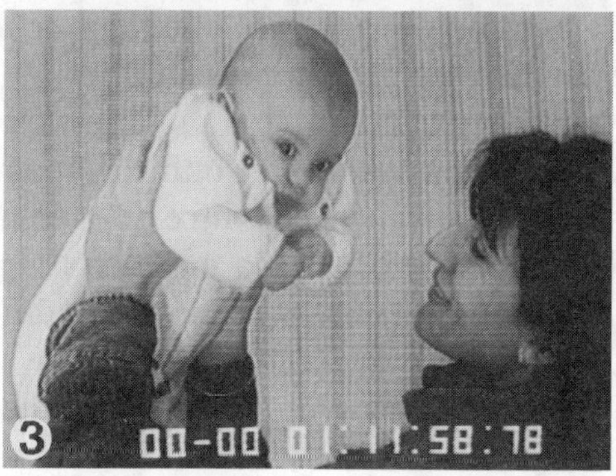

2, 3. Ayant développé un attachement très sélectif avec sa mère (celle-ci dit : « elle est envahissante »), Cécile évite l'interaction face à face avec une inconnue : elle détourne le regard, laisse pendre les jambes, se recroqueville et serre les poings. En outre, elle ne sourit pas et ne vocalise pas. Elle paraît adopter une attitude défensive et d'attente.

si Cécile avait mis sa mère « dans son jeu », à partir de compétences déjà développées au cours des premiers jours, et désormais reconnues et entretenues par sa mère. Mais celle-ci a pu d'autant mieux se laisser conduire dans le jeu d'interactions accordées avec sa fille, qu'elle avait déjà des comportements et des paroles ajustés aux réactions de son bébé, même si leur fréquence était faible.

A l'âge de 7 mois, Cécile est à l'aise avec tous ses partenaires

A 7 mois, Cécile continue de développer des interactions accordées et diversifiées avec sa mère. Mais il y a un changement par rapport à l'âge de 4 mois : elle accepte désormais des interactions dynamiques, ajustées et durables avec une personne non familière : elle accroche et se laisse accrocher le regard, puis elle sourit, grimace, tire la langue, vocalise (figure 6). Elle investit maintenant ses compétences dans la relation avec autrui. De façon générale, elle reste très attentive aux changements de son environnement. Elle réagit par exemple par une attitude d'écoute à l'aboiement d'un chien à l'extérieur de la maison. Elle a développé parallèlement des compétences tonico-posturales et gestuelles : elle conserve la position assise sans basculer ; assise sur un canapé, elle ajuste son équilibre corporel en prenant appui sur une main, lorsqu'elle avance le bras en extension vers un objet que lui présente sa mère ou la personne non familière ; elle se soulève en prenant appui sur le côté lorsque, à plat ventre, elle se saisit d'un objet que sa mère lui présente latéralement ou devant elle ; elle tient debout (et sourit) lorsque sa mère la met sur ses jambes.

Enfin, très attentive aux différents objets qu'on lui présente, Cécile confirme ses remarquables capacités d'organisation gestuelle. La figure 7 montre que, en moins d'une seconde, elle projette le bras et la main en un geste direct, ajusté et précis, au contact de l'objet qui était la cible de son regard.

La mère de Cécile est parfaitement détendue, y compris

Fig. 6

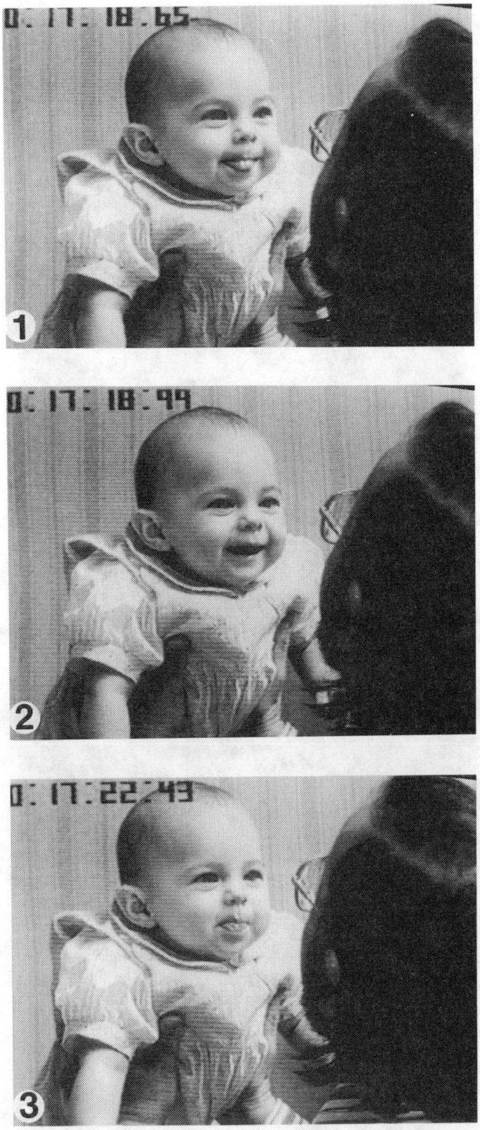

A l'âge de 7 mois, Cécile accepte l'interaction avec toutes les personnes qui la sollicitent. Très attentive à son partenaire en situation de face à face, elle répond par une protrusion de la langue à un partenaire inconnu, qui vient lui-même de tirer la langue. Imitant son partenaire, elle lui répond plusieurs fois en ajustant très rapidement ses réponses aux modifications comportementales de l'autre (le délai de réponse est le plus souvent égal ou inférieur au 1/10 de seconde). Lorsque le partenaire adopte un visage immobile et plus neutre, c'est elle qui prend l'initiative de sourire, tirer la langue, grimacer, vocaliser ou s'agiter. Elle marque une pause lorsqu'elle « n'obtient pas » de réponse immédiate, puis reprend l'initiative, ou répond au moindre changement postural ou comportemental de l'autre personne. Là aussi, le délai de réponse est toujours très bref : Cécile se caractérise par des réponses toujours ajustées et rapides à ses différents partenaires (mère, père, chercheur).

Fig. 7

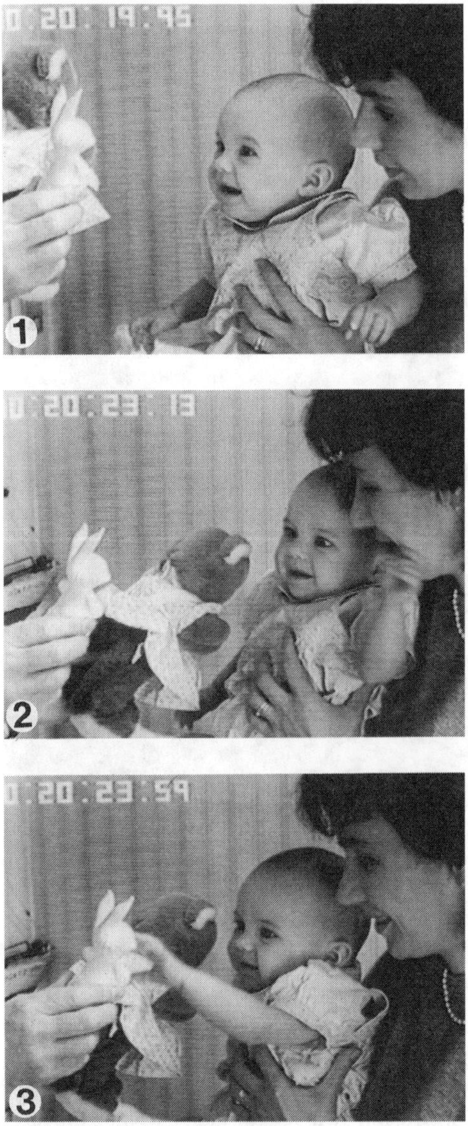

A l'âge de 7 mois, le développement des capacités d'attention visuelle et de coordination oculo-motrice de Cécile se traduit notamment par un ajustement ciblé, précis et rapide de ses gestes de préhension vis-à-vis des objets qui lui sont présentés. Dans cet exemple, en moins d'une seconde, Cécile projette son bras et conduit sa main en pronation au contact de l'un des objets.

pendant la phase alimentaire. Elle oriente alors le regard dans d'autres directions que vers l'enfant et converse avec les personnes présentes. Après l'alimentation, elle parle à l'enfant, sourit, embrasse, recherche son regard, développe les mimiques, encourage, présente les objets. En même temps, elle laisse toute latitude à l'enfant pour réguler son équilibre corporel, manipuler les objets et développer des interactions avec les autres personnes présentes. Elle fait tout à fait confiance aux compétences de l'enfant. Son discours et ses attitudes ne contiennent plus le moindre élément d'inquiétude. *Les conditions sont créées pour que l'enfant développe son autonomie.*

A l'âge de 12 mois, Cécile s'intéresse à tout

A 12 mois, Cécile est une enfant remarquablement épanouie, dotée de compétences complexes dans tous les domaines.

Elle participe sans fin à des interactions ajustées et sans cesse renouvelées avec sa mère et les autres personnes présentes.

Elle répond de façon appropriée aux sollicitations gestuelles et verbales. Elle s'assoit par exemple dans son bain à la demande de sa mère, alors qu'elle était debout, puis elle communique par le regard, les sourires, les gestes et les vocalisations avec les deux personnes de l'équipe de recherche. Il y a ensuite ajustement des sollicitations et réponses entre l'enfant et sa mère, chacune modifiant ses sollicitations en fonction des manifestations de l'autre. Si sa mère dit « voilà » au moment où Cécile s'assoit dans son bain, l'enfant répond « alla ».

Elle est désormais capable de participer à un échange à trois. Après le bain, elle laisse un gros ballon s'éloigner en direction de l'une des personnes non familières, tout en souriant et vocalisant. Si elle a le ballon, elle se tourne vers sa mère et le laisse s'éloigner vers elle. Recevant à nouveau le ballon, elle se tourne vers le chercheur et le pousse dans sa direction. Elle partage ainsi ses interactions de façon également ajustée avec sa mère et les autres personnes présentes.

Pendant les deux heures de la session filmée, elle ne présente aucun comportement et n'émet aucune vocalisation qui puissent traduire la crainte, l'évitement, l'inquiétude ou la résistance.

Autrement dit, on n'observe pas de signe comportemental ou vocal qui indique ce qu'Ainsworth (1973, 1974, 1979) décrit à l'âge de 1 an comme reflétant un attachement non sécurisant. Elle ne présente aucun déficit ou mal-ajustement tonico-postural : elle maîtrise parfaitement la position assise ; elle est stable sur ses jambes et marche déjà de façon non oscillante ; elle commence à escalader son lit. Elle a des gestes bien ajustés et autocontrôlés dans la saisie et la manipulation des objets. La mère de Cécile continue de favoriser son autonomie locomotrice et interactive par rapport à l'environnement humain et spatial. Elle l'encourage et lui tient en permanence un discours valorisant, tout en étant attentive à lui répondre par un sourire, une grimace, une onomatopée ou des gestes.

L'organisation du suivi de l'enfant dans son milieu familial a été fructueuse. Elle a permis de voir qu'à partir de l'émergence précoce de capacités d'exploration visuelle et auditive, de capacités de discrimination entre des voix et des bruits et de capacités interactives, l'enfant a « accroché » l'attention et l'intérêt de sa mère. Pourtant, celle-ci n'avait pas encore « son enfant dans la tête », après une grossesse qu'elle n'avait pas bien vécue. Découvrant au fil des semaines les capacités diversifiées et dynamiques de son enfant, la mère les écoute, organise des réponses accordées aux manifestations gestuelles et vocales de l'enfant. Elle est entrée dans un jeu interactif dont l'acteur est surtout l'enfant, dès les premiers jours. Ayant elle-même de réelles capacités interactives, dont la timide émergence était freinée par un état de déprime et d'inquiétude, elle est devenue à son tour une actrice au répertoire diversifié et ajusté à celui de l'enfant. Ainsi se trouve nourri et amplifié le processus qui encourage l'enfant à être un acteur encore plus efficace du développement de ses interactions et, plus généralement, de son développement.

DEUXIÈME EXEMPLE

Marion, un bébé qui souffre de troubles alimentaires

Marion a 4 mois et demi lorsqu'elle rencontre la pédopsychiatre pour la première fois. Sa mère est inquiète à cause de ses difficultés alimentaires. Marion a été en effet hospitalisée à deux reprises pendant deux semaines environ, car elle refusait de s'alimenter et rejetait le lait donné au biberon. Chaque fois, l'enfant a dû être nourrie par gavage ou perfusion.

Une première session d'observation a lieu dans le milieu familial, avec l'accord de la famille, comme d'habitude. Là, nous constatons que, dans son lit, Marion repose allongée sur le ventre tout contre une planchette inclinée. Sa tête est ainsi nettement surélevée. Un harnais l'empêche de glisser au fond du lit. Inquiète et précautionneuse, la mère a conçu un tel dispositif pour que Marion ne régurgite pas avant, pendant ou après son sommeil. Dans son esprit, l'enfant ne garde pas suffisamment d'aliments pour se développer et grandir.

Les difficultés alimentaires et interactives de Marion

D'emblée, la relation entre le bébé et sa mère est difficile et chargée de souffrances. Que ce soit avant ou après l'alimentation au biberon, l'enfant pleure beaucoup. La mère présente en même temps un visage inquiet. Au cours de l'alimentation, son regard reste fixé quasiment en permanence sur le biberon et, semble-t-il, sur le niveau du lait. Son visage est peu expressif et son regard, orienté de manière fugitive en direction du visage de Marion, ne rencontre pas le regard de l'enfant. Ses paroles ou vocalisations sont inexistantes. Quant à Marion, elle conserve son visage et son regard détournés dans une direction opposée à celle du visage maternel. A l'exception des bruits de bouche de l'enfant, le silence règne dans la salle à manger.

Lorsque Marion arrête son comportement de succion, sa mère met fin à la phase alimentaire. L'enfant pleure une nouvelle fois. Elle paraît inconsolable. L'inquiétude et la tristesse se lisent dans les traits de la mère, qui la tient toujours dans les bras. Elle la place sur le ventre, de manière à éviter les régurgitations, dans l'attente du rot libérateur. Elle alterne la position dans laquelle le dos de l'enfant est contre sa poitrine et celle dans laquelle son bras gauche soutient l'enfant qu'elle a placée devant elle à plat ventre. Sa main droite effectue un mouvement circulaire sur l'abdomen du bébé, comme si elle percevait l'existence de difficultés à ce niveau corporel (lorsque l'enfant aura 10 mois, on découvrira un syndrome de Hirrsprung, c'est-à-dire l'absence d'innervation de la partie terminale du côlon, qui entraîne une rétention des matières fécales). Très attentive aux réactions de Marion, la mère multiplie les paroles d'apaisement, comme : « Pourquoi tu pleures, mon bébé ? »

Observateur qui se sent évidemment déplacé dans cette situation, le chercheur constate que la mère replace constamment l'enfant sur le ventre avec une idée : faciliter la rétention alimentaire. Une telle attitude interdit tout contact œil à œil et toute interaction face à face entre l'enfant et sa mère.

Le chercheur intervient ensuite, conformément au protocole. Il prend d'abord l'enfant dans ses bras et l'oriente de façon à favoriser l'interaction avec la mère, qui s'est approchée et avance le visage tout près de celui de l'enfant. Alors que Marion continue à pleurer, la mère multiplie les paroles rassurantes : « Ne pleure pas, mon bébé », « Regarde ta maman, mon bébé », « Je suis là, mon bébé ». Mais ces paroles n'ont, à aucun moment, un effet rassurant et apaisant : Marion continue de pleurer, n'ouvre pas les yeux et n'oriente jamais le visage en direction de sa mère. L'enfant paraît inconsolable, elle semble souffrir. La mère multiplie pourtant les paroles rassurantes, caresse la tête, la joue et la main du bébé, et l'embrasse.

Pour le chercheur, une hypothèse paraît s'imposer : il y a un lien entre, d'une part, les difficultés alimentaires de l'enfant et son positionnement fréquent sur le ventre, surtout au moment de l'éveil et pendant la phase qui suit l'alimentation (qui sont habituellement des temps forts dans la communication entre un enfant de cet âge et son environnement), et d'autre part l'absence ou la faible fréquence des contacts œil à œil et des interactions face à face entre l'enfant et sa mère.

A l'issue de cette première session filmée, un café est offert par la mère aux trois personnes présentes (le chercheur, le caméraman et l'étudiante qui prépare sa thèse). La conversation s'oriente logiquement sur l'enfant. En réponse aux questions précises que la mère pose sur Marion et ses difficultés alimentaires, le chercheur répond en privilégiant évidemment les réponses positives, mais non ciblées sur Marion en particulier. La conversation porte surtout sur les compétences des bébés. Le chercheur dit ainsi à la mère qu'à l'âge de 4 mois et demi Marion a, comme les autres enfants de cet âge, la capacité d'accrocher le regard, de se laisser accrocher le regard, de sourire, de répondre à un sourire, de vocaliser de façon diversifiée, de serrer un doigt que l'on met dans sa main, etc. Puis, dans le fil de la conversation, il apparaît possible et intéressant de multiplier avec Marion les situations qui permettent le contact œil à œil et l'interaction face à face. Par exemple, placée sur le dos dans son lit, l'enfant se réveillerait avec le visage de sa mère, ou de son père, etc., penchés au-dessus d'elle, avec un regard, un sourire, des mimiques, des vocalisations et des paroles d'accueil. Après l'alimentation, l'enfant pourrait être tenue avec le dos en appui sur un avant-bras de la mère, chacune pouvant ainsi accrocher le regard de l'autre, ou bien elle serait maintenue en position dorso-ventrale dans les bras du père, ce qui devrait favoriser le contact œil à œil et l'interaction face à face avec sa mère (et réciproquement pour le père). Ou bien encore après le rot ou à d'autres moments, il serait possible de tenir l'enfant à bout de bras, puis d'accrocher et de piloter son regard, tout en lui souriant et lui parlant (à l'âge de 4 mois, un enfant ainsi tenu a toutes les chances d'adopter la position du planeur, c'est-à-dire de se tendre en creusant les reins avec les bras et les jambes écartés*). Il nous a paru pertinent de répondre aux questions inquiètes de la mère, l'objectif étant de suggérer des situations simples qui lui permettent de découvrir les capacités interactives de son enfant, et de relativiser ses difficultés alimentaires.

L'évidence des capacités interactives de Marion et le plaisir de leur découverte par sa mère

Dix jours plus tard, nous constatons d'abord que la planchette a disparu du lit de l'enfant. Par ailleurs, sa mère la met sur le dos dès qu'elle s'éveille. La caméra enregistre alors une interaction quelque peu « timide » entre l'enfant et sa mère. Marion accroche parfois le regard maternel, et sa mère multiplie les caresses, les baisers et les sollicitations gestuelles, vocales et verbales. Mais l'enfant sourit peu et oriente le plus souvent son regard dans une autre direction que le visage maternel.

Pendant l'alimentation, l'enfant ne pleure plus, mais le constat reste le même que lors de la première session. La mère reste silencieuse. Elle présente un visage encore inquiet et voilé de tristesse. Son regard est essentiellement focalisé sur le biberon et le niveau du lait à mesure qu'il est consommé. L'enfant ne la regarde qu'une fois, de façon fugace. Son regard comme son visage sont orientés dans une direction opposée à celle du visage maternel. Pourtant,

* Ajuriaguerra, 1980.

le bras libre de la mère enveloppe tout le corps de l'enfant et le garde contre elle.

Le moment qui suit l'alimentation est révélateur et émouvant. Marion est tenue par sa mère tout près de son corps dans une position enveloppante, ou à bout de bras dans la position du planeur. Mais elle manifeste seulement deux accrochages fugaces du regard maternel. Le reste du temps, son regard explore l'environnement et paraît passer à côté de celui de la mère. Celle-ci lui dit en vain : « Regarde ta maman », « Pourquoi tu ne regardes pas ta maman, mon bébé ? » Elle prend conscience de la difficulté à accrocher le regard de Marion et à maintenir cet accrochage quand il a lieu. Désormais, elle privilégie les positionnements corporels qui facilitent le contact œil à œil et l'interaction face à face, elle tente d'établir et de rétablir la communication avec l'enfant, comme s'il s'agissait d'une priorité nouvellement découverte.

Ainsi que le protocole le prévoit, le chercheur prend le relais avec la mère. Il développe à son tour les mêmes positionnements corporels. Il tente lui aussi d'accrocher le regard de l'enfant et de communiquer avec elle. La surprise saisit les observateurs lorsqu'ils constatent les remarquables capacités d'interaction ajustée de Marion. Tenue dans les bras et à bout de bras, elle accepte une interaction œil à œil d'une durée de plusieurs dizaines de secondes avec le chercheur, qu'elle n'a « pourtant » rencontré qu'une seule fois, lors de la semaine précédente. Elle sourit, fait la moue, manifeste des bruits vocaux, vocalise et agite les bras et les jambes, quand le chercheur la regarde silencieusement en souriant. Lorsque l'attention de Marion est distraite par un bruit ou un mouvement de l'environnement, elle détourne les yeux et le visage, puis revient en interaction dynamique et ajustée avec le chercheur.

Marion révèle ici des capacités interactives tout à fait diversifiées, ciblées et ajustées. Elle est capable non seulement de répondre aux regards, aux mimiques et aux sourires de son interlocuteur étranger, mais aussi d'induire des modifications du regard, des mimiques, des sourires (et probablement des pressions exercées par les mains) de son partenaire. Elle est à la fois interlocuteur et acteur. C'est aussi ce qu'on observe lorsque son frère de 4 ans la sollicite et lui répond. L'équipe de recherche s'interroge alors. N'a-t-elle pas un côté manipulateur ?

En effet, tout cela se passe sous les yeux de la mère qui, elle, n'a pas réussi à accrocher le regard de l'enfant de façon soutenue ou à obtenir ses sourires et ses vocalisations en situation de face à face, malgré ses paroles rassurantes, ses caresses et ses baisers.

Si on veut résumer cette session, on constate :

1. **Un changement dans les habitudes de la mère.**

Elle a retiré du lit de l'enfant la planchette sur laquelle elle la couchait sur le ventre pour la durée du sommeil. Elle cesse en outre de multiplier les changements de positionnement de l'enfant avant, pendant et après son alimentation, qui aboutissaient invariablement à un positionnement sur le ventre. Elle est encore inquiète des difficultés alimentaires de Marion, mais ne privilégie plus les situations et positionnements corporels qui favorisent a priori la rétention des aliments.

2. **Une recherche active par la mère des situations qui favorisent l'interaction face à face avec l'enfant.**

Ainsi qu'elle nous le confirmera, la mère multiplie depuis notre première visite les situations qui autorisent le contact œil à œil et l'interaction face à face, comme si elle avait pris conscience de l'importance de ces phénomènes.

3. **Un constat des capacités interactives de l'enfant.**

Marion apparaît aux yeux du chercheur, et surtout à ceux de sa mère, comme une enfant tout à fait compétente pour accepter, développer et guider une interaction dynamique et complexe avec une personne étrangère (qui n'a rien partagé avec elle au cours de ses premiers mois, notamment les moments de souffrance induits par les difficultés alimentaires, et les hospitalisations).

En effet, Marion ne « se contente » pas d'une simple interaction visuelle avec l'observateur (et son frère). D'emblée, elle combine de façon non stéréotypée l'accrochage et la recherche du regard, le sourire et les mimiques faciales, les bruits de bouche, les vocalisations, les mouvements des membres et ceux du corps. Tous les observateurs, et particulièrement la mère, ont l'impression qu'elle veut démontrer la diversité et la complexité de ses capacités à communiquer, et à induire la communication.

Comme précédemment, la session se termine autour d'un café. L'équipe vit avec beaucoup d'émotion la nouvelle assurance de la mère, malgré ses difficultés à établir elle-même la communication avec son enfant. Nous sentons qu'elle est détendue. Son visage est souriant, ses propos sont optimistes et non plus chargés d'inquiétude.

L'émergence d'une interaction accordée entre Marion et sa mère

Deux semaines plus tard, lorsque nous revoyons Marion (elle a 5 mois et demi), là encore elle se montre très interactive avec le chercheur. Mais un nouveau changement a eu lieu : l'enfant cherche désormais à accrocher le regard de sa mère, même si cet accrochage reste fugace. Marion sourit, fait des bruits de bouche et vocalise quand sa mère s'adresse à elle. Ou alors, elle se détourne vers elle, spontanément ou pour répondre. Parallèlement, la maman apparaît détendue : elle sourit et devient très attentive aux sollicitations visuelles et vocales de son bébé. Au lieu des « Regarde ta maman, mon bébé » ou « Pourquoi tu ne regardes pas ta maman, mon bébé ? », on entend : « Parle à ta maman, mon bébé », ou « Pourquoi tu ne parles pas à ta maman, mon bébé ? ». Marion partage en outre ses orientations du regard, ses sourires, ses mimiques, ses bruits de bouche, ses vocalisations et son activité gestuelle entre sa mère, son frère et l'équipe de recherche. Les difficultés alimentaires de l'enfant ne sont plus évoquées. Désormais, sa mère souligne les capacités de Marion et l'intérêt qu'elle prend à communiquer avec elle.

Parallèlement à l'augmentation des interactions entre l'enfant et sa mère, l'observateur constate que l'enfant a développé des mouvements d'extension du bras suivis d'une saisie ciblée et ajustée des objets présentés dans son champ visuel. A l'inverse, les mouvements de prise de l'objet, lors des sessions précédentes, étaient plus ou moins bien ciblés et ajustés. Il se faisaient par des mouvements enveloppants et malhabiles. Depuis, une coordination oculo-motrice ajustée s'est développée, en même temps qu'une interaction ajustée et accordée s'est construite avec sa mère.

Un développement maintenant rassurant

A l'âge de 10 mois, Marion ne présente ni déficit ni retard dans ses capacités, par comparaison avec un enfant du même âge qui n'a pas eu ses difficultés initiales. Elle a des habiletés motrices et des capacités de manipulation tout à fait adaptées aux situations et aux objets. Assise, elle garde un positionnement corporel stable et non oscillant. Ses interactions avec sa mère, son père et son frère sont bien ajustées et synchronisées. Ses modalités interactives sont fonctionnelles : elles combinent orientations du regard, sourires, mimiques, touchers, bruits vocaux et vocalisations. Aucun déficit interactif n'est noté.

A 15 mois, après une hospitalisation et une opération réussie à 10 mois, Marion nous rend visite avec sa mère à l'unité de recherche, alors que nous accueillons un groupe d'enfants de la crèche (chapitre 3). Marion, qui maîtrise la marche depuis l'âge de 13 mois, peut ainsi partir à la découverte d'un nouvel environnement. Comme les enfants du même âge, elle explore la paroi percée d'orifices et le manège. Elle alterne les phases d'exploration parmi les autres enfants et les phases de retour au contact corporel avec sa mère. Celle-ci prend un autre enfant dans ses bras.

Marion cherche alors à écarter l'enfant pour retrouver sa place à proximité immédiate du corps maternel. Elle pleure, ce qui entraîne des paroles rassurantes et des caresses de la mère, qui la reprend tout contre elle. L'interaction apparaît étroitement accordée entre l'enfant et sa mère.

Il n'est pas possible d'observer le moindre déficit dans le développement de Marion, alors que les 4 premiers mois ont été caractérisés, rappelons-le, non seulement par des difficultés alimentaires et deux hospitalisations, mais aussi par un déficit profond dans la communication face à face, pourtant si importante dans le décodage et l'accordage des émotions entre la mère et son bébé. Cependant, Marion a gardé potentiellement intactes ses ressources, en particulier celles qui permettent de communiquer sans retenue ou évitement avec une personne qui n'a partagé ni douleurs ni souffrances avec elle. On peut aussi penser que l'amour maternel, qui se manifestait non seulement par la création de situations évitant les régurgitations, mais aussi par la multiplication des paroles apaisantes et des caresses, a permis à Marion de conserver intactes ses capacités à communiquer. Mise en présence d'un observateur habitué à l'interaction avec de jeunes enfants, Marion a eu l'occasion de révéler toute la gamme de ses capacités, et d'agir ainsi sur le comportement, les attitudes et les représentations de sa mère et des autres personnes présentes. *Tout se passe comme si elle avait saisi l'opportunité de la présence des observateurs inconnus pour modifier le cours de l'interaction difficile et mal ajustée avec une maman avant tout inquiète des conséquences d'une alimentation mal régulée, et marquée par la séparation et le vécu de l'enfant en milieu hospitalier.*

Cet exemple illustre la réalité des capacités du jeune enfant, dès lors que sont créées des situations nouvelles, non marquées par le poids des non-ajustements ou mal-ajustements des premiers jours et des premières semaines.

TROISIÈME EXEMPLE

Comment Philippe, un enfant qui m'a beaucoup préoccupé, s'est montré plein de ressources

A la demande d'une pédopsychiatre de notre groupe, j'ai organisé, trois jours après sa naissance, le « suivi » de Philippe, un enfant qui risquait de connaître un développement difficile.

En effet, l'histoire de sa mère est douloureuse. Agée de 20 ans, elle a passé une partie de son enfance et de son adolescence dans une institution d'accueil, avant de subir une interruption volontaire de grossesse. Sans famille auprès d'elle et sans travail, elle est dans une situation sociale difficile. Philippe pèse 3 kilos. Il ne présente aucune anomalie décelable. La grossesse et l'accouchement se sont bien passés. Avec l'accord de sa mère, nous le suivons à la maternité, puis à la maison.

A l'âge de 3 jours, Philippe est un bébé très réactif, mais les interactions avec sa mère sont quasiment inexistantes

Pendant la première session, organisée à l'âge de 3 jours, selon le protocole habituel, nous observons chez le bébé des réponses motrices amples mais non différenciées à toutes les stimulations sonores, qu'elles soient spécifiques ou non spécifiques, familières ou non familières. En outre, une combinaison de signes sous nos yeux semble refléter les difficultés psychologiques de la mère. Celle-ci a en effet un visage triste et peu expressif, elle n'exprime ni sourires, ni vocalisations, ni paroles au bébé. Lorsqu'elle lui donne le biberon, c'est en le tenant de façon malaisée : Philippe n'est pas calé sur l'avant-bras, il a tendance à glisser sans être ensuite rehaussé dans une position qui favorise l'alimentation. Sa mère tient le biberon horizontalement, ce qui ne permet pas au bébé d'avoir une tétée efficace et facile. La maman révèle aussi son inquiétude lorsqu'elle hésite à favoriser la poursuite de la tétée ou à l'interrompre. Au cours de la phase alimentaire, aucune interaction n'est observée entre la mère et son enfant. Après l'alimentation, la mère semble embarrassée par son bébé. Elle ne le quitte pas des yeux, mais ne manifeste ni sourire, ni vocalisations, ni paroles. Un seul élément d'interaction peut être noté : elle met son index au contact de la paume de la main de Philippe, qui se referme sur le doigt.

En fait, toutes les observations filmées du 3e jour montrent une très grande pauvreté dans les interactions entre la mère et son enfant.

Organiser la session à la fin du premier mois s'avère impossible, car la mère n'est pas joignable chez elle.

A l'âge de 4 mois, Philippe a des compétences interactives développées, mais avec d'autres personnes que sa mère

Une deuxième session a lieu dans l'appartement où la mère vit seule lorsque Philippe a quatre mois. Elle dure environ deux heures. D'emblée, à son réveil, l'enfant se montre tonique et vigilant. Il se dresse sur les genoux et prend appui sur le bord de son lit avec un port de tête parfaitement maîtrisé. Il geint et présente un visage triste. Il est très attentif à son environnement, soudain modifié par la présence des trois personnes de l'équipe de recherche et le matériel de prise de vues. Mais nous sommes frappés par l'évitement actif qu'il manifeste au contact œil à œil avec sa mère lors de la communication face à face. Quand sa mère le tient devant elle et lui parle en cherchant son regard, il détourne le visage et les yeux. Chaque fois qu'elle rapproche son visage du sien, il détourne la tête ou appuie le front contre le visage maternel, en essayant de s'écarter de son corps comme s'il cherchait à s'éloigner. Son visage est fermé et triste. A aucun moment, il ne sourit ou vocalise. Ses poings sont fermés. Tout indique que l'interaction est difficile à établir entre l'enfant et sa mère, malgré les baisers, les exclamations et les sollicitations verbales répétés de celle-ci. A première vue, nous sommes en présence d'un enfant qui ne semble pas avoir construit d'attachement avec sa mère. Non seulement il ne manifeste pas de comportements qui visent à réduire la distance corporelle et permettre l'établissement de contacts avec elle, mais, surtout, ses comportements sont, pour la plupart, des évitements du regard et des tentatives de repoussement du corps par rapport au corps maternel. Ils révèlent une absence de communication*.

Pourtant, les compétences de Philippe sont comparables à celles d'un enfant du même âge qui connaît un développement sans difficultés, et dont l'attachement s'est ancré dans des interactions accordées avec sa mère. Deux des personnes présentes les révèlent, lorsqu'elles obtiennent sans difficulté des interactions ajustées avec l'enfant, quasiment au dixième de seconde près.

Dans un premier temps, le chercheur prend Philippe à bout de bras. L'enfant prend la position typique du planeur, avec une tonicité bien développée des bras, des jambes et du corps. Le chercheur accroche alors sans difficulté le regard du bébé, puis le pilote, sans que le bébé présente le moindre évitement du contact œil à œil. Le visage de l'enfant s'illumine et son regard paraît aimanté lorsqu'il accroche celui du chercheur. L'interaction se poursuit avec des enchaînements de sourires, de mimiques, de bruits de bouche et de vocalisations. L'expérimentateur reste pourtant silencieux. Observant la scène, la mère rit, s'exclame et prend à témoin son amie présente. Elle dit : « Oh ! qu'il est beau ! »

Un peu plus tard, même scénario : le bébé, assis dans sa chaise pour la phase alimentaire, évite le regard de sa mère. Il se détourne, même lorsqu'elle approche son visage du sien. A l'inverse, il accepte l'interaction œil à œil avec le chercheur, avec des regards soutenus et « jalonnés » par des sourires, des bruits de bouche et des vocalisations.

* Pour une définition de la communication, voir Montagner, 1978, Cosnier et Brossard, 1984.

Après le repas et tenu debout par sa mère en situation de face à face, le regard de Philippe évite toujours celui de sa mère. Il regarde par-dessus son épaule, comme s'il ne la voyait pas, en direction du visage de l'amie, assise derrière la mère. Philippe se laisse accrocher le regard par cette personne et développe avec elle des interactions actives et diversifiées, faites de sourires, de bruits de bouche et de vocalisations. Mais il ne répond ni aux sourires, ni aux vocalisations et productions langagières de sa mère. Pourtant, elle reste très attentive aux manifestations de son bébé, rit et parle beaucoup. Ses paroles sont très positives, surtout lorsqu'elle constate les capacités interactives de son bébé avec les autres personnes. « Qu'il est beau ! » s'exclame-t-elle encore à deux reprises. En revanche, tenant toujours l'enfant devant et contre elle, son visage se ferme et son discours change. Devant les détournements du visage de l'enfant, elle s'écrie : « Il fait la gueule ! »

Cette session révèle donc chez Philippe des capacités développées et ajustées à l'interaction, mais avec des personnes autres que sa mère. En revanche, il ne manifeste pas les comportements d'établissement ou de rétablissement de proximité et de contact qui fondent, selon Bowlby, l'attachement entre un bébé et sa mère.

A l'âge de 7 mois, l'évolution de l'enfant est préoccupante

La troisième session est organisée lorsque Philippe a 7 mois. A notre arrivée dans l'appartement, il émerge brusquement de son sommeil. Il est d'emblée vigilant et attentif à l'environnement. Sa figure est triste et couverte de griffures. Une fois dressé sur les genoux le long des barreaux de son lit, il a le choix entre l'interaction avec sa mère ou avec le chercheur, tous deux accroupis à proximité. Un instant, il oriente le regard en direction du visage maternel. Mais Philippe ne répond pas au regard et au discours de sa mère, que ce soit par un sourire, des vocalisations ou un geste dans sa direction. Triste et fermé, il tourne les yeux vers le visage du chercheur. Le regard accroché à celui du chercheur, il avance les bras en réponse à ce nouveau partenaire qui vient de le solliciter. Lorsque Philippe est ensuite tenu à bout de bras, il montre qu'il a gardé intactes ses capacités de communication. Mais un comportement nouveau se manifeste : toujours en situation de face à face avec le chercheur, il porte ses deux mains à la tête en un geste de repli sur soi-même, comme s'il voulait se protéger.

Un peu plus tard, Philippe apparaît capable de se dresser sur ses jambes, le long des barreaux de son lit, sans qu'elles fléchissent ou que son corps oscille. A l'âge de 7 mois, il maîtrise bien la position debout. Il se déplace aussi par quadrupédie.

Cependant, la distance avec la mère est préoccupante. Philippe ne manifeste pas de comportement qui indique un désir de communication ou de contact avec elle, qui reste à une certaine distance. Contrairement à la session précédente, la mère présente un visage fermé et triste. Elle ne sourit pas et parle peu. Elle paraît inquiète.

L'enfant et sa mère paraissent éviter la communication de proximité, sauf à une occasion : l'enfant s'étant approché du téléphone et ayant décroché le combiné, la mère s'approche elle aussi et joue à porter le combiné à son oreille, puis à le raccrocher, tout en parlant beaucoup à l'enfant. Mais les orientations du regard de Philippe en direction du visage maternel restent éphémères et rares. L'enfant répond sur un seul mode : lorsqu'il reprend le combiné que sa mère a posé, il essaie de le porter lui-même à son oreille. Pourtant, il n'y a toujours pas de sourire, de vocalisation, de bras tendu ou de sollicitation manuelle en direction de sa mère.

Notre présence repousse le moment de l'alimentation. Philippe pleurniche et grogne. Sa mère est à plusieurs mètres, le visage toujours fermé et inquiet. Lorsque le chercheur lui demande si elle veut jouer avec Philippe, elle répond : « Il est fatigué. » L'enfant étant installé dans sa chaise pour manger, le chercheur poursuit son interaction avec l'enfant, pendant que la mère prépare le biberon. Lorsqu'elle arrive, le chercheur lui demande : « Vous voulez discuter avec lui ? » Elle répond : « Il ne veut pas », et ajoute : « Mais il discute avec les autres enfants » (de l'institution où il est accueilli : voir plus loin). Elle installe alors un oreiller devant l'enfant sur la tablette de la chaise, puis introduit la tétine dans sa bouche, le biberon reposant sur l'oreiller. Les deux mains tenant le biberon, l'enfant reste ainsi le seul acteur de son alimentation.

Je quitte l'appartement, préoccupé par la tristesse qui émane de l'enfant et de sa mère. Nous sommes aussi alertés par l'absence ou la faible fréquence des contacts corporels et de la communication face à face*, par l'absence ou le caractère fugace des interactions avec manifestations de plaisir, et par les particularités de la situation alimentaire au cours de laquelle l'enfant se retrouve seul avec son biberon posé devant lui sur un oreiller. Nous apprenons par la suite que la mère traverse une période particulièrement difficile. Elle vit seule et confie son enfant à une institution d'accueil deux à quatre jours par semaine. Philippe passe ainsi plusieurs journées complètes au sein d'un lieu spécialisé dans l'accueil des enfants dont la famille est en difficulté. Il peut y développer des interactions diversifiées et ajustées avec un personnel compétent, notamment avec une puéricultrice dite « référente » (qui s'occupe particulièrement de lui). C'est ainsi une certaine forme d'attachement qui peut se construire. En outre, il se trouve engagé à tout moment dans des interactions avec d'autres enfants. Nous verrons dans les chapitres 2 et 3 toute la richesse des échanges et de la communication entre enfants.

La mère est suivie par une pédopsychiatre et un médecin de la Protection maternelle et infantile, qui l'écoutent et l'assistent. Elle trouve aussi écoute, dialogue, soutien et conseils auprès du personnel de l'institution.

* Cosnier et Brossard, 1984.

A l'âge de 12 mois, l'évolution est spectaculaire : les interactions sont maintenant accordées entre Philippe et sa mère

Nous revoyons l'enfant à 9 mois, puis à 12 mois. A un an, dans l'institution qui l'accueille, ses comportements et ses activités sont tout à fait comparables à ceux des autres enfants du même âge. Lorsque sa mère vient le chercher, il sourit et se dirige rapidement vers elle à quatre pattes. Elle le prend dans ses bras, l'embrasse, lui sourit et lui parle. Il la regarde, lui sourit et s'accroche à son cou. Ma surprise et mon émotion sont fortes lorsque je découvre le film vidéo réalisé par mes collaborateurs. Quel changement dans le comportement de Philippe et de sa mère ! Quel bonheur de le découvrir ! Ma crainte était vaine. Je suis heureux de m'être trompé, et d'avoir commis la lourde erreur de sous-estimer la flexibilité des conduites de l'enfant et de sa mère, après des débuts difficiles marqués par l'évitement, le mal-ajustement et l'interaction en contrephase.

On observe désormais une interaction ajustée, et une relation avec recherche et maintien du contact corporel, du fait du double mouvement de l'enfant vers la mère et de la mère vers l'enfant. Il y a entre eux de la complicité et, parfois, de la jubilation. Le scénario se reproduit quelques instants plus tard lorsque Philippe, après s'être déplacé parmi les autres enfants, revient vers sa mère. L'enfant manifeste ainsi une capacité d'autonomie qui lui permet de s'éloigner de quelques mètres, de développer des interactions avec d'autres partenaires, puis de revenir à des interactions ajustées et souriantes avec une mère elle-même souriante.

En quelques mois, des modifications très importantes se sont donc produites dans l'interaction mère-enfant. Un double processus paraît avoir opéré :

1. L'écoute et l'attention dont a bénéficié la mère de la part du pédopsychiatre, du médecin de la Protection mater-

nelle et infantile et de l'institution d'accueil de l'enfant. Elles ont probablement joué un rôle essentiel dans la modification de ses attitudes et de ses modalités interactives avec l'enfant.

2. La possibilité offerte en même temps à l'enfant de vivre parmi d'autres enfants avec un personnel attachant et compétent pendant plusieurs jours de la semaine. Ainsi a-t-il pu développer ses capacités interactives, qui étaient déjà manifestes dès l'âge de 4 mois au moins, lorsqu'il était en situation de communiquer avec un adulte non familier. Cette évolution temporelle de Philippe, de sa mère, et de leurs interactions l'un avec l'autre, conduisent à de multiples interrogations :

On peut notamment se demander :

1. Quelle a pu être l'influence des interventions de l'équipe de recherche, qui révélaient à 4 et 7 mois les compétences interactives de Philippe avec des personnes différentes ? de l'écoute bienveillante de la mère et de l'enfant par cette équipe ?

2. Comment les interactions entre l'enfant et sa mère ont-elles pu s'ajuster en quelques semaines ? Quel a été le poids des capacités interactives de l'enfant, chaque fois constatées avec les personnes autres que la mère, au cours des sessions filmées ? A quel(s) moment(s), entre 7 et 12 mois, a-t-il pu être un acteur dynamique dans le guidage de sa mère vers des interactions de mieux en mieux accordées ? Comment ont « joué » les interactions diversifiées avec d'autres enfants, et les interactions accordées avec des puéricultrices attachantes, dès lors que Philippe a été accueilli dans une institution chaque semaine, pendant deux à quatre jours, et a échappé ainsi aux situations de malajustement, de contre-phase et de souffrance avec une mère en difficulté psychologique et sociale ?

3. Comment et à quel(s) moment(s) la mère a-t-elle pu elle-même « échapper » à ces situations et mobiliser ses

ressources psychologiques pour capter les compétences de son enfant et les réorienter vers elle ? La séparation puis les retrouvailles ont-elles eu pour effet de donner tellement faim au désir de se retrouver que les compétences et ressources des deux personnes ont pu se rencontrer et se répondre ?

Mieux cerner la nature de ces processus est tout à fait indispensable à la connaissance précise des conditions requises pour faire émerger des interactions accordées qui nourrissent le développement normal d'un enfant en difficulté.

4. Peut-on considérer la deuxième moitié de la première année comme moins essentielle que la première moitié, lorsqu'on observe de telles modifications après des premiers mois difficiles ? *En fait, cette observation, en complément d'autres cas, souligne la plasticité du développement, la flexibilité des conduites enfantines et les capacités évolutives des mères, même lorsque leur histoire les a rendus vulnérables.*

5. Comment se manifestent cette plasticité, cette flexibilité et ces capacités évolutives au-delà de la première année ?

QUELQUES RÉFLEXIONS POUR CONCLURE

Le suivi de trois bébés n'autorise pas évidemment les conclusions générales. Cependant, il confirme que le petit de l'homme a potentiellement des compétences diversifiées qu'il manifeste « spontanément », dès que le contexte s'y prête.

La révélation de ces compétences dépend de conditions particulières d'environnement pour chacune d'entre elles.

Ainsi, lorsque Cécile est placé à l'âge de 3 jours dans une situation où diverses stimulations sonores sont émises, elle révèle une réactivité différente à l'audition des sons spécifiques, qui sont soit familiers, soit de nature apaisante, et à l'audition d'autres sons. Sa capacité à orienter la tête et les globes oculaires en direction de la source des stimulations sonores, qui semble traduire une écoute différentielle, se prolonge par un détournement coordonné de tout son corps, puis une orientation parfaitement ciblée de son regard en direction du regard de sa mère, quelques secondes après que celle-ci a commencé à lui parler et à la nommer de l'autre côté du berceau. Ses capacités perceptives, ainsi manifestées sans ambiguïté, conduisent « naturellement » l'enfant à se placer dans une situation quasi idéale pour capter le regard et l'attention d'une mère qui ne s'est pas encore investie dans son rôle de mère. Le bébé se trouve objectivement en situation de construire une représentation intégrée du regard, des mimiques et de la voix de la personne d'attachement, cette voix qui lui est déjà familière. Parallèlement, Cécile fait découvrir et impose ses capacités perceptives et interactives à sa mère. En effet, elle accroche son regard et maintient le contact œil à œil, comme si « rien d'autre » ne l'intéressait. En outre, l'accrochage des regards s'accompagne de paroles maternelles qui encouragent. « L'occasion faisant le larron », l'enfant permet ainsi à sa mère de s'engager dans une interaction « qui va de soi », et ne nécessite pas un surcoût d'énergie.

Plus tard, à l'âge de 1 mois, il a suffit que, à la suggestion du chercheur, la mère cale l'enfant sur son avant-bras et soutienne sa tête au moyen d'une main enveloppante pour que Cécile soit en mesure d'explorer visuellement l'environnement. Comme l'a montré Grenier (1981) (voir le chapitre 2), ce soutien « libère » les capacités visuelles, la motricité et les capacités interactives du jeune enfant. Il lui donne l'occasion de révéler ses capacités d'attention visuelle et de découverte d'un objet (le mobile fixé au plafond). Le corps tendu et la fixité de son regard focalisé sur l'objet (figure 4) constituent un signal très clair, notamment pour la mère qui, découvrant la cible du regard de Cécile, se lève et dispose l'enfant à vingt centimètres du mobile. Les yeux grands ouverts et la tête toujours bien calée dans la main maternelle, Cécile se montre alors capable de transporter la main au contact de l'objet, en un geste déjà bien coordonné et ajusté. Là encore, « l'occasion fait le larron » : *dès que les conditions ont été remplies pour que cela soit possible, l'enfant a révélé des capacités qui ont induit chez la mère un comportement lui-même inducteur d'une autre capacité, jamais observée auparavant, mais potentiellement présente.*

Si je considère Marion, la deuxième enfant dont il a été question, ses capacités interactives ont été masquées par des débuts douloureux, au cours desquels ses difficultés alimentaires et ses deux hospitalisations ont beaucoup angoissé la mère, cette angoisse renforçant probablement les difficultés de l'enfant. Après la première rencontre avec l'équipe de recherche, et le dialogue qui a suivi la session filmée, la mère s'est sentie rassurée, comme elle le dira plus tard. Moins inquiète, elle retire du lit de l'enfant la planche et le harnais, dont la fonction était de prévenir les régurgitations de Marion, supprimant par là même l'un des signes de son angoisse. Elle développe en même temps les situations de face à face avec le bébé, combinant alors le contact œil à œil et les mimiques avec ses nombreux baisers, ses caresses et ses paroles abondantes. Au cours de la deuxième session, l'équipe de recherche découvre une enfant qui ne pleure pas et paraît détendue, apaisée et attentive à son environnement. Calée dans les bras ou tenue à bout de bras par le chercheur, elle révèle des capacités tout à fait développées à des interactions ajustées avec un partenaire qui n'a pas partagé son histoire douloureuse (et qui ne la connaît pas, à ce moment des interventions ?). C'est aussi le frère de Marion qui accroche et pilote sans difficulté son regard et induit ses sourires, ses grimaces, ses gestes et ses vocalisations.

Restées enfouies ou masquées, les compétences interactives de Marion sont éclatantes. Mais il faudra encore quelque temps pour qu'elle les manifeste complètement avec sa mère elle-même, comme si les signaux, les messages et les émotions avaient été brouillés chez l'enfant par l'insécurité, la souffrance et le flou des repères, entraînés notamment par les hospitalisations, et les séparations avec la mère qui en résultaient.

Tout se passe comme si la perception de l'angoisse mater-

nelle et le brouillage de la communication, au cours des premiers mois, avaient conduit l'enfant à développer un processus de défense, qui s'est traduit en particulier par le non-accrochage et l'évitement du regard maternel. En tout cas, Marion a pu préserver ses compétences, puis les mobiliser comme ressources.

Très attachée à son enfant, et rassurée par l'observation de ses compétences interactives, même si c'est avec d'autres partenaires, en même temps que les difficultés alimentaires de l'enfant s'estompent (elles ne sont plus évoquées), la mère a su attendre que Marion soit prête à développer des interactions ajustées avec elle aussi.

Dans cet exemple, le révélateur des compétences interactives de l'enfant paraît être l'intervention de l'équipe de recherche qui, par sa présence et son expérience, a pu créer les conditions de leur émergence. *Mais c'est aussi l'enfant qui a modifié les représentations, les pratiques et les conduites maternelles, en démontrant qu'elle était capable d'entrer dans une communication dynamique et ajustée, dès lors qu'on la considérait d'abord comme un être sans déficit particulier, qui a faim d'interaction, et non plus principalement comme une enfant en danger.*

Enfin, Marion s'est engagée à son rythme dans la construction (ou la reconstruction) d'une interaction progressivement plus dynamique et mieux accordée avec sa mère. C'est elle qui paraît avoir guidé l'évolution graduelle de l'accordage. Elle se présente ainsi comme une actrice essentielle du changement observé entre les deux personnes.

Philippe, le troisième enfant, se caractérise aussi à 4 mois par un non-accrochage et un évitement actif du regard maternel. Mais, cette fois, les difficultés sont d'abord maternelles. En effet, sans travail, sans famille, sans la présence quotidienne d'un père, et sous le poids d'une histoire personnelle douloureuse, la mère n'a pas su ou pu construire des interactions accordées avec son bébé. Pourtant, celui-ci a des compétences remarquablement développées, dès lors qu'il est sollicité par une personne qui ne partage pas son histoire des premiers mois, et sous les yeux de sa mère. On retrouve de façon accentuée le phénomène observé chez Marion. Ici aussi, la perception des difficultés de la mère et le brouillage de la communication paraissent avoir induit chez l'enfant un processus de défense. *Mais une fois que, pour la journée et pendant plusieurs jours consécutifs, il se trouve hors du milieu familial et de la présence maternelle, en présence d'autres êtres aux capacités interactives diversifiées, sécurisantes et ajustées, au moins à certains moments, il peut « libérer » les compétences dont il est porteur et les faire fructifier. Le cheminement « libérateur » existe aussi chez la mère, même si c'est par d'autres voies. En effet, soutenue psychologiquement, elle peut mieux reconnaître, au fil des mois, les capacités de son enfant et y répondre de façon mieux ajustée.* Le délai pour que chacun soit sécurisé et rassuré est beaucoup plus long que pour Marion et sa mère, mais l'essentiel n'est-il pas que l'ajustement se fasse, et qu'à 12 mois Philippe soit heureux de retrouver sa mère après une séparation, en même temps que la mère soit heureuse de retrouver l'enfant ?

Par le développement précoce et continu de l'ensemble de ses compétences perceptives, tonico-posturales, motrices et interactives, reconnues et soulignées par des regards étrangers (l'équipe de recherche) et familiers (l'amie de la mère, les partenaires de l'institution), Philippe a pu soutenir l'élan un peu diffus de sa mère et peut-être éviter qu'elle ne s'éloigne. Tonique, dynamique et attentif à son environnement comme Cécile et Marion, il est un acteur « engagé » de sa construction, en guidant sa mère vers des interactions qui deviennent accordées.

L'évolution de Marion et de Philippe montre aussi que les concepts d'*imprinting* (empreinte, imprégnation, ou mieux encore prise d'empreinte de la mère), de période critique et de période sensible chez les animaux, théorisés notamment par Lorenz (1935, 1937, 1950, 1970), dans des publications et des livres tout à fait remarquables, ne peuvent être simplement transposés à l'homme, même s'ils ont été fertiles et continuent de l'être. A ce point de vue, je suis plus réservé que l'excellent Boris Cyrulnik (1989) sur la transposition de ces concepts à l'espèce humaine, alors que je partage son intérêt et sa passion pour que les conduites humaines soient aussi examinées à travers les données obtenues sur les comportements animaux, et au moyen des méthodes éthologiques*.

Marion et Philippe, la première en un délai très court, le deuxième en quelques mois, ont en effet modifié de façon formidable leur relation avec leur mère, ou plutôt ont été les « acteurs actifs » de modifications dans les conduites maternelles à leur égard, à travers notamment la reconnaissance par autrui de compétences qu'ils ont mobilisées comme autant de ressources. Pourtant, les premiers mois ont été difficiles pour l'une et l'autre, et leurs mères respectives. On ne peut donc évoquer les seules prises d'empreinte de la mère au cours de phases plus ou moins limitées après la naissance, pour rendre compte d'un attachement accordé entre un bébé et sa mère, et ensuite de l'évolution heureuse ou malheureuse des conduites sociales (au sens éthologique) d'un enfant.

Les changements apparaissent possibles à tout moment de la première année, pourvu que les compétences de l'enfant puissent être révélées et reconnues, puis nourries dans des interactions ajustées avec différents partenaires, et que la mère soit suffisamment rassurée et soutenue pour accepter pendant un temps de ne pas être elle-même le partenaire d'interactions aussi bien ajustées.

Nous verrons dans les chapitres suivants que les interactions ajustées avec d'autres enfants doivent être particulièrement prises en compte dans la compréhension de ces phénomènes.

* Voir aussi Lannoy et Feyersen, 1987.

2

La précocité et la complexité des interactions entre enfants

LES SOURCES D'UNE HYPOTHÈSE

Charlotte, l'enfant qui semble enfermée dans sa bulle

Charlotte a 5 mois et demi lorsqu'elle est examinée par un neuropédiatre et par l'une des pédopsychiatres de notre groupe de recherche. Le motif de la demande de consultation par la famille est constitué par les difficultés d'alimentation de l'enfant. Mais les médecins remarquent que l'enfant ne répond ni au regard et à la voix de sa mère ou des autres personnes, ni aux stimulations visuelles et auditives fournies par différents objets. Selon le neuropédiatre, la petite fille est autiste. Comme il est d'usage dans notre équipe, la pédopsychiatre me demande d'organiser un suivi filmé de cet enfant. Après avoir pris contact avec les parents, notre équipe se rend chez eux pour la filmer dès l'éveil, selon le protocole habituel.

La découverte d'une enfant apparemment coupée de son environnement

Au cours de la première session de films, l'observation semble confirmer le diagnostic d'autisme du neuropédiatre. Charlotte ne répond ni aux sons produits par des objets « familiers », ni à leur présence dans son champ visuel. Elle a le regard absent, détourné de celui de sa mère et du chercheur, qui essaient pourtant d'obtenir un contact œil à œil. Rien à faire : elle ne répond pas davantage à leurs sollicitations vocales et verbales. Nous aboutissons aux mêmes observations, quels que soient le lieu et le positionnement de Charlotte dans les bras de l'adulte. Son regard reste obstinément détourné et sans expression. Toujours pas d'interaction visuelle, lorsqu'elle est dans le creux des bras maternels, avec la tête qui repose sur l'avant-bras et la poitrine de sa mère.

Rien n'est changé lorsque Charlotte est tenue étroitement dans un corps-à-corps en position ventro-ventrale avec sa mère, le visage au-dessus de son épaule : ni son père ni sa grand-mère ne parviennent à capter son regard ou à obtenir des réponses à leurs sollicitations verbales. Le chercheur n'obtient pas plus de succès quand il cherche à accrocher son regard ou à induire des grimaces, des sourires ou des vocalisations. Tenue à bout de bras, le visage à vingt centimètres environ de celui de sa maman ou de toute autre personne, Charlotte maintient un regard détourné, sans expression faciale ou autre réponse au partenaire.

D'habitude, chez les bébés de cet âge, un tel positionnement induit chez l'enfant le « comportement du planeur » (voir le chapitre premier). Mais ici Charlotte a les bras ballants et les jambes qui pendent. En outre, sa tête s'affaisse et reste affaissée tout le temps qu'elle est maintenue à bout de bras. Enfermée sur elle-même, elle semble incapable de communiquer et de développer des régulations posturales comme celles qu'entraîne la position du planeur.

Le protocole se poursuit. Nous plaçons Charlotte sur le ventre et sur le dos, à même la moquette, puis elle est allongée dans une chaise du type « Baby-Relax ». Aucun élément nouveau n'est observé. Les essais d'alimentation sont infructueux, ce qui paraît conforter le motif avancé par les parents pour l'examen de l'enfant par le neuropédiatre, puis le pédopsychiatre.

Environ deux heures plus tard, nous mettons un terme à la session filmée. Dans notre équipe, nous avons tous le sentiment que Charlotte ne manifeste aucune des possibilités d'interaction qu'on observe d'habitude chez un enfant de cinq mois et demi. Par ailleurs, les régulations tonico-posturales sont absentes. Normalement, elles permettent à un enfant de cet âge de prendre et de conserver plus ou moins longtemps la position du planeur ou de rester assis avec l'aide d'un adulte qui compense les oscillations et basculements de la partie supérieure du corps, traduction de l'immaturité tonico-posturale. En outre, sa tête s'affaisse dès qu'elle n'est plus maintenue par l'adulte, ou n'a plus le soutien passif du corps de la personne qui la porte ou du dossier du Baby-Relax. Enfin, à chaque présentation d'objet, il n'y a pas de tentative de saisie par l'enfant, ni même de resserrement de la main sur l'objet mis au contact de la paume. En outre, aucune réponse n'est observée aux stimulations visuelles et auditives (présentation d'objets dans le champ visuel, bruits produits par différents objets), pas plus qu'aux sollicitations visuelles, vocales, verbales ou tactiles de la mère et des autres personnes. A l'évidence, le diagnostic d'autisme prononcé par le neuropédiatre paraît justifié.

L'émergence d'une capacité à communiquer dans une situation particulière

Conformément au protocole de notre étude, nous décidons d'organiser un suivi de l'enfant dans le milieu familial à intervalles réguliers. Deux semaines plus tard, à la même heure (environ 9 h 30) et le même jour de la semaine (un samedi), nous la retrouvons avec ses parents et son frère. Les prises de vues vidéo sont effectuées dans les mêmes conditions que précédemment, à partir de l'éveil de Charlotte.

Tout au long de la première heure, nous constatons les mêmes comportements et déficits que pendant la première session.

Un changement survient dans le protocole lorsque la mère décide de changer les couches de Charlotte. A ce moment, elle est allongée, le dos légèrement enfoncé et moulé dans le creux imprimé par son corps au matelas à langer. Son corps est alors comme « ajusté » à une coquille, qui l'empêche de rouler sur le côté et assure à la tête un positionnement stable. Surprise ! Le regard de Charlotte s'oriente vers celui de sa mère. Elle accroche son regard, lui sourit et vocalise même, en alternance avec ses productions vocales et langagières.

Pour la première fois, l'enfant révèle des capacités à communiquer. Très attentive au moindre signe, sa mère s'en rend compte immédiatement. Elle sourit, caresse, parle et vocalise de plus belle à l'adresse de Charlotte. Puis elle interpelle son mari qui vient d'arriver, et lui rapporte ce qu'elle vient de dire : « Tu comprends, elle ne peut pas faire deux choses en même temps ; tenir sa tête et communiquer. » La maman de Charlotte établit ainsi un lien entre l'émergence des capacités interactives de l'enfant qui viennent d'être révélées, et son positionnement sur le dos, tête et corps moulés par la déformation d'un matelas qui empêche tout affaissement ou basculement.

Cette mère découvre là un phénomène que nous avons observé chez d'autres enfants avec des difficultés de développement moindres : lorsque des déficits ou des retards (par rapport aux autres du même âge) sont observés dans le développement tonico-postural d'un enfant (par exemple, à 8 mois, l'enfant ne redresse pas la tête lorsqu'il est placé sur le ventre ou tenu à bout de bras), on constate aussi des déficits ou des « retards » dans le développement de ses capacités interactives avec ses différents partenaires.

Cécile, l'enfant qui a révélé dès le 3e jour la nature et la gamme de ses compétences

Reprenons le premier exemple développé dans le chapitre précédent, en décrivant plus précisément les observations. Rappelons que, à l'âge de 1 mois, nous avions suggéré à la mère de Cécile de lui soutenir la tête et la nuque quand elle essayait d'accrocher son regard après l'avoir prise dans ses bras (auparavant, elle tenait l'enfant en situation de face à face avec les deux mains enserrant latéralement le corps : figure 3). Ainsi tenue, Cécile écarquille les yeux et accroche le regard maternel. Son regard est comme aimanté et fasciné par les yeux et le visage de sa mère. Quand celle-ci s'écarte légèrement, le regard du bébé s'oriente en direction d'un mobile à environ un mètre au-dessus de sa tête (figure 4). Là encore, les yeux de l'enfant sont écarquillés. Son regard est d'une grande intensité, attiré par la découverte de l'objet, dont le mouvement permanent est probablement aussi un facteur d'accrochage visuel. Une fois constaté l'intérêt pour le mobile, sa mère se lève et la dispose à vingt centimètres environ du mobile, tout en continuant à lui soutenir la tête. On observe alors chez l'enfant un mouvement enveloppant du bras, qui conduit la main droite au contact de l'objet (figure 4).

Tout se passe comme si, lorsque la mère « libère » son enfant des efforts à fournir et de l'énergie à investir pour compenser son immaturité tonico-posturale (Cécile ne peut assurer seule, à l'âge de 1 mois, un port de tête tout à fait contrôlé et non oscillant), elle libère en même temps des capacités d'attention visuelle, d'interaction œil à œil et de coordination oculo-motrice, qui permettent à l'enfant de développer, déjà à cet âge, un ajustement ciblé des mouvements du bras et de la main en direction d'un objet. *On le voit ici, la façon de tenir un bébé lors d'une interaction face à face joue un rôle fondamental dans l'émergence des capacités dont l'enfant est porteur.* A l'inverse, elles restent enfouies, si elles ne sont pas sollicitées dans des conditions appropriées.

En outre, de telles capacités précoces ne sont pas seulement révélées à l'observateur. L'enfant les découvre aussi en les vivant. La mère les constate et les nourrit en accrochant le regard du bébé, en vocalisant, en parlant, en souriant, en embrassant et en développant des expressions faciales. Par la pression de ses mains, elle communique en outre à Cécile la qualité et l'intensité de ce qu'elle vit. Libérées, cette motricité et cette interaction forment le socle d'échanges de plus en plus complexes. Ce socle permet aussi au bébé de focaliser son attention sur le visage de son partenaire ou de l'objet regardé. Cécile peut ainsi non seulement prendre des informations, mais aussi établir une discrimination entre différentes parties du visage, et des « déformations » provoquées par les sourires ou les grimaces, qui codent l'étonnement, la surprise, l'appréhension, la dissuasion, le plaisir, la jubilation, etc. Par la focalisation de son regard, elle peut constater la juxtaposition ou l'imbrication des objets, et développer la perception des contours et des contrastes. Enfin, elle s'aperçoit qu'elle est capable de coordonner les mouvements de son bras et de sa main, et d'établir le contact avec un objet. Puis, par sa main, elle modifie l'objet en le faisant bouger et en changeant son orientation.

Par conséquent, le soutien de la tête et de la nuque de Cécile par la main de la mère a libéré ses capacités d'attention visuelle, d'interaction œil à œil et de coordination du geste en direction de ce qu'elle a vu. Ainsi « débarrassée » de la nécessité de compenser l'immaturité des processus cérébraux qui sont responsables du port maîtrisé de la tête, Cécile peut révéler toutes ses possibilités du moment. En d'autres termes, qui sont parfois ceux de la neurobiologie des comportements, tout se passe comme si la maman avait « shunté » (« court-circuité ») l'influence inhibitrice de l'une des parties anciennes du cerveau, que l'homme partage avec les autres mammifères (le paléo-cortex). La mère a permis, par là même, que le cortex cérébral et les structures sous-corticales de l'enfant « qui font que l'homme est l'homme », soient « libérés » de ce « contrôle » et révèlent leur rôle organisateur, et déjà puissant, dans la prise et le traitement des informations.

Julien, l'enfant qui présente des décalages persistants dans son développement.

A 6 mois, le développement de Julien apparaît décalé par rapport à celui d'un enfant du même âge

A l'âge de 6 mois, Julien, dont le poids de naissance était de 1,250 kilo (nous l'avons suivi depuis la naissance), ne conserve pas la position assise sans aide. Tenu à bout de bras, il n'adopte pas la position du planeur : il laisse pendre bras et jambes, et ne tient pas redressée la tête, qui s'affaisse. Parallèlement, on observe deux groupes de faits :

a. A son éveil, allongé sur le dos, il sourit, rit, vocalise et accroche le regard maternel. La mère elle-même sourit, rit, parle et accroche le regard de l'enfant. En revanche, pendant l'alimentation au biberon, il conserve le regard détourné par rapport au visage de sa mère. Puis, lorsqu'il est tenu par celle-ci en situation de face à face, il regarde à côté de son visage et n'accroche son regard que de façon fugace. Il ne sourit pas et son visage est peu expressif. Il ne vocalise pas. La mère paraît inquiète (n'oublions pas le poids de naissance). Au cours de l'alimentation, elle est très attentive au niveau du lait dans le biberon. Elle est surtout préoccupée de maintenir ou réintroduire la tétine dans la bouche de l'enfant, malgré ses refus. Après l'alimentation, on observe très peu d'interactions entre la mère et l'enfant.

b. L'enfant ne présente pas d'actes de préhension lorsqu'on lui présente un objet. Il ne referme pas la main sur l'objet qu'on met au contact de la paume de sa main, ou bien il ne le tient que quelques secondes, puis le laisse tomber.

Autrement dit, par rapport à la plupart des enfants de son âge, Julien paraît cumuler des décalages (ou « retards ») dans son équilibre tonico-postural, dans ses interactions avec sa mère et dans ses actes de préhension des objets, dès lors qu'il n'est pas dans la situation de l'éveil, couché sur le dos.

A 9 mois, les décalages persistent

A l'âge de 9 mois, on observe la même association de décalages (ou « retards ») qu'à 6 mois :

a. Si l'enfant « fait » maintenant le planeur lorsqu'il est tenu à bout de bras, soit par la mère, soit par le chercheur, et s'il se tient assis tout seul, il fléchit les jambes lorsqu'il est mis debout et s'affaisse, sans chercher à s'appuyer sur ses jambes. Après quelques essais pour le faire tenir debout, il laisse sa tête s'affaisser, en même temps qu'il fléchit les jambes. Et surtout, mis à plat ventre sur le sol par sa mère, il ne tient que quelques secondes en appui sur les bras. Sa tête s'effondre et rencontre le sol. Alors qu'il se tient un court instant sur le côté, son corps bascule ; il se retrouve sur le dos. Julien n'a donc pas encore développé les régulations tonico-posturales qui permettent à un enfant de neuf mois de contrôler le port de sa tête, lorsqu'il est mis debout ou à plat ventre au contact du sol, et aussi de prendre un appui tonique sur les jambes.

b. En dehors de l'éveil, les interactions entre Julien et sa mère restent fugaces et peu fréquentes. Constatant les difficultés de l'enfant à se tenir debout, et à conserver la position à plat ventre avec les bras en appui et la tête redressée, la mère dit : « C'est épuisant », « Tu as encore une grande fatigue ». Elle ne cherche pas à accrocher et piloter le regard de l'enfant, ne lui sourit pas et ne lui parle pas. Elle paraît toujours inquiète.

c. Julien ne présente pas encore de gestes bien coordonnés et ajustés dans la prise des objets qui lui sont présentés. Il laisse souvent les objets s'échapper. Il a aussi souvent les poings fermés.

A 12 mois les décalages subsistent

Les mêmes phénomènes se retrouvent à l'âge de 12 mois.

a. La station debout est oscillante et flageolante. Julien tremble et vacille dès qu'il est mis debout par sa mère ou une autre personne. Après quelques essais, l'enfant refuse de prendre appui sur ses jambes. Lorsque cela est le cas pour quelques secondes, on n'observe jamais de mouvements alternés des jambes, comme cela est habituel chez un enfant de 12 mois au cours de la phase qui précède l'acquisition de la marche. Enfin, comme à 9 mois, il laisse sa tête s'affaisser, en même temps qu'il plie les jambes et se laisse glisser. Observant ces comportements, la mère dit : « Il est trop fainéant pour changer. » Lorsqu'il est mis sur le ventre, il garde les bras sous lui. Sa mère lui ayant dégagé les bras, il reste en appui sur les mains et ne tente pas de se saisir des objets qui lui sont présentés. La mère lui dit : « C'est épuisant, mon cœur. »

b. Les interactions entre Julien et sa mère sont encore peu développées. La brièveté et la faible fréquence des orientations du regard de l'enfant en direction du visage de sa mère, et des accrochages visuels avec celle-ci, sont particulièrement évidentes lorsque l'enfant est assis dans sa chaise haute et reçoit de sa mère l'alimentation à la cuillère. L'acceptation de la cuillère et la prise de l'aliment se font par avancées de la tête, avec écartement des bras, sans tentative de prise de la cuillère et de l'aliment avec la main. L'enfant et sa mère paraissent « juxtaposés » : chacun paraît être à côté de l'autre. Il n'y a pas d'interactions entre eux. En revanche, Julien se montre capable de développer des interactions avec sa sœur et le chercheur.

La mère est le plus souvent observatrice. Elle sollicite peu l'attention visuelle de l'enfant et lui parle peu (ses paroles sont surtout adressées aux autres personnes). Son regard et son visage sont peu mobiles et expressifs. Ses élans vers l'enfant sont « compacts », ni précédés ni suivis d'interactions durables : elle lui embrasse brusquement et « massivement » le visage ou le cou.

c. Les actes de préhension de Julien sont encore hésitants et souvent mal coordonnés, ce qui a pour conséquence la chute fréquente des objets. Il manifeste des attitudes de surprise et de recul lorsqu'on lui présente des objets nouveaux.

La mère dit qu'il « n'ose pas prendre un objet quand il ne connaît pas trop ». Les objets sont peu manipulés et ne sont gardés que pendant quelques secondes. Julien ne présente pas les comportements d'offrande et de sollicitation des objets qu'on observe habituellement chez les enfants du même âge.

Au cours de la deuxième année, par rapport à la majorité des enfants du même âge, des décalages subsistent à la fois dans la construction des capacités tonico-posturales et locomotrices, des capacités à communiquer et des capacités à saisir et manipuler les objets. Julien marchera à 25 mois.

Le suivi de Julien à intervalles réguliers suggère ainsi que l'équilibration du corps, la locomotion, la communication (en particulier avec la mère) et la motricité qui permet de découvrir et de manipuler les objets, sont liées entre elles dans leurs décalages, au moins au cours de la deuxième moitié de la première année et pendant la deuxième année.

L'hypothèse

Le suivi de Charlotte, l'enfant jugé autiste, Cécile, l'enfant aux capacités précoces et Julien, l'enfant aux décalages persistants, conduit à l'hypothèse qu'il existe des liens entre l'émergence, l'appropriation, la réappropriation, ou les décalages (ou retards) persistants dans les équilibres corporels, et l'émergence, l'appropriation, la réappropriation, dans les capacités d'attention, les capacités à communiquer et les relations à l'objet.

C'est ce que nous nous sommes proposé de vérifier en créant une nouvelle recherche, dans laquelle deux bébés sont installés par leurs mères dans des sièges dont la conception permet de les « libérer » de leur immaturité tonico-posturale, c'est-à-dire de l'incapacité où ils sont d'assurer par eux-mêmes un port de tête non oscillant et une situation assise stable et non vacillante. L'hypothèse est que, « libérés » de cette contrainte, les bébés peuvent révéler des capacités enfouies, qui se trouvaient masquées, bloquées ou inhibées, en particulier dans la communication et la relation à l'objet.

Les sièges étant occupés par deux enfants du même âge, il est notamment possible d'étudier comment ils se comportent l'un vis-à-vis de l'autre.

L'hypothèse s'insère dans le cadre général de l'étude des capacités interactives du jeune enfant avec un autre enfant du même âge

Après les travaux de pionnier de Hartup (1967, 1970) sur les phénomènes affiliatifs, cohésifs et de coopération entre enfants d'âge scolaire et entre préadolescents, les recherches se sont aussi multipliées sur les interactions entre enfants de 1 à 3 ans, aux USA comme en Europe*.

Mais on ne dispose que de quelques études sur les interactions de l'enfant de moins de 1 an avec un autre enfant. Pourtant, des observations déjà anciennes ont souligné les capacités des enfants âgés de quelques mois à établir et accepter l'interaction avec un enfant du même âge. Ainsi Bühler (1927) et Bridges (1933) décrivent, entre enfants de moins de 6 mois, des regards et des sourires en réponse à un regard. Vincze (1971) observe des sourires et rires mutuels entre enfants, à partir de l'âge de 6 mois, et des regards et touchers mutuels, à partir de 7 mois. Leurs capacités à focaliser leur regard sur un autre sont déjà présen-

* Eckerman *et al.*, 1975 ; Mueller et Lucas, 1975 ; Eckerman et Whatley, 1977 ; Mueller et Brenner, 1977 ; Montagner, 1978, 1988 ; Mueller, 1979 ; Stambak *et al.*, 1979 ; Vandell et Mueller, 1980 ; Nadel-Brulfert et Baudonnière, 1980, 1982 ; Bronson, 1981 ; Howes, 1980, 1987 ; Howes et Rubenstein, 1981 ; Jacobson, 1981 ; Musatti et Panni, 1981 ; De Stephano et Mueller, 1982 ; Montagner *et al.*, 1982, 1984, 1988 ; Musatti, 1986 ; Nadel, 1986 ; Bakeman et Adamson, 1984 ; Restoin *et al.*, 1983, 1985 ; Baudonnière, 1988 ; Baudonnière et Michel, 1988 ; Schneider *et al.*, 1989 ; Verba et Musatti, 1989.

tes entre 2 et 3 mois. Dans son étude de dix paires d'enfants âgés de 4 à 7 mois (ils sont assis sur des chaises qui sont disposées à angle droit et se touchent), Rouchouse (1978) observe qu'une séquence de communication commence toujours par une fixation du regard sur le visage du partenaire. Par ailleurs, Dubon *et al.* (1981) constatent que des enfants âgés de 2 à 3 mois peuvent non seulement orienter le regard en direction d'un autre enfant du même âge, mais aussi présenter des accrochages mutuels du regard. Les orientations du regard peuvent s'accompagner d'une activité motrice globale, d'expressions faciales, de mimiques et de sourires. Les sourires mutuels émergent entre 3 et 4 mois. Des actes similaires peuvent être manifestés en réponse chez le partenaire. Vandell (1980) observe qu'à partir de l'âge de 6 mois, la plupart des comportements socialement dirigés entre pairs sont composés de deux actes. Verba et Musatti (1989) rapportent que, entre deux enfants de 8 à 9 mois, l'intérêt de l'enfant qui imite l'autre ne se limite pas à l'objet que celui-ci manipule, mais aussi à son activité. Enfin certaines études* montrent que, entre 9-10 mois et 12 mois, deux enfants peuvent se présenter et s'offrir un objet.

L'enfant de moins de 1 an apparaît donc déjà capable de coordonner au moins deux actes, et parfois davantage, dans des comportements dirigés vers un autre enfant. Selon Sinclair (1987), l'enfant semble acquérir très tôt des structures interactives qui constituent le fondement de structures de coopération plus fortes au cours du développement ultérieur.

Mais, malgré la convergence des observations sur la précocité des capacités de l'enfant à établir et accepter des interactions avec un enfant du même âge, nous manquons de données précises et quantitatives sur la genèse et les moda-

* Vincze (1971), Eckerman *et al.* (1975), Restoin *et al.* (1983, 1985), Rodriguez (1985), Montagner (1988).

lités de ces comportements au cours de la première année. En fait, on ne sait pas grand-chose, malgré les multiples témoignages des mères et des puéricultrices, qui restent limités en raison du caractère anecdotique et subjectif de leurs observations.

L'ÉTUDE EXPÉRIMENTALE DES CAPACITÉS INTERACTIVES DU JEUNE ENFANT AVEC UN AUTRE ENFANT

Deux populations d'enfants sont étudiées :

• Des enfants de 4 à 7 mois encore trop jeunes pour avoir la possibilité de contrôler l'équilibre tonico-postural de leur tête et de leur buste ;

• Une autre population comprend des enfants plus âgés qui présentent des déficits plus ou moins importants dans leur équilibre tonico-postural ; ils sont hypotoniques ou dystoniques.

Les études rapportées ici concernent les enfants de 4 à 7 mois*.

La situation expérimentale

Grâce à la collaboration de J.-P. Bell, ingénieur à l'Unité 103 de l'Inserm à Montpellier, nous avons conçu et fait construire des sièges particuliers (voir figures 8 et 9). Ils se caractérisent par leur configuration et leur montage sur un système de rails, qui permet d'en modifier l'orientation et la distance l'un par rapport à l'autre.

Les deux enfants ont le même âge, le plus souvent à quelques jours près (tableau I). Les figures 8 et 9 montrent que chaque siège est conçu de manière à recevoir un enfant âgé de quelques mois, sans que sa tête ni son buste ne puissent basculer ou s'affaisser. Recouverts de velours, les dossiers

* Montagner *et al.*, 1990, 1992.

Fig. 8

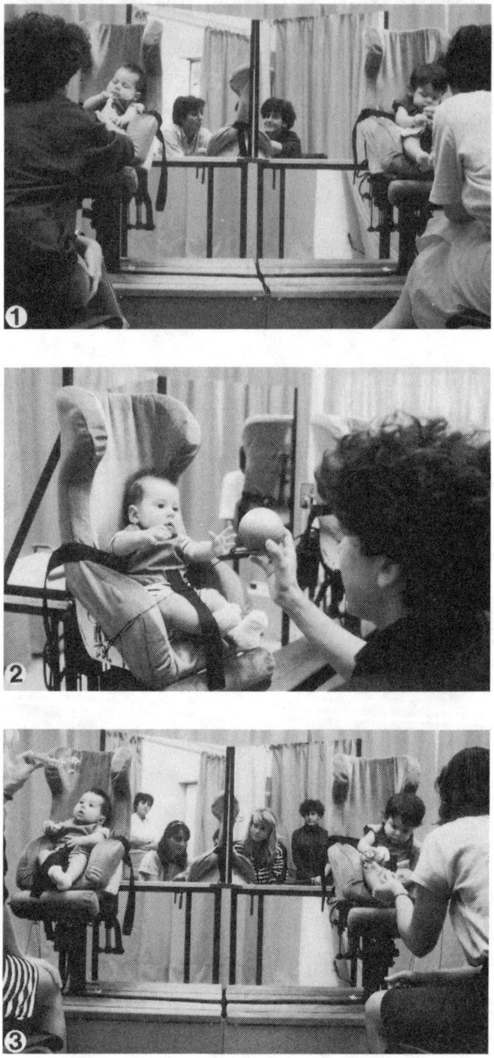

Les trois premières phases de l'étude expérimentale des capacités des jeunes enfants à communiquer, lorsqu'ils sont assis par leur mère dans des sièges expérimentaux, conçus pour « libérer » leur attention visuelle et leur motricité.

1. Au cours de la première phase, d'une durée de 3 minutes, les deux enfants sont en situation de face à face avec leur mère. Le miroir permet d'étudier précisément les interactions entre chaque enfant et sa mère.

2. Pendant la deuxième phase, dont la durée est aussi de 3 minutes, les mères poursuivent l'interaction avec leur enfant, mais en utilisant successivement trois objets différents, chacun pendant 1 minute.

3. Deux étudiantes remplacent les mères au cours de la troisième phase (sa durée est de 3 minutes). Elles ont pour consigne de développer l'interaction avec les enfants dans les mêmes conditions qu'en 2. Les mères se tiennent debout ou assises sur une chaise, muettes et spectatrices, à 2 mètres environ des enfants. Chacune peut être vue à tout moment par son enfant.

Fig. 9

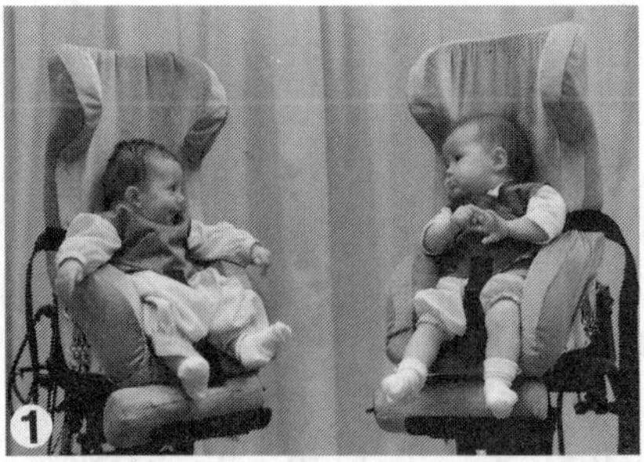

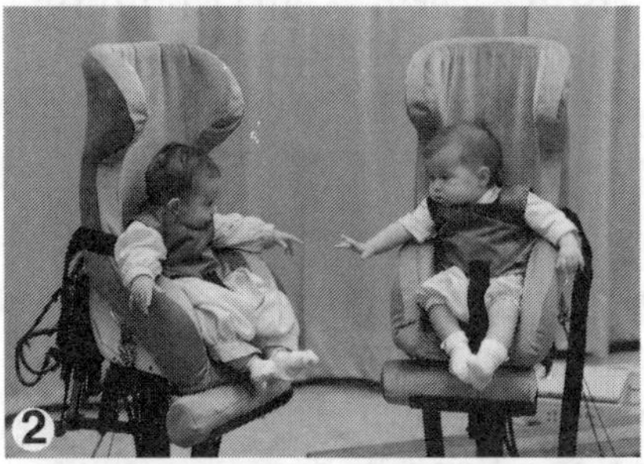

1 et 2. Phase 4 du protocole. C'est la première phase d'interaction entre les deux enfants. Les sièges ont été rapprochés progressivement, puis stabilisés à angle droit, à 15 centimètres l'un de l'autre.

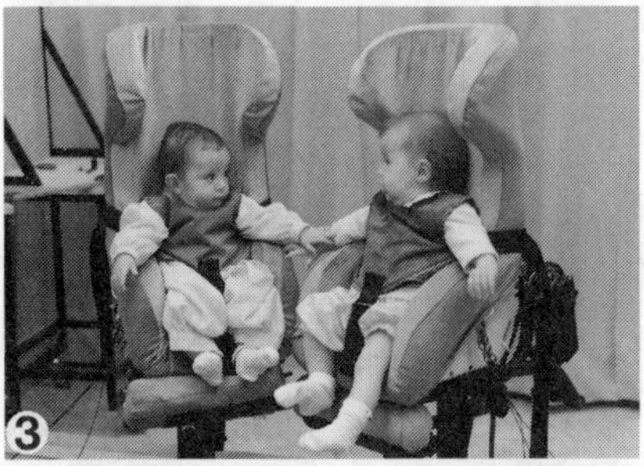

3. Phase 5 du protocole. Les sièges sont rapprochés jusqu'à se toucher.

4. Phase 6 du protocole. Les sièges sont disposés face à face.

Trois phases de l'étude expérimentale des capacités des jeunes enfants à communiquer entre eux, lorsqu'ils sont assis dans des sièges spécialement conçus pour « libérer » leur capacité d'attention et leur motricité.

Les deux enfants donnés ici en exemple sont âgés de 4 mois. Outre les accrochages du regard entre les deux enfants (photos 1, 3 et 4), on remarque :

— le sourire (photo 1) ;

— l'attention visuelle portée à la main du partenaire (photo 2) ;

— le contact des mains (photo 3) ;

— l'extension ciblée du bras et de la main en direction du partenaire, avec ou sans appui du bras sur le montant latéral du siège (photos 2 et 4).

des sièges se déforment légèrement sous la pression de la tête et du buste. Cela permet d'assurer un moulage du corps de l'enfant, en évitant qu'il ne s'enfonce ou qu'il soit déséquilibré latéralement. En outre, la partie supérieure du dossier comprend des « oreilles », c'est-à-dire des parties latérales de consistance plus dure que la partie centrale, où la tête en appui se trouve soutenue au contact d'un support ferme, mais doux au toucher. En clair, le dossier contient le corps comme une sorte d'écrin. Dans sa moitié inférieure, chaque siège est pourvu de deux montants latéraux. Ils contiennent le bassin en position assise et préviennent ainsi tout basculement d'un côté ou de l'autre. La hauteur des montants latéraux (quinze centimètres) permet à chaque enfant d'y faire reposer ses avant-bras ou ses mains à tout moment. Sans effort particulier, il peut ainsi adopter une position d'attente et d'observation. La stabilité de la position assise et l'aide apportée à l'enfant dans son maintien sont renforcées par le port d'un gilet qui contient ses masses corporelles, tout en lui évitant de basculer vers l'avant. Le gilet est une pièce de tissu ouverte vers l'arrière, avec deux espaces pour les bras à l'avant. Chaque mère peut vêtir son bébé de ce gilet, puis le fermer dans le dos au moyen de la bande velcro qui réunit les deux parties du gilet. Il est muni de trois sangles : deux latérales comprennent une boucle prévue pour être fixée à l'arrière de chaque siège comme toute ceinture de sécurité. La sangle centrale, au centre du gilet, permet de réunir les parties avant et arrière en passant par l'entrejambe.

Si nous avons prévu un gilet pour contenir les masses corporelles du buste, c'est parce que, dans cette classe d'âge, elles ne sont pas encore contrôlées par des enfants aussi jeunes, dont la musculature est insuffisante. Il aide aussi chacun à se sentir en sécurité, son corps ne pouvant basculer vers l'avant lorsqu'il projette le buste en direction d'un partenaire. Avec ce gilet et cette armature fixée à l'arrière des sièges, les enfants disposent à tout moment d'un « espace contrôlé de liberté ». Ils peuvent choisir de s'adosser, d'observer, ou de se pencher en avant lorsqu'ils décident d'explorer visuellement leur environnement proche, et d'interagir avec lui, qu'il soit partenaire ou objet. La configuration du siège rattrape les maladresses et déséquilibres corporels de l'enfant. Elle corrige tout affaissement ou glissement du corps.

Le protocole

Les dossiers d'accouchement recueillis dans une maternité et une clinique sont utilisés pour composer les dyades. Les listes d'accueil des enfants dans les haltes-garderies et les crèches de Montpellier sont également consultées.

Puis les mères et les pères dont le bébé est âgé de 2 à 4 mois sont contactés par téléphone. Une fois expliqués l'objectif et les modalités de l'étude, un rendez-vous est pris à l'unité de recherche, s'ils acceptent de coopérer. Le hasard décide alors de la formation des dyades. En effet, ni les mères ni les enfants qui les constituent ne se connaissent quand ils se voient au cours de la première session d'étude. Rappelons que les deux enfants qui se rencontrent pour la première fois ont le plus souvent le même âge à quelques jours près, ce qui n'est pas toujours facile à réaliser, en raison d'incompatibilités dans la disponibilité et les habitudes de vie des parents, dans l'âge et la disponibilité des enfants (qui peuvent être fatigués, malades, accueillis pour quelques jours ou semaines par les grands-parents), etc.

Le jour et l'heure de la rencontre sont fixés d'un commun accord. Elle a lieu une heure à une heure trente après l'éveil qui suit le dernier épisode de sommeil diurne ou le long épisode de sommeil nocturne. Les conditions sont ainsi réunies pour que les deux enfants soient dans un état de vigilance voisin (des différences importantes dans l'état de vigilance peuvent nuire à l'étude). Les deux mères et leur bébé sont accueillis dans le local où se déroulent les sessions d'étude. Là, on leur demande de déshabiller leur

Tableau I. — CARACTÉRISTIQUES DES ENFANTS CONSTITUANT LES 8 DYADES DE L'ÉCHANTILLON

Dyades	Age à la 1re session	Date de naissance	Sexe	Age gestationnel	Test d'Apgar à 5 mn	Poids à la naissance	Taille à la naissance	Place dans la fratrie	Type de famille	Age de la position assise assistée	Age de la position assise non assistée
1	MARC 4 mois 21 jours	08/06/90	♂	39 semaines	10/10	2,900 kg	48 cm	2e	Biparentale	5 mois	7 mois
	PAUL 4 mois 9 jours	20/06/90	♂	40 semaines	10/10	3,600 kg	51 cm	2e	Biparentale	3 mois	5 mois
2	JEAN 4 mois 6 jours	17/01/89	♂	40 semaines	10/10	3,300 kg	51 cm	3e	Biparentale	4 mois	7 mois
	ALICE 4 mois 10 jours	13/01/89	♀	40 semaines	10/10	3,500 kg	51 cm	2e	Biparentale	4 mois	6 mois
3	PIERRE 6 mois 5 jours	30/09/88	♂	37 semaines	10/10	2,750 kg	48,5 cm	1er	Monoparentale	2 mois	6 mois
	AURORE 6 mois 16 jours	19/09/88	♀	37 semaines	10/10	2,950 kg	49 cm	2e	Biparentale	6 mois	10 mois
4	BERTRAND 5 mois 28 jours	04/10/89	♂	40 semaines	10/10	3,230 kg	49 cm	2e	Biparentale	4 mois	6 mois
	LAETITIA 6 mois 2 jours	29/09/89	♀	38 semaines	10/10	3,050 kg	51 cm	1re	Biparentale	4 mois	7 mois
5	JÉRÔME 5 mois 13 jours	04/12/89	♂	40 semaines	10/10	3,060 kg	49 cm	1er	Biparentale	3 mois	5 mois
	ANTOINE 6 mois 6 jours	10/11/89	♂	40 semaines	10/10	2,400 kg	47 cm	1er	Biparentale	4 mois	6 mois
6	LUCILLE 6 mois 2 jours	10/04/89	♀	39 semaines	10/10	2,350 kg	46 cm	1re	Biparentale	2 mois 1/2	4 mois 1/2
	JACQUES 5 mois	13/05/89	♂	40 semaines	09/10	3,200 kg	48 cm	2e	Biparentale	?	?
7	CAMILLE 4 mois	28/11/89	♀	40 semaines	10/10	3,780 kg	52 cm	1re	Biparentale	?	6 mois
	ODILE 4 mois 13 jours	15/11/89	♀	39 semaines	10/10	2,900 kg	47 cm	3e	Biparentale	3 mois	7 mois
8	VALÉRIE 7 mois 3 jours	21/10/88	♀	40 semaines	10/10	3,200 kg	47 cm	1re	Biparentale	4 mois	5 mois
	NATHALIE 6 mois 1 jour	23/11/88	♀	40 semaines	10/10	3,900 kg	51 cm	1re	Biparentale	Jamais	7 mois 1/2

Tableau II. — Chronologie et durée des 8 phases du protocole expérimental de chaque session d'étude.

I.	Les deux enfants sont face à face avec leur mère, sans objet « intermédiaire ».	3 minutes
II.	Les deux enfants sont face à face avec leur mère, qui leur donne successivement 3 objets différents, chacun pendant 1 minute.	3 minutes
III.	Les mères sont remplacées par 2 étudiantes. Les conditions sont les mêmes qu'en II.	3 minutes
IV.	Les sièges sont rapprochés à 15 cm l'un de l'autre. Les 2 enfants sont de 3/4 l'un par rapport à l'autre.	3 ou 6 minutes
V.	Les sièges sont rapprochés jusqu'à ce qu'ils soient en contact. Leurs positions sont les mêmes qu'en IV.	3 ou 6 minutes
VI.	Les sièges sont disposés face à face, au contact l'un de l'autre.	3 minutes
VII.	Les sièges restant dans les mêmes positions, leur dossier est incliné vers l'avant.	3 minutes
VIII.	Les sièges restant dans les mêmes positions, les 2 enfants reçoivent un objet identique.	3 minutes

enfant en lui laissant seulement un vêtement léger. Elles peuvent les nourrir au sein ou au biberon, les langer, leur changer les couches ou encore leur enduire les gencives d'une pommade pour calmer une rage de dents éventuelle.

La phase d'accueil des dyades mère-enfant et d'apprêtement du bébé se termine. Elle a duré entre quinze et trente minutes. Sa fonction est de familiariser et d'expliquer. Les deux mères et leur enfant sont désormais accoutumés à la fois au local, au dispositif expérimental et aux personnes qui interviennent dans le cadre de l'étude. Pour finir, l'objectif de celle-ci et les différentes phases du protocole leur sont expliqués une nouvelle fois.

Le protocole débute lorsqu'elles mettent à l'enfant le gilet qui contient ses masses corporelles et l'attachent au siège.

Chaque session d'étude comprend huit phases de trois minutes chacune (le tableau II résume leur succession).

Au cours de la première phase, face à face avec son enfant (figure 8 : photo 1), chaque mère a pour consigne de développer avec lui des interactions semblables à celles qui se déroulent habituellement dans le milieu familial. En clair, elles peuvent embrasser ou caresser leur bébé, rire ou sourire dans sa direction, hausser les sourcils, effectuer une grimace, parler, vocaliser, prendre la ou les mains de l'enfant pour jouer au « petit moulin », lui faire effectuer des mouvements de pédalage, etc. Tout est permis, sauf l'utilisation d'un objet intermédiaire. Lors de cette phase, les mères sont assises sur un petit banc en contrebas de l'enfant.

Au cours de la deuxième phase, les positions de la mère et de l'enfant restent les mêmes. A l'inverse de la première phase, la mère se sert d'un objet dans ses interactions avec l'enfant. Trois objets sont utilisés successivement, chacun pendant une minute. Le premier est un anneau dans lequel coulissent plusieurs disques de différentes couleurs. Il est pris aisément par l'enfant qui l'agite ou le porte à sa bouche. Le deuxième est une balle en plastique souple que des enfants de 4 à 7 mois peuvent saisir (figure 8 : photo 2).

Le troisième est un hochet sonore. Il est creux avec des billes à l'intérieur.

Pendant la troisième phase (figure 8 : photo 3), les mères sont remplacées par deux étudiantes qui s'installent dans les conditions de la phase précédente. Mais les mères sont encore là, à un mètre cinquante environ. Debouts ou assises sur une chaise, elles sont à tout moment visibles de l'enfant. Elles y restent jusqu'à la fin du protocole.

C'est seulement à partir de la quatrième phase que les deux enfants se retrouvent assis, l'un à proximité de l'autre. Ils sont d'abord en position de trois quarts puis face à face (voir la figure 9). Cette opération s'effectue grâce à un pupitre équipé de leviers, dont la pression latérale, vers le haut ou vers le bas, permet de rapprocher ou d'éloigner les deux sièges, ou encore d'en modifier l'orientation. Pendant la quatrième phase, les deux sièges sont perpendiculaires l'un par rapport à l'autre et espacés de quinze centimètres environ. A cette distance, les enfants ne peuvent se toucher qu'à la suite d'une projection du buste vers l'avant. Les sièges sont rapprochés jusqu'à se toucher pendant la cinquième phase.

Dans la sixième phase, ils sont disposés pour que les enfants se retrouvent face à face en situation rapprochée.

Ensuite le dossier de chaque siège est basculé vers l'avant de façon à modifier le centre de gravité de chaque enfant. C'est la septième phase. Enfin les dossiers sont redressés et les enfants restent face à face, chacun recevant un objet similaire.

Une session dure environ trente minutes, en raison du temps nécessaire pour passer d'une phase à l'autre, mais aussi parce que la durée des phases 4 et 5 peut être portée à six minutes, lorsque les enfants sont engagés dans une interaction active. Une telle souplesse évite de « casser » la dynamique des interactions.

Chaque session fait l'objet d'un enregistrement vidéo ininterrompu. La caméra montée sur pied est installée derrière un rideau, à deux mètres environ des enfants. Seul l'objectif est apparent dans l'entrebâillement du rideau. Un écran de contrôle permet à tout moment au caméraman de vérifier la qualité de la prise de vues. Un compteur de temps au cinquantième de seconde est incorporé au système vidéo. On peut ainsi calculer avec précision la durée de chaque comportement et de chaque intervalle entre deux comportements.

Le dispositif est complété par un miroir placé derrière les deux sièges. Il reflète le haut du corps des mères, puis des étudiantes, au cours de leurs interactions avec les enfants. On peut ainsi voir les phénomènes d'ajustement et de synchronisation ou de non-ajustement et de non-synchronisation, ou encore de désaccordage et de désynchronisation éventuelle, entre chaque enfant et son partenaire adulte.

Lorsque l'enfant est aussi accompagné par son père ou d'autres proches, tous peuvent suivre en intégralité la session d'étude depuis une galerie circulaire qui entoure la partie haute du local (l'intérêt de cette situation sera examiné plus loin).

Quatre sessions sont organisées à une semaine d'intervalle, le même jour de la semaine, à la même heure de la journée. L'étude dure donc un mois. Elle permet de suivre les modifications éventuelles qui surviennent dans l'interaction que chaque enfant développe avec sa mère et une personne étrangère devenue familière (l'étudiante), et dans l'interaction entre les deux enfants.

Dès la première session, chaque mère sait qu'elle recevra un enregistrement de l'une ou l'autre des sessions sous forme d'une cassette vidéo VHS.

Les résultats obtenus

A l'issue de l'analyse des films vidéo, deux types de résultats ont été obtenus par deux chercheurs au moins : ils sont « macroscopiques » ou « microscopiques », selon que les analyses des films ont été effectuées à la seconde ou au cinquantième de seconde. Nous ne rapporterons dans ce livre que les principaux résultats macroscopiques obtenus au cours de l'étude des interactions entre enfants*.

Le tableau III donne les huit catégories et vingt-cinq items de comportements qui ont été retenus pour l'étude quantitative de la fréquence et de la durée de chacun des comportements. Les résultats rapportés ici ont été obtenus avec seize enfants en bonne santé (voir tableau I). Ils ont connu un développement embryonnaire et fœtal, puis un développement postnatal, sans difficultés particulières. Les mères elles-mêmes ont eu une grossesse, un accouchement et une vie postnatale sans problème de santé majeur et sans événement familial et social ayant pu entraîner des difficultés psychologiques profondes.

Dès l'âge de 4 mois au moins, les enfants placés dans la situation expérimentale que nous avons créée sont capables de développer des interactions entre eux pendant quinze minutes au moins, sans signes de détresse. Bien « calés » dans leur siège, ils sont très attentifs aux comportements et vocalisations d'un partenaire qu'ils rencontrent pour la première fois. Pourtant, le lieu où ils se trouvent leur est inconnu. Ils viennent juste de le découvrir, et dans une situation pour le moins insolite. Cependant, chacun peut détourner la tête en direction de sa mère, et constater qu'elle ne l'a pas abandonné : elle constitue une « base sécurisante » à partir de laquelle les enfants peuvent explorer visuellement leur environnement, et communiquer avec lui. La capacité d'attention visuelle des deux enfants l'un vis-à-vis de l'autre est particulièrement remarquable, et doit être d'emblée soulignée.

En fait, il existe une véritable hiérarchie entre les huit catégories de comportements, et au sein de chacune d'entre elles.

* Pour les premiers résultats « microscopiques », voir Montagner *et al.*, 1990).

Tableau III. — LES 8 CATÉGORIES ET 25 ITEMS DE COMPORTEMENT QUI ONT ÉTÉ ÉTUDIÉS

I **Orientations du regard**	**II** **Expressions faciales**	**III** **Vocalisations**	**IV** **Mouvements du buste**	**V** **Positions et mouvements ciblés des membres antérieurs (en direction de l'autre enfant)**	**VI** **Contacts avec le partenaire**	**VII** **Agitations désordonnées des membres**	**VIII** **Comportements auto-centrés**
1. En direction du visage de l'autre enfant. 2. En direction de la ou des mains de l'autre enfant. 3. En direction du ou des pieds de l'autre enfant. 4. Accrochages mutuels du regard. 5. En direction de son propre corps (regards auto-centrés). 6. Dans une autre direction, y compris celle où se trouve la mère.	7. Sourires. 8. Grimaces. 9. Mouvements de la zone orale (ouvertures de la bouche ; succions ; mastications ; protrusions de la bouche et de la langue).	10. Vocalisations modulées. 11. Vocalisations brèves (cris, « exclamations »). 12. Grognements et gémissements.	13. Pencher le buste en avant, en direction de l'autre enfant.	*Bras en extension :* 14. Avec la main en pronation. 15. Avec la main latérale ou oblique. 16. Avec la main en supination. *Bras en flexion :* 17. Avec la main en pronation. 18. Avec la main latérale ou oblique. 19. Avec la main en supination.	20. Main portée au contact de l'autre enfant. 21. Pied porté au contact de l'autre enfant. 22. Prendre la main de l'autre.	23. Agitations des mains. 24. Agitations des pieds.	25. * Doigt dans la bouche, le nez ou l'oreille. * Se prendre ou se frotter les mains ou les pieds. * Se gratter. * Mettre un objet dans sa bouche.

La mobilité du regard et les capacités d'attention visuelle vis-à-vis du partenaire-enfant

Le regard de chaque enfant est si mobile vis-à-vis de son partenaire-enfant que les orientations et réorientations du regard dans sa direction sont les plus fréquentes de toutes celles observées : elles représentent 34 % de l'ensemble des comportements dont la liste est donnée dans le tableau III (2 708 sur 7 850). Ce type de regard est si soutenu que leur durée cumulée est la plus élevée de toutes : elle représente 32,5 % de la durée cumulée de tous les comportements.

La fréquence et la durée des orientations du regard en direction du partenaire-enfant sont toujours plus élevées que celles du regard en direction de son propre corps ou d'autres directions, y compris l'endroit où se trouve la mère. Pour celle-ci, elles représentent respectivement 7 et 8 % de toutes les orientations du regard.

L'attention visuelle est sélective vis-à-vis du visage, des mains et du regard du partenaire-enfant

L'attention visuelle des enfants diffère selon les zones corporelles du partenaire qui en sont la cible (figure 10).

• Le visage est la cible la plus fréquente : 29,06 % de toutes les orientations du regard et 14,39 % de tous les comportements. Il est aussi la cible de l'attention visuelle la plus soutenue : 33,3 % de la durée cumulée des différentes orientations du regard et 16,73 % de la durée cumulée de tous les comportements. Ce résultat confirme les observations de Rouchouse (1978) montrant que, lorsque deux enfants âgés de 4 à 7 mois sont assis dans deux sièges disposés à angle droit et qui se touchent, leurs séquences de communication commencent toujours par « la fixation du regard » sur le visage du partenaire.

• Quant aux mains du partenaire-enfant, elles sont, après le visage, la zone cible la plus attractive. En effet, les orientations du regard vers les mains de l'autre représentent

18,15 % de l'ensemble des orientations du regard et 9 % de tous les comportements (leur durée cumulée est égale à 16,48 % et 8,27 % de ces deux ensembles de comportements). Elles occupent ainsi la quatrième place dans la distribution des vingt-cinq comportements étudiés, après les orientations du regard en direction du visage du partenaire, les orientations du regard dans une autre direction que le partenaire et les mouvements de la zone orale.

• L'accrochage du regard entre les deux enfants se situe, lui, à la cinquième place dans l'importance quantitative des comportements.

Nous verrons plus loin l'importance théorique et pratique d'un tel ciblage du regard de l'enfant en direction du visage, des mains et des yeux du partenaire-enfant.

Les regards tournés vers son propre corps sont peu fréquents et peu durables

En comparaison, on observe une faible fréquence et une faible durée cumulée pour les regards « autocentrés », c'est-à-dire ceux que l'enfant s'adresse à lui-même (ses mains, ses pieds, ses jambes, le gilet qu'il porte, etc.). Ils ne représentent que 6,33 % de l'ensemble des orientations du regard. C'est la preuve que notre situation expérimentale n'induit pas chez les enfants des comportements de « type autistique ». C'est seulement à quelques reprises qu'ils se coupent visuellement de l'environnement et des personnes qui s'y trouvent.

La situation d'interaction avec un partenaire qui a les mêmes compétences constitue donc un formidable centre d'intérêt pour le jeune enfant. A travers le développement d'une attention visuelle soutenue, elle permet plus généralement d'activer les capacités d'attention de chaque enfant, d'induire de nouveaux comportements d'interaction et de permettre des prises d'informations multiples à partir des manifestations d'un partenaire inconnu. La situation face

Fig. 10

I. ORIENTATIONS DU REGARD
1. En direction du visage de l'autre enfant .... (N=1130)
2. En direction de la ou les mains de l'autre enfant ... (N=705)
3. En direction du ou des pieds de l'autre enfant ...... (N=239)
4. Accrochages du regard entre les enfants .... (N=634)
5. En direction de son propre corps .... (N=246)
6. Dans une autre direction .... (N=930)

II. EXPRESSIONS FACIALES
7. Sourires .... (N=193)
8. Grimaces .... (N=191)
9. Mouvements de la zone orale .... (N=837)

III. VOCALISATIONS
10. Vocalisations modulées .... (N=405)
11. Vocalisations brèves .... (N=185)
12. Grognements et gémissements .... (N=155)

IV. MOUVEMENTS DU BUSTE
13. Pencher le buste en avant en direction de l'enfant... (N=183)

V. POSITIONS ET MOUVEMENTS CIBLES DES MEMBRES ANTERIEURS
Bras en extension: 14. avec la main en pronation .... (N=175)
15. avec la main latérale ou oblique . (N=153)
16. avec la main en supination ...... (N= 26)
Bras en flexion: 17. avec la main en pronation .... (N= 52)
18. avec la main latérale ou oblique . (N= 44)
19. avec la main en supination .... (N= 29)

VI. CONTACTS AVEC LE PARTENAIRE
20. Main portée au contact de l'autre enfant .... (N=266)
21. Pied portée au contact de l'autre enfant .... (N=528)
22. Prendre la main de l'autre enfant .... (N= 76)

VII. AGITATIONS DESORDONNEES DES MEMBRES
23. Agitations des mains .... (N=199)
24. Agitations des pieds .... (N= 89)

VIII. COMPORTEMENTS AUTO-CENTRES
25. Doigt dans la bouche, le nez ou l'oreille, etc ...... (N=180)

N=7850

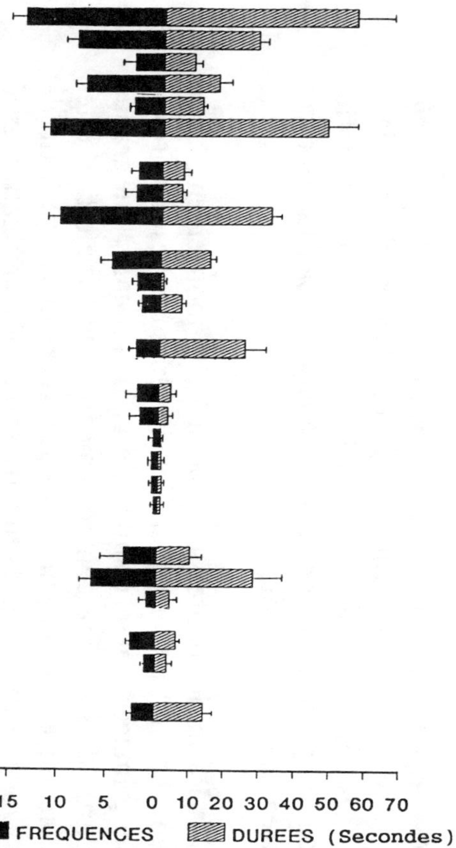

Fréquences et durées moyennes des 25 items de comportement (voir le tableau III) qui ont été mesurés au cours des 5 phases d'interaction entre enfants (phases 4 à 8 dans le protocole), chez 16 enfants dont les âges s'échelonnent entre 4 et 7 mois (voir le tableau I). Chaque moyenne est figurée avec son erreur standard. Les occurrences de chaque item, pour les 8 sessions et les 16 enfants, sont données entre parenthèses.

à face et l'interaction œil à œil s'affirment ici comme des révélateurs formidables des capacités du jeune enfant.

Les expressions faciales et les contacts avec le partenaire

Après les orientations du regard, les expressions faciales et les contacts avec le partenaire sont les deux catégories de comportement les mieux représentées, à la fois pour leur fréquence et leur durée.

• Parmi les expressions faciales, les mouvements de la bouche sont plus fréquents et durables que les sourires et les grimaces. Un tel résultat n'est pas étonnant. Une grande partie de l'activité comportementale du bébé est en effet constituée de mouvements fréquents et souvent répétitifs de la zone orale, qui peuvent être spontanés, en relation avec l'alimentation ou en relation avec l'exploration buccale des objets ou des diverses zones de son propre corps ou du corps du partenaire. Dans les sièges, les enfants manifestent surtout des activités d'ouverture de la bouche, de succion, de mastiquage, de protrusion de la bouche ou de la langue.

Plus surprenantes sont la fréquence et la durée relativement faibles des sourires. Spitz (1968) estime pourtant qu'ils constituent le premier organisateur de la vie psychique de l'enfant. Mais là, dans cette situation d'interaction avec un autre enfant, le sourire ne constitue pas un élément essentiel d'interaction comportementale. Ce point sera discuté plus loin.

• Les contacts avec le partenaire recouvrent plusieurs formes. Il s'agit le plus souvent des pieds ou des mains portés au contact des mêmes extrémités chez l'autre. La prise de la main du partenaire représente une part non négligeable de l'ensemble des contacts, puisqu'elle est de 8,74 %. Tous ces contacts révèlent que l'enfant est capable, dès 4 mois au moins, d'avoir une activité gestuelle volontaire et coordonnée en direction d'un partenaire-enfant. Ce résultat sera détaillé plus loin avec l'ensemble des mouvements manuels en direction de l'autre enfant.

Les vocalisations

Les vocalisations sont ensuite la catégorie la mieux représentée. Celles qui sont modulées par rapport aux cris, aux bruits de bouche ou aux gémissements sont les plus fréquentes. A l'oreille, elles sont complexes et diversifiées. Elles comprennent des phonèmes et des systèmes phonétiques déjà bien structurés. Mais, seule, l'analyse spectrale et phonétique en cours permettra d'en faire une étude précise, aux plans qualitatif et quantitatif. En tout cas, il semble qu'on ait là un système linguistique ou quasi linguistique organisé.

Les mouvements du bras et de la main

Les mouvements coordonnés, ajustés et ciblés du bras et de la main en direction du partenaire sont déjà diversifiés et complexes. Ils sont aussi plus fréquents et durables que les agitations apparemment désordonnées des jambes et des bras.

En fait, l'ensemble des mouvements orientés des bras et mains en direction du partenaire et des contacts avec ces zones corporelles représente 10,4 % de tous les comportements. C'est la première fois que ces phénomènes peuvent être décrits et mesurés avec précision chez des enfants si jeunes.

Ils méritent d'être examinés de plus près :

Dès 4 mois, en position assise stable, et « débarrassé » du « souci » d'équilibrer ses masses corporelles pour assurer la verticalité de son buste, l'enfant apparaît capable de contrôler à tout moment l'extension ciblée de son bras en direction de son partenaire, avec la main en pronation (paume vers le bas), latérale ou oblique, ou même en supination (paume vers le haut). Il peut aussi corriger son mouvement en effectuant une rotation de la main qui, de la pronation, passe à la supination, au cours ou à l'issue de l'extension du bras. Les gestes peuvent être effectués sans que le bras, l'avant-bras ou la main soient en appui sur le montant latéral du siège. La gestualité organisée et ajustée peut donc se développer sans être induite par un support mécanique. Il s'agit d'actes complexes déjà contrôlés dans leur organisation, leur dynamique et leur précision par rapport à la cible. Ils constituent un socle de l'organisation des activités manipulatoires au cours de la première année*.

Cette émergence précoce conforte une hypothèse déjà formulée**. Dès lors que l'environnement et ses composantes sociales et physiques le permettent, l'enfant est capable, ou a envie d'être capable, de révéler très tôt dans son développement des potentialités ou capacités gestuelles inattendues, diversifiées et complexes. Cela autorise des comportements et modalités interactives bien structurés et le développement de compétences nouvelles.

Nous qualifions d'« organisateurs du comportement » de telles émergences motrices précoces, qui paraissent constituer des fondements de l'organisation comportementale. En effet, l'expérience montre qu'un enfant suivi au cours de ses deux premières années présente un certain nombre de comportements et conduites qui ont ces éléments pour armature, pivot ou socle. C'est le cas notamment de l'extension du bras avec la main en pronation, latérale, oblique ou en supination. Elle constitue l'armature, le pivot ou le socle des comportements de saisie, d'offrande, ou de sollicitation d'un objet, que manifestent les enfants avant la fin de la première année ou au début de la deuxième année. Dans les actes de saisie d'un objet, le bras et les doigts sont projetés en extension et la main en pronation se referme comme une pince sur l'objet***. La dynamique de l'offrande est quasiment l'inverse de celle de la saisie : après l'extension du bras, c'est le plus souvent, à cet âge, la main qui s'ouvre en pronation pour abandonner un objet au

* Lézine, 1978.
** Montagner, 1988.
*** Bower, 1976, 1977, 1979; Ajuriaguerra, 1977.

partenaire. Quant à la sollicitation, elle se présente avec la même organisation motrice que l'acte de saisie, sauf que la main transportée en pronation s'arrête avant de toucher l'objet cible et les doigts restent ouverts, même lorsqu'ils sont au contact de l'objet. Ou bien la main effectue une rotation, et passe ainsi d'une position de pronation à une position de supination, en un geste symbolique de demande. On observe aussi ce comportement socle dans deux autres comportements : l'exploration des objets ou du corps d'un partenaire, et les conflits au cours desquels le bras est projeté en extension, puis s'enchaîne avec l'index pointé en direction de l'autre.

Une fois manifestés, ces « organisateurs du comportement » paraissent constituer des aimants et des foyers qui agglomèrent, fusionnent et intègrent, en des combinaisons plus ou moins complexes, des comportements apparemment aléatoires, non structurés et non porteurs de sens. Par exemple, des ébauches et des mouvements « cloniques » (des tremblements), sporadiques, stéréotypés, incomplets et/ou mal ajustés du bras, de la main ou des doigts d'un enfant auquel un objet est présenté, ou qu'une personne sollicite. Autrement dit, au cours du développement, des comportements à première vue désordonnés, « cloniques », sporadiques, stéréotypés, incohérents, etc. paraissent prendre sens, dès lors qu'ils sont associés ou « greffés » à un ou plusieurs « organisateurs du comportement » (c'est-à-dire, outre l'extension du bras, l'orientation ciblée du regard, le doigt pointé sur une cible, le sourire, la sollicitation posturale avec la tête penchée, les appels vocaux, etc.). Lorsque de tels processus n'émergent pas ou ne se consolident pas, les comportements non associés ou non greffés à des organisateurs de comportements continuent de se présenter sous la forme d'actes désordonnés, stéréotypés, incohérents, « hors de propos », qui ne paraissent pas être porteurs de sens. C'est le cas, par exemple, des rotations répétées des mains comme dans « le jeu des marionnettes », chez certains enfants autistes, des projections brusques, désordonnées ou saccadées des bras ou des jambes, des mimiques déformant le visage, des mastications à vide, des protrusions de la langue, des mouvements oscillants des mains et, de façon plus générale, des actes sans cible, sans but ou objectif et sans signification, en tout cas pour celui qui a construit et maîtrisé une organisation gestuelle dont il partage le code avec ses partenaires. De tels actes, apparemment non structurés ou déstructurés, pourraient traduire, annoncer ou préparer des troubles encore plus profonds et des dysfonctionnements ultérieurs dans les conduites enfantines.

Il me paraît donc esssentiel d'examiner les différentes formes de gestualité et de productions vocales de l'enfant à la lumière de ses interactions avec différents partenaires. Elles peuvent révéler l'absence ou la non-structuration des comportements socles, que paraissent constituer les « organisateurs de comportement ». C'est le cas des interactions avec les partenaires qui ont globalement les mêmes compétences, c'est-à-dire les enfants du même âge.

En tout cas, notre étude avec des enfants de 4 à 7 mois assis dans des sièges qui leur assurent une verticalité stable du buste, révèle qu'ils maîtrisent déjà les socles gestuels à partir desquels se développent des comportements de plus en plus complexes. L'écoute de leurs vocalisations suggère aussi qu'elles sont déjà structurées en phonèmes et peut-être en phrases phonétiques, qui annoncent ou préparent des productions vocales de type syllabique.

Les capacités du jeune enfant à se comporter en fonction du contexte

La possibilité de modifier l'orientation et la distance des sièges où sont installés les deux enfants, apporte un éclairage nouveau sur les capacités des enfants à prendre en compte les modifications de contexte. Prenons quelques exemples.

• La phase 4 : l'observation et l'attente.

Lors de la phase 4 du protocole, les deux enfants sont à angle droit, à quinze centimètres l'un de l'autre. La fréquence des orientations du regard qu'ils s'adressent est alors maximale. A l'inverse, la fréquence et la durée des projections du buste en avant (vers l'autre), des mouvements du bras et de la main en direction du partenaire et des contacts avec celui-ci sont faibles. Les enfants adoptent une position de recul et de retrait, qui permet à chacun d'observer l'autre et son environnement immédiat, sans chercher l'interaction. Parallèlement, ils agitent beaucoup leurs bras et leurs jambes, et la fréquence de leurs vocalisations est à son plus haut niveau (figure 11). On le voit, les enfants paraissent se mettre ici dans une position de repli, de retrait, ou du moins dans celle d'un observateur, tout en testant la réactivité et les capacités de réponse du partenaire par une agitation corporelle apparemment désordonnée, et par des vocalisations fréquentes, répétées et relativement durables.

• La phase 5 : la communication dans toute sa complexité.

Au cours de la phase 5, les deux enfants sont rapprochés jusqu'à se toucher. Ils conservent une position à angle droit l'un par rapport à l'autre. Dans ce cas, la communication atteint un niveau maximal de diversité et de complexité. Les interactions sont diversifiées et sophistiquées. En revanche, la fréquence et la durée des agitations apparemment désordonnées des bras et des jambes, et celles des comportements autocentrés, sont les plus faibles. En clair, il y a une faible probabilité que l'enfant s'agite « sans raison apparente » et se mette un doigt dans la bouche, ou regarde en direction de son corps. Dans le même temps, la fréquence et la durée des réorientations du regard, des expressions faciales et des vocalisations sont à un niveau élevé. Enfin, c'est au cours de la phase 5 que les mouvements autocontrôlés, ajustés et orientés en direction des bras et des mains de l'autre, sont beaucoup plus fréquents et durent plus longtemps que dans toute autre phase (figure 11). En outre, chaque enfant établit alors avec son partenaire les contacts corporels les plus

Fig. 11

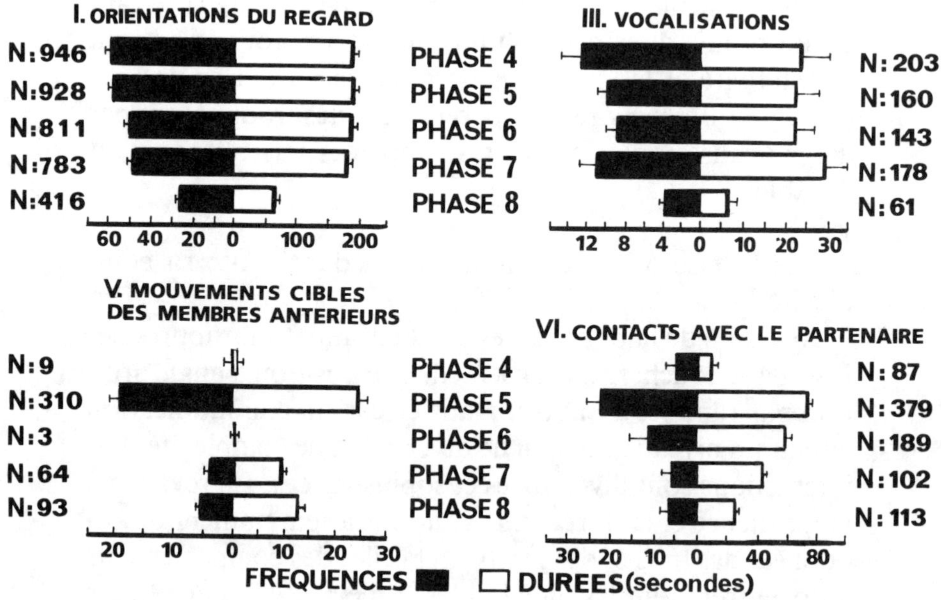

Fréquences et durées moyennes de 4 catégories de comportements du tableau II, au cours de chacune des 5 phases d'interaction entre enfants. Les moyennes sont calculées pour les 8 sessions et les 16 enfants du tableau III et de la figure 10. Chaque moyenne est figurée avec son erreur standard. Les occurences des comportements appartenant à chaque catégorie de comportement sont données également entre parenthèses.

fréquents et durables (toucher et prendre sa main ; se laisser toucher et prendre la main : figure 11).

Pour résumer, lorsque les deux enfants peuvent se rapprocher l'un de l'autre jusqu'à se toucher au moyen d'une extension du bras et de la main, on constate qu'ils développent un maximum de modalités différentes et ajustées pour interagir et communiquer. Ils paraissent utiliser toutes les possibilités qu'ils ont d'attirer l'attention, d'induire des comportements et des vocalisations du partenaire, et de répondre à ses comportements et vocalisations.

• La phase 8 : la remise d'un objet aux deux enfants ne facilite pas la communication.

La phase 8 se distingue très nettement des deux premières phases de l'interaction enfant-enfant. Rappelons que les deux enfants reçoivent alors un objet similaire. Résultat, leur attention visuelle se concentre essentiellement, et logiquement, sur l'objet qu'on vient de leur donner. On observe une diminution de la fréquence et de la durée de tous les comportements qui jouent un rôle dans les interactions. Il s'agit de la fréquence d'orientation des regards, en particulier ceux adressés à l'autre enfant, mais aussi de la fréquence des expressions faciales, des vocalisations et des contacts avec le partenaire (figure 11). En revanche, la fréquence des extensions du bras et de la main en direction de l'autre enfant est plus élevée que pendant les phases 4, 6 et 7. Mais de manière relative, puisqu'elle est inférieure à celle observée au cours de la phase 5. Elles sont en fait liées à la manipulation de l'objet qu'ils ont reçu. En effet, lorsque l'enfant examine en plein champ visuel l'objet qu'il présente en face de lui, il se conduit comme s'il montrait l'objet à l'autre.

Finalement, si on compare les deux enfants de la première à la dernière phase de l'interaction (de la phase 4 à la phase 8), on observe que chaque enfant oriente ou réoriente sans cesse son comportement, en fonction de son positionnement par rapport à l'autre enfant et de la distance qui le sépare de lui. La remise d'un objet à tous deux ne facilite pas la communication. Elle a tendance au contraire à la réduire, tant au plan qualitatif qu'au plan quantitatif. Cette observation confirme ce que nous avons observé depuis vingt ans : l'interaction entre enfants ne peut être considérée comme un sous-produit de la relation développée individuellement avec un objet*.

En fait, ce sont les comportements et vocalisations du partenaire-enfant qui permettent à chacun de focaliser et d'affiner son attention visuelle, puis de se comporter comme s'il avait perçu et bien compris les manifestations de l'autre, et enfin comme s'il produisait des réponses pour induire des réponses. Tout l'indique ici : chacun manifeste une faim à l'interaction, indépendamment de toute relation à l'objet.

Les capacités d'imitation

Dans notre situation expérimentale, les enfants manifestent des compétences à s'imiter mutuellement. Par imitation, nous entendons toute reproduction d'un acte de l'un des enfants par l'autre, de façon immédiate ou légèrement différée au sein d'un intervalle de quelques secondes. La reproduction de l'acte est précédée d'une orientation ciblée du regard en direction du partenaire. On observe aussi des imitations de vocalisations. Nous ne préjugeons pas l'accordage éventuel des émotions ou affects des deux enfants, pas plus que leurs intentions, comme certains paraissent l'exiger pour qu'on ait le « droit » de parler d'imitation. Qui peut, en effet, objectiver les émotions ou les intentions de deux bébés du même âge qui développent des interactions entre eux ?

Récapitulant l'ensemble des reproductions du comportement de l'un par l'autre, nous obtenons la liste suivante :

— Des mouvements rythmiques des pieds, alternativement ou simultanément. Lorsque ce phénomène se produit,

* Mueller et Lucas, 1975.

la fréquence du rythme est la même chez les deux enfants, au 1/10 de seconde près. Chacun semble induire le rythme de l'autre, en fonction de son propre rythme, et réciproquement.

— Des battements simples ou répétés des mains, soit sur le corps, soit sur le siège, que l'une des mains tienne un objet ou non.

— Des mouvements des mains et des bras, en direction de l'arrière du siège.

— Des grattements bruyants du gilet porté par chaque enfant.

— L'acte d'introduire un objet dans la bouche, de le jeter ou de l'agiter, après que l'autre a effectué la même activité.

— Des comportements de succion de l'encolure de la veste, ou de l'extrémité de la sangle qui passe entre les jambes des enfants.

— Le détournement du regard et de la tête.

— Enfin, les vocalisations produites en imitation paraissent avoir la même organisation que celles de l'autre enfant. Cela devra être confirmé par l'analyse spectrale des vocalisations, qui reproduit la structure intime des éléments vocaux et de leurs enchaînements.

L'évolution du registre comportemental des enfants devenus familiers l'un à l'autre

Penchons-nous maintenant sur l'évolution de chaque dyade d'une semaine à l'autre, pendant quatre semaines consécutives. On constate que les manifestations des deux enfants diffèrent de celles observées au cours de la première session. Ils ont pu se familiariser l'un à l'autre, s'habituer au local expérimental, à la situation d'expérience et aux différentes personnes.

Il y a, d'une semaine à l'autre, des évolutions dans l'organisation comportementale et vocale des deux enfants. Quelques modifications doivent être soulignées :

a. Souvent, des comportements non manifestés lors de la première session le sont au cours de la deuxième. La familiarité permet une activité gestuelle mieux ajustée en direction du partenaire. Au cours de la deuxième session, on a une plus forte probabilité d'observer les premières extensions ajustées du bras vers le partenaire-enfant avec la main en supination, ou la main qui, dans le mouvement, passe de la position de pronation à la position de supination. C'est seulement au cours de la deuxième session que certains enfants commencent à se toucher et se prendre la main (figure 12).

b. La fréquence et la durée de certains comportements sont significativement plus élevées au cours de la deuxième session. Ainsi, chez quatorze des seize enfants que nous avons étudiés dans ce chapitre (les résultats obtenus avec une dyade n'ont pu être analysés pour des raisons techniques), le nombre et la durée cumulée des extensions du bras en direction du partenaire sont multipliés par 2,5 environ (respectivement de 249 et 416 secondes à la première session, ils sont de 552 et 1 099 secondes à la deuxième). On observe aussi des augmentations importantes de la fréquence et la durée des sourires, des projections du buste en avant et des prises de la main du partenaire. Parallèlement, les agitations désordonnées des bras et des jambes deviennent peu fréquentes et durables (la fréquence passe de 264 à 24 occurrences, et la durée cumulée de 699 à 55 secondes).

c. Dans certaines dyades, les enfants ajustent leurs répertoires comportementaux et la fréquence de certains comportements, alors que, pendant la première session, chaque enfant se comportait selon son propre registre et ses propres « règles ». D'un point de vue statistique, il y a, au cours de la première session, une différence significative dans les répertoires de comportements des deux enfants. Puis la deuxième session voit ces différences s'estomper ou disparaître. Les deux enfants s'ajustent. La familiarisation avec le partenaire et l'occasion de vivre avec lui une situation d'interaction proximale (les enfants peuvent se regarder

Fig. 12

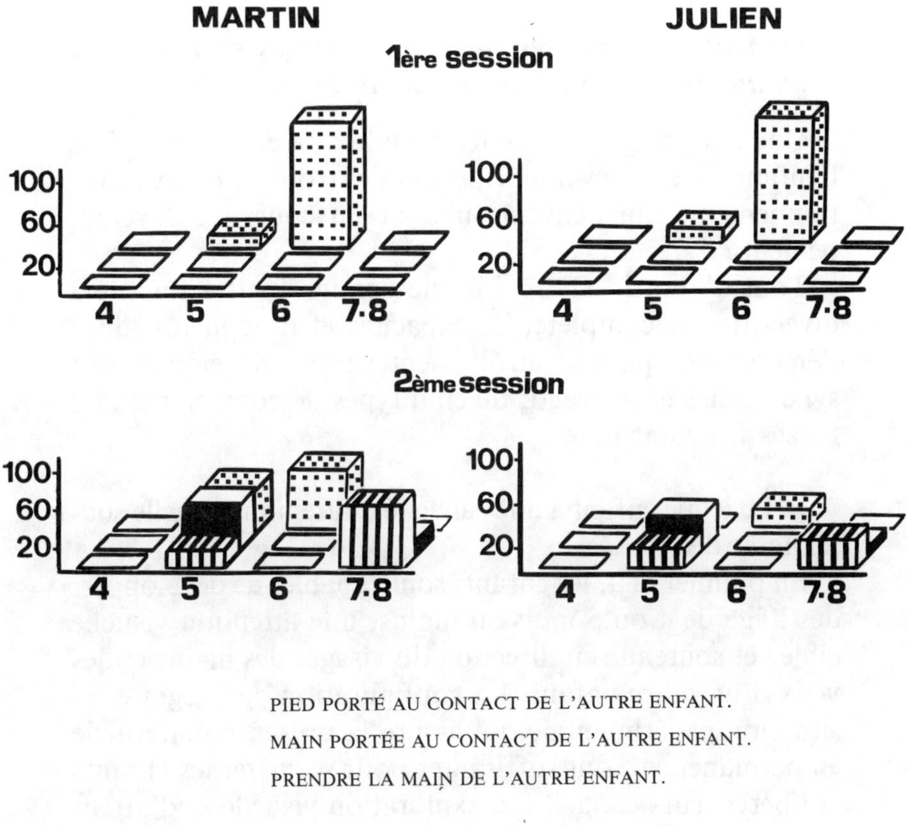

PIED PORTÉ AU CONTACT DE L'AUTRE ENFANT.

MAIN PORTÉE AU CONTACT DE L'AUTRE ENFANT.

PRENDRE LA MAIN DE L'AUTRE ENFANT.

Dans cet exemple, c'est seulement au cours de la deuxième session que deux des enfants de l'effectif manifestent les deux comportements : « porter la main au contact dc la main de l'autre » et « prendre la main de l'autre ». Une familiarisation entre enfants, développée la semaine précédente au cours de la première rencontre, paraît nécessaire pour qu'ils révèlent plus complètement la gamme de leurs compétences motrices et interactives.

« sous le nez » et se toucher), s'avèrent ainsi essentielles pour manifester plus complètement ses propres comportements et vocalisations au cours de la deuxième semaine et, en même temps, reconnaître, imiter et reproduire ceux de l'autre. *C'est la naissance de l'une des sources de l'apprentissage.*

Comment expliquer les capacités précoces de l'enfant à communiquer avec un autre enfant au même âge

Que peut apporter une telle étude à la connaissance de l'enfant, de son développement et des troubles ou dysfonctionnements qui peuvent survenir au cours du développement ?

Tout d'abord, elle révèle une gamme inattendue, déjà diversifiée et complète, de capacités et d'habiletés, dont l'émergence apparaît étroitement liée au développement synchronisé et interactif de cinq types de compétences ou forces fondamentales.

1. Le jeune enfant a une capacité d'attention visuelle soutenue et diversifiée.

En premier lieu, les enfants sont capables de développer, dès l'âge de 4 ou 5 mois au moins, une attention visuelle ciblée et soutenue en direction du visage, des mains et des yeux d'un autre enfant. La configuration des sièges et la situation expérimentale qui assure la présence maternelle en permanence, sont suffisantes pour sécuriser les enfants et libérer leurs capacités d'exploration visuelle et d'attention vis-à-vis d'un partenaire inconnu. Comme la fréquence et la durée des orientations du regard en direction de la mère ne représentent respectivement que 7 et 8 % de l'ensemble des orientations du regard, tout se passe comme si la vérification de la présence maternelle de temps en temps, et de façon relativement brève, était suffisante pour rassurer les enfants et libérer leurs compétences « enfouies ». Ici, une fois libérée des contraintes liées à l'immaturité tonico-posturale, l'attention visuelle de l'enfant s'oriente surtout vers le partenaire le plus proche, et non de façon préférentielle vers sa mère.

La focalisation du regard et l'attention visuelle soutenue sont activées à tout moment par la mobilité du visage (mouvements de bouche, grimaces, sourires), du regard et des mains du partenaire. Les interactions passées et actuelles avec la mère dans le milieu familial, notamment au cours des repas, pourraient jouer un rôle important dans la sélection de ces comportements, et dans la canalisation de l'attention visuelle du jeune enfant vis-à-vis de l'autre enfant. En effet, comme la plupart des spécialistes du développement du bébé l'ont souligné à maintes reprises, le regard et les expressions faciales expriment et filtrent une part importante des émotions et des affects qui passent dans la relation mère-enfant.

2. Le jeune enfant est animé par une « faim » qui le pousse à l'interaction.

Un deuxième phénomène se dégage de l'analyse des comportements des deux enfants dès leur première rencontre. Il s'agit d'une sorte de force interne qui pousse chaque enfant à interagir avec un partenaire actif, lui-même animé de la même « faim ». Une telle force se manifeste par des regards ciblés et soutenus, mais aussi par des mouvements tout à fait bien contrôlés, coordonnés et ajustés des bras et des mains, la projection du buste et de la tête en direction de l'autre et des vocalisations modulées, parfois de façon complexe. Cette force interne apparaît aussi à travers la recherche active du contact avec la main de l'autre, puis le développement de jeux manuels complexes et synchrones. En conséquence, lorsque l'un des enfants tourne la tête et le regard en direction de sa mère, l'autre peut avancer la main avec le bras étendu ou fléchi en direction de l'avant-bras ou de la main du partenaire. S'il y a contact ou perception visuelle de ce mouvement, le premier enfant détourne alors le regard et la tête vers le second. Il lui répond, surtout à partir de la deuxième session, par un mouvement coordonné, ajusté et ciblé du bras et de la main, mais aussi par une agitation corporelle, des vocalisations, ou un ensemble de combinaisons de ces activités.

La faim d'interactions de chaque enfant avec son vis-à-vis semble inextinguible. C'est surtout évident au cours des deuxième, troisième ou quatrième sessions, selon les enfants.

3. La « faim » à l'interaction repose essentiellement sur une forme de conduite : les comportements affiliatifs.

Il faut souligner la sélectivité que manifeste le jeune enfant pour les comportements affiliatifs et les contacts positifs avec le partenaire. En effet, dans notre étude, nous n'avons jamais observé un comportement qui puisse faire mal ou être perçu (par l'autre) ou interprété (par les mères et les observateurs) comme mal intentionné ou agressif. Nous n'avons jamais décelé de comportements qui puissent se rapprocher d'un pincement, d'une griffure, d'une pression manuelle excessive, d'un coup ou d'une tentative de « happer », dans sa bouche, les doigts ou la main de l'autre. En outre, lorsque l'un des deux enfants commence à pleurer au cours d'un « jeu manuel » (que ce soit dû à une rage de dents, la faim, la fatigue, le manque de sommeil ou à d'autres facteurs), l'autre qui a pris sa main marque une pause, le fixe avec un regard soutenu, puis lâche sa main. Mais il ne tente pas de poursuivre le jeu manuel, comme s'il avait compris qu'il avait entraîné les pleurs de son partenaire.

Par ailleurs, les regards et comportements autocentrés sont rares. Chaque enfant ne porte en effet qu'une attention fugitive et peu fréquente à son propre corps ou à ses vêtements. L'essentiel de son attention est attaché au partenaire-enfant.

4. Le jeune enfant a très tôt la capacité de coordonner et d'ajuster ses gestes au partenaire.

Le quatrième facteur qui joue un rôle majeur dans le

développement de l'interaction entre deux enfants est la capacité de chacun à maîtriser les mouvements coordonnés et ciblés de ses bras et de ses mains en direction du partenaire. Nous l'avons déjà souligné, cette activité gestuelle a la même structure que l'armature des actes de saisie et des sollicitations manuelles observées chez les enfants en activités libres, parfois avant la fin de la première année, mais plus souvent au cours de la deuxième année.

Une telle activité gestuelle apparaît ainsi comme l'un des socles de la construction des processus cognitifs concernant les propriétés structurales et spatiales des objets. Elle participe aussi à la construction des actes combinés et enchaînés qui vont permettre au jeune enfant de développer avec ses différents partenaires des interactions variées, de plus en plus nuancées et sophistiquées. Dans le même temps, le jeune enfant découvre ses capacités à moduler son activité gestuelle en fonction du contexte, du partenaire et de la nature des objets.

5. Le jeune enfant est porteur de capacités à apprendre au contact d'un autre enfant, notamment par l'imitation.

Comme nous l'avons souligné, les enfants de 4 ou 5 mois au moins apprennent très vite à ajuster leurs comportements et leurs vocalisations à ceux du partenaire. Cette capacité montre que le jeune enfant peut en général développer des apprentissages au contact d'un partenaire-enfant du même âge, sans intervention ou médiation de la mère ou d'un autre adulte. Ils se nourrissent d'informations l'un et l'autre, comme des personnes indépendantes, grâce à des interactions et au moyen du feed-back. Ils apparaissent capables de capter des informations du partenaire-enfant, puis de les combiner avec celles qu'ils recueillent à travers leur propre comportement. L'imitation joue déjà un rôle non négligeable dans ces phénomènes. En clair, à tout moment, l'auto-apprentissage se combine avec l'apprentissage, avec l'autre et par l'autre.

Notre étude expérimentale montre de manière générale qu'à tout moment un enfant peut être acteur de son comportement. En effet, c'est chacun qui prend l'initiative d'induire l'attention, le comportement et les vocalisations de l'autre, sans qu'un tel mouvement soit induit ou suscité par un adulte. C'est chacun qui choisit d'entrer en interaction avec un regard soutenu, un cri, une vocalisation modulée, une agitation générale des jambes ou des bras ou, plus précisément au plan gestuel, avec une extension bien ciblée du bras et de la main ou un contact effectif. Bref, chacun découvre qu'il est capable d'utiliser et d'enrichir de façon maximale et optimale les modalités de communication dont il est porteur. En outre, chaque enfant choisit d'observer ou de répondre aux comportements et vocalisations du partenaire, soit sur un même registre, soit sur un registre personnel. Chacun développe ainsi de sa propre initiative des formes d'imitations variées, ou produit un comportement ou une vocalisation susceptibles d'entraîner une imitation chez l'autre.

A ce moment, les deux mères sont spectatrices des interactions qui naissent et se développent entre les deux enfants. Très attentives aux manifestations de leur enfant, elles maintiennent une attention visuelle soutenue, sourient, grimacent elles-mêmes à certains moments de l'interaction, se penchent en avant comme si elles prenaient une part active aux comportements et vocalisations de l'enfant.

Dès lors, celui-ci devient aussi un acteur qui modifie les perceptions, les représentations et le regard de sa mère. Elle adopte ensuite de nouvelles attitudes ou façons d'être, ou manières d'induire et de répondre, par rapport à son enfant. Toute la dynamique de l'interaction mère-enfant s'en trouve ou peut s'en trouver influencée.

Lorsque le père et d'autres proches assistent aux sessions depuis la galerie qui entoure la partie haute du local, ils sont également spectateurs des compétences de l'enfant. C'est aussi leur regard, leurs représentations et leurs pratiques qui peuvent se modifier à son égard. C'est pourquoi il est essentiel que, dès le plus jeune âge, on ne considère plus l'enfant seulement ou simplement comme le reflet des conduites maternelles, ou de l'interaction qui se développe quotidiennement entre lui et sa mère. On doit aussi prendre conscience qu'il est une personne indépendante, certes profondément influencée et marquée par ses relations initiales, en particulier avec sa mère (c'est l'évidence), mais capable à tout moment de se comporter de façon active et originale avec des partenaires nouveaux.

Concrètement, il faut donner à chaque enfant la possibilité et l'occasion de rencontrer d'autres partenaires que la mère et les personnes du milieu familial, notamment des enfants du même âge, qui ont les mêmes compétences globales que lui. On entend par là des personnes susceptibles de donner le même sens aux émotions et intentions traduites par des activités comportementales et des vocalisations.

Une foule de questions se posent alors sur les fondements émotionnels, affectifs, relationnels, cognitifs et imaginaires qui nourrissent ces phénomènes.

Les comportements et interactions des deux enfants sont-ils simplement des *patterns* qui permettent une exploration visuelle et manuelle du partenaire, conduisant ainsi chacun à découvrir un être nouveau dans une situation nouvelle ?

S'agit-il de tentatives organisées pour tester l'efficacité et la signification de son propre comportement et de ses vocalisations, en induisant les réponses du partenaire-enfant, et en reproduisant ses comportements et vocalisations ?

S'agit-il de tester la nature et la signification de ses propres émotions à travers la manifestation de comportements et de vocalisations qui permettent habituellement l'expression d'états émotionnels entre l'enfant et sa mère et les autres personnes du milieu familial ?

S'agit-il de tentatives pour tester la réactivité émotionnelle et les capacités interactives de l'autre ?

S'agit-il d'un prétexte pour découvrir ses propres capacités à piloter, imiter et s'accorder vis-à-vis d'un autre partenaire que la mère ?

Dans tous les cas, les résultats que nous avons obtenus soulèvent de multiples interrogations. En effet, la plupart des théories font de la relation entre la mère et le bébé la source essentielle ou unique du développement affectif, émotionnel et relationnel de l'enfant. Pourtant, une situation comme la nôtre donne à chaque enfant l'occasion de révéler, en présence d'un autre partenaire, des compétences et des ressources qu'il modifie au fil de ses manifestations comportementales et vocales, et des réponses de ce partenaire. Il développe ainsi de nouvelles compétences et ressources qui peuvent remodeler celles qu'il manifeste avec sa mère et les autres personnes familières. Il paraît désormais nécessaire de comprendre comment les compétences et ressources initiales révélées et construites à travers et par la relation avec la mère (voir le chapitre premier), se combinent aux compétences et ressources qui se manifestent et se construisent dans la dynamique d'autres interactions. On peut aussi s'interroger sur les théories qui limitent la construction des processus cognitifs à la seule connaissance des objets dans leurs caractéristiques physiques, spatiales et temporelles. Connaître le sens du comportement et des vocalisations du partenaire-enfant, n'est-ce pas pour chaque enfant un levier essentiel de la construction du savoir ?

3

L'étude « naturaliste » de l'enfant en activité libre dans un groupe d'enfants du même âge

L'étude de l'enfant et des difficultés, troubles ou dysfonctionnements qui jalonnent son développement, rend nécessaire l'existence d'un outil pour bien cerner les âges d'émergence de chaque type de capacité ou caractéristique tout au long des premières années.

Dans ce domaine, les spécialistes du développement de l'enfant, qu'ils soient chercheurs ou cliniciens, s'appuient d'habitude sur des échelles de développement. Celles-ci proposent des âges d'émergence et des chronologies des différentes habiletés et capacités de l'enfant dès ses premiers jours ou ses premières semaines, selon les études. La plupart d'entre elles ont été établies à partir des observations cliniques des pédiatres, des pédopsychiatres, des médecins généralistes et des psychologues*.

La plupart se fondent sur des observations cliniques, des enquêtes et/ou des questionnaires. Cependant, elles s'appuient aussi sur des recherches expérimentales

* Il faut notamment citer dans ce domaine les publications et livres suivants : Shirley, 1931/1933 ; Dennis et Dennis, 1937 ; Gesell et Thompson, 1938 ; Gesell, 1940 ; Gesell et Ames, 1940 ; Gesell *et al.*, 1940 ; Gesell et Amatruda, 1947 ; Brunet et Lézine, 1965 ; Frankenburg et Dodds, 1967 ; Milani-Comparetti et Gidonia, 1967 ; Casatis et Lézine, 1968 ; Bayley, 1969 ; Cratty, 1970 ; Brazelton, 1973, 1980 ; Folio et De Bose, 1974 ; Lézine, 1974 ; Ajuriaguerra, 1977, 1980 ; Rogers et D'Euge-

et des observations de l'enfant dans des conditions contrôlées. Et cela, dans des domaines aussi divers que la psychologie, la psychophysiologie, l'éthologie ou la physiologie.

L'étude comparative des échelles de développement, utilisées d'habitude par les cliniciens et les chercheurs, montre qu'elles sont parfois fondées sur des études longitudinales. Les données sont alors recueillies avec un seul enfant suivi toute la journée, ou avec un ou plusieurs enfants observés pendant de courtes périodes, jour après jour, ou semaine après semaine. Mais, le plus souvent, les échelles de développement sont bâties sur des comparaisons entre différentes classes d'âge. On compare par exemple des groupes d'enfants âgés de 4 mois avec d'autres âgés de 3, 5, 6 ou 8 mois.

Les études expérimentales portent surtout sur deux aspects :

1. Le développement des habiletés manuelles dans les actes de préhension des objets*.

2. Le développement des mouvements et de la dynamique des membres postérieurs qui conduisent à l'émergence et à la maîtrise de la marche autonome**.

Dans la communauté scientifique et médicale, les nombreuses observations et la convergence des données conduisent à des quasi-certitudes sur les âges et la chrono-

---

nio, 1977 ; Ames, 1979 ; Braunwald et Brislin, 1979 ; Cohen et Gross, 1979 ; Amiel-Tison et Grenier, 1980 ; Frankenburg *et al.*, 1981 ; Holmes et Hassanein, 1982 ; Saint-Anne d'Argassies, 1982 ; Bonvillian *et al.*, 1983 ; Noller et Ingrisano, 1983 ; Forssberg, 1985 ; Holmes, 1985 ; Rosenblith et Sims Knight, 1985 ; Behrman et Vaughan, 1987.

* Halverson, 1931 ; Gesell et Ames, 1940 ; Mc Graw, 1941 ; Bower, 1976, 1977, 1979 ; Cliff, 1979 ; Moss et Hogg, 1983 ; Rice *et al.*, 1984 ; Sharp, 1984 ; Michel *et al.*, 1985 ; Goldfield et Michel, 1986.

** Shirley, 1931/1933 ; Wellman, 1937 ; Gesell et Ames, 1940 ; Mc Graw, 1941, 1943 ; Statham et Murray, 1971 ; Rigal *et al.*, 1984 ; Thelen, 1984-1986 ; Thelen *et al.*, 1981-1984 ; Forssberg, 1985 ; Bril et Brenière, 1989.

logie des émergences des capacités tonico-posturales, motrices, interactives, langagières et cognitives de l'enfant, en particulier au cours de ses deux premières années. Voilà pourquoi les échelles de développement sont reconnues et utilisées dès qu'il s'agit d'établir ou de conforter les diagnostics et pronostics sur les retards, difficultés ou dysfonctionnements du développement de l'enfant.

Parallèlement, il existe de nombreuses études sur les influences de l'environnement, surtout maternel et familial, dans la non-émergence, l'émergence tardive, les anomalies, les extinctions et les réappropriations des différents indicateurs du développement, et des différentes capacités de l'enfant.

LA NÉCESSITÉ DE MIEUX CONNAÎTRE LES CAPACITÉS « ENFOUIES » DES ENFANTS

En revanche, peu d'études portent sur un nombre suffisant d'enfants, suivis à intervalles réguliers et dans des conditions contrôlées, au cours des deux premières années. On ignore quelles compétences sont vraiment absentes chez tel ou tel enfant, à tel ou tel âge. Et surtout quelles compétences sont potentiellement présentes, mais restent enfouies, tant qu'elles ne sont pas « sollicitées » par un environnement physique et social approprié. Afin d'y parvenir, il faut développer des études longitudinales et comparatives avec des enfants dont les caractéristiques sont différentes à la naissance, ou au cours des premiers mois. Les méthodes et protocoles doivent permettre, dans des conditions contrôlées, de faire émerger à chaque âge des capacités effectivement construites, mais non révélées par les situations de vie quotidienne et par les situations d'examen cliniques.

Dans le premier chapitre, nous avons décrit la démarche et la méthode utilisées pour suivre les bébés tout au long de leur première année. Elles permettent notamment de révéler les capacités et ressources des bébés au cours de leurs interactions avec leur mère et les personnes présentes dans le milieu familial. Dans le deuxième chapitre, il s'agissait de mieux comprendre les capacités des très jeunes enfants à développer entre eux des communications qui ne soient ni induites, ni contrôlées ou dirigées par la mère.

Partant du constat que nous venons de dresser sur l'état des connaissances, et de l'analyse des publications, il nous fallait aussi construire un outil pour cerner plus précisément et complètement la nature et la chronologie des émergences de l'enfant, à partir de l'âge où il acquiert une certaine autonomie dans sa locomotion et dans ses interactions proximales avec sa mère et ses autres partenaires.

Pour y parvenir, nous avons organisé une série de recueils de données, à partir de la classe d'âge de 8-11 mois, lorsque les enfants commencent dans leur majorité à se déplacer d'eux-mêmes, soit par reptation, soit par quadrupédie, ou encore par bonds sur les fesses. Il s'agit là des modes de déplacement utilisés par les jeunes enfants avant de se dresser ou en se dressant, et donc avant l'acquisition de la marche autonome.

Cette étude se déroule dans un local spécialement aménagé où chacun peut évoluer en activité libre avec des personnes familières : des enfants et deux éducatrices de la crèche habituelle. Mais toutes les personnes de la famille sont absentes. On évite ainsi des effets de freins, des blocages ou des inhibitions dus à la perception par l'enfant des inquiétudes ou angoisses de ses proches, qui l'observent dans des situations nouvelles.

La construction de ce nouvel outil s'est faite en fonction des idées et postulats développés au cours des deux premiers chapitres : la nécessité de créer des conditions qui libèrent l'attention visuelle, la motricité et les capacités interactives de l'enfant.

La naissance d'une recherche

Les études que j'avais abordées dans les années 1970 avec mes collaborateurs du laboratoire de psychophysiologie de la faculté des sciences de Besançon, m'avaient conduit rapidement à m'intéresser aux innovations d'éducateurs, d'enseignants, de psychologues, de spécialistes du développement dans les structures d'accueil, d'éducation et de soins de la petite enfance. Ayant eu l'honneur de créer l'antenne Petite Enfance de Franche-Comté, j'ai pu développer le dialogue et l'interaction avec une conseillère pédagogique, Mme Yvette Durin, qui s'intéressait depuis longtemps à l'aménagement ou au réaménagement des classes dans les écoles maternelles. Et cela dans le sens d'une plus grande liberté de mouvement et d'initiative offerte aux enfants, et de la possibilité réelle de manifester leurs différences. Mme Durin participait aux réunions de notre équipe de recherche et contribuait au développement de l'antenne Petite Enfance de Franche-Comté. Elle a ainsi pris en compte les études de notre groupe pour repenser l'aménagement de l'école maternelle « La Prairie » de Baume-les-Dames. La rénovation a pu voir le jour grâce aux interfaces établies entre Mme Durin, les enseignants, les parents, la municipalité et notre groupe.

Après avoir longuement observé les jeunes enfants en activité libre, dans cette école et dans d'autres structures d'accueil et d'éducation de la petite enfance, j'ai pensé qu'il était important de créer un environnement expérimental qui permettrait de mieux cerner les capacités que chaque enfant porte en lui, et la chronologie selon laquelle les émergences se succèdent. Une fois nommé à la direction de l'Unité 70 de l'Inserm à Montpellier, j'ai donc conçu d'emblée un local pour suivre en continu les mêmes enfants, à intervalles aussi réguliers que possible.

Fig. 13

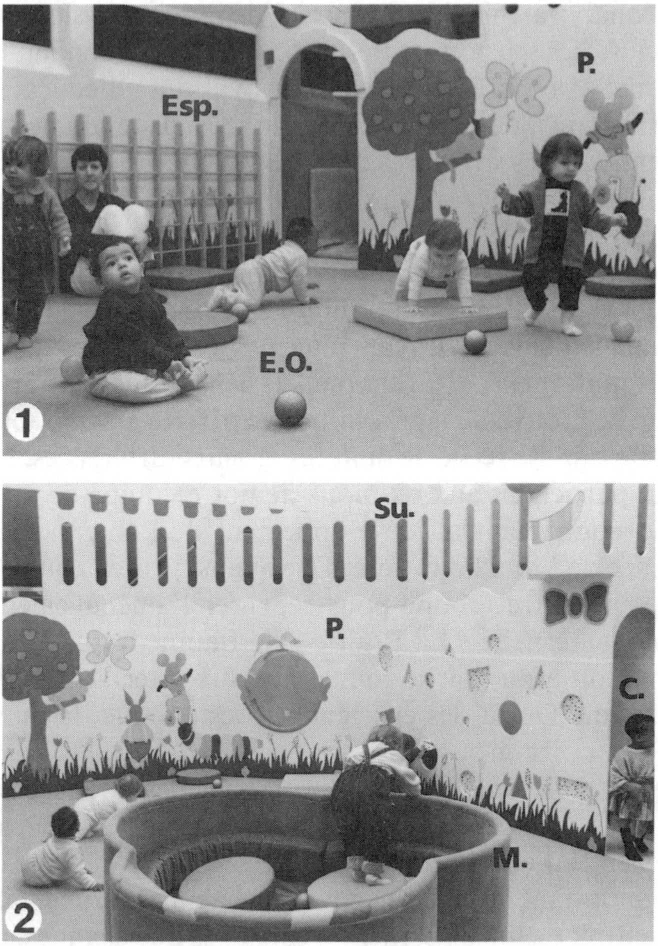

Vues de la partie inférieure du local expérimental dans lequel les mêmes enfants sont filmés par groupes de 6 toutes les semaines ou toutes les deux semaines, selon les études, au cours de sessions de 30 minutes. Ils sont suivis pendant une ou deux années, selon les groupes. L'une des caméras fixes est disposée dans la galerie inférieure qui entoure le local (en haut et à gauche de la photographie 1).

E.O. : Espace ouvert dans lequel les enfants peuvent librement ramper, se déplacer par quadrupédie, marcher et courir, à leur initiative et à leur rythme.

Esp. : Espalier.

M. : Manège qui tourne autour d'un axe central.

P. : Paroi percée d'un hublot et d'orifices aux formes et dimensions variées.

C. : Couloir qui sépare la paroi P de la superstructure Su.

Fig. 14

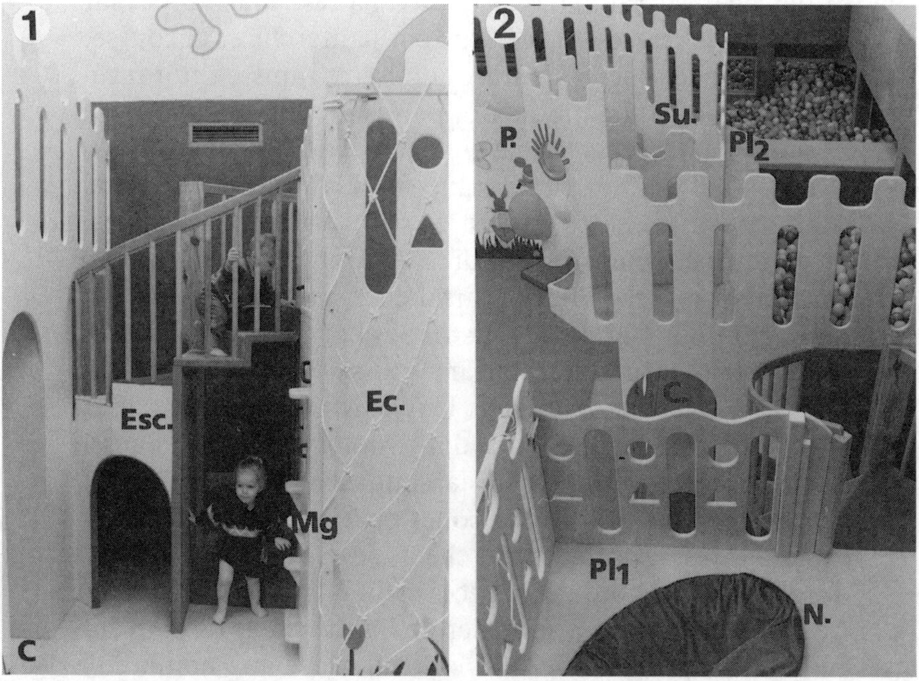

Vues des superstructures du local expérimental.

Esc. : Escalier hélicoïdal de 13 marches.

Pl 1 : Plate-forme à laquelle conduit l'escalier hélicoïdal, et où sont aménagés 2 nids (N).

Pl 2 : Plate-forme à laquelle conduit la rampe (figure 18) et où sont aménagés deux bacs à balles.

P. : Paroi percée d'orifices et d'un hublot.

C. : Couloir qui sépare la paroi P de la superstructure Su.

Mg : « Mur à grimper ».

Ec. : Échelle de corde.

La conception d'un nouveau local expérimental (figures 13 et 14)

L'espalier et la paroi percée d'orifices. Le premier de mes soucis est de laisser les enfants choisir les espaces qu'ils investissent, quels que soient leur âge et leur niveau global de développement. Tout est prévu pour leur permettre de se déplacer en rampant, à quatre pattes, mais aussi par bonds sur les fesses, et bien sûr par la marche et la course. Un tel espace d'activités libres doit être tapissé d'un revêtement souple (une moquette, par exemple), de manière à assurer un contact agréable aux pieds, jambes, mains, bras et corps de l'enfant (les enfants sont nu-pieds). Le local comprend différentes structures verticales. Grâce à elles, un enfant peut choisir de se dresser à tout moment, sur les genoux ou sur les jambes. Parmi elles, un espalier court le long d'un mur (figure 13 : Esp). Ses barreaux entrecroisés sont conçus pour que l'enfant puisse les saisir avec ses mains, se hisser et se dresser. Une paroi verticale (P), percée d'orifices de formes et de dimensions variées, peut aussi être utilisée pour permettre la conquête de la verticalité. Poussés par la curiosité au cours de leurs comportements exploratoires, les enfants cherchent, dès 8 ou 9 mois, à prendre appui sur le bord des orifices et du hublot, placé au centre de la paroi, puis à regarder de l'autre côté. Ils peuvent en outre se déplacer de trou en trou grâce aux nombreux points d'appui fournis par le bord des orifices.

Le manège (figure 13 : M). Un manège est construit au centre de la surface où rampent, marchent et courent les enfants. Il tourne autour de son axe par la seule poussée d'un enfant dans un sens ou dans l'autre. Sa forme s'apparente à une fleur ayant trois pétales de forme semi-circulaire. Les enfants les plus malhabiles peuvent ainsi se dresser à l'intersection de deux pétales : leurs deux mains trouvent toujours un appui sur la partie renflée d'un pétale. Ce dispositif a un avantage : il fait découvrir à l'enfant qu'il peut même se dresser le long d'un support rendu légèrement instable par la poussée qu'il exerce en s'appuyant de tout son corps sur l'un ou l'autre des pétales. Un ensemble de comportements de « verticalisation » du buste et du corps peut donc se mettre ici en place, et se développer dans une situation légèrement mouvante où chacun a le loisir de corriger l'équilibrage ou le rééquilibrage de son corps. C'est l'un des fondements de la construction corporelle sur un fond d'équilibre auto-régulé. C'est chaque enfant qui assure de lui-même la stimulation de ses organes sensoriels de l'équilibre situés dans l'oreille interne (les organes vestibulaires). Il stimule en même temps ses propriocepteurs : des récepteurs situés dans ses articulations et les tendons de ses muscles, et aussi des récepteurs intramusculaires, sensibles aux étirements, qui entraînent en réponse une contraction réflexe du muscle qui les contient. Par le jeu des étirements et des contractions musculaires qui en résultent, le jeune enfant apprend à doser ses mouvements de poussée dans un sens puis dans l'autre, en même temps qu'il apprend à ajuster ses postures et ses mouvements aux poussées imprimées par les autres.

Le manège offre aux enfants les moyens de découvrir qu'ils sont capables de lui imprimer une rotation plus ou moins complète dans un sens ou dans l'autre. Il leur donne aussi la possibilité de se hisser lorsqu'ils sont sur la plante des pieds, le buste cassé et les deux mains appuyées sur le bord du manège (figure 15). Tout dans un tel dispositif est conçu pour que les enfants choisissent de l'escalader par le « pétale » relié au centre par une rampe colorée ou par l'un ou l'autre des « pétales » délimités par un bord abrupt, qui fournissent un effet de falaise.

La paroi percée d'orifices (ou « mur à grimaces »). La « paroi percée d'orifices » autorise des interactions et une communication actives de part et d'autre des orifices et du hublot. Très tôt, entre 7 et 10 mois, selon les enfants, chacun peut passer de la surface de marche ou de course à l'arrière de la paroi, et se déplacer dans le couloir (C) qui la longe. L'émergence précoce des conduites exploratoires

Fig. 15

Escalade réussie du manège par une petite fille de 16 mois et 2 semaines. Pour y parvenir, elle a cassé le buste sur le bord de la structure et s'est hissée par des tractions des bras.

Fig. 16

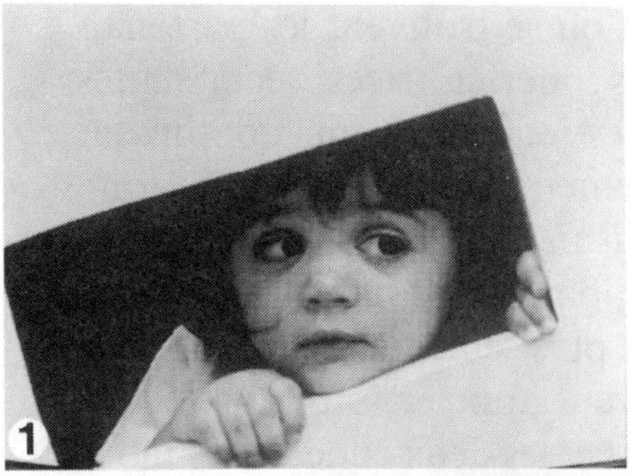

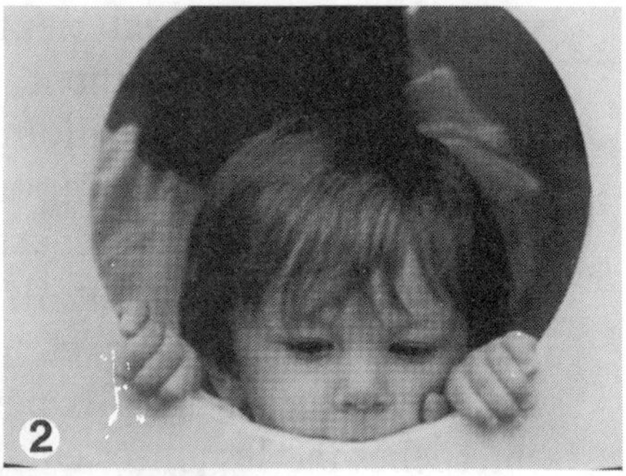

Les orifices de la paroi et les fenêtres des balustrades qui entourent les deux plates-formes constituent des postes d'observation privilégiés.

En 1, la fille est âgée de 16 mois.

En 2, le garçon est âgé de 12 mois.

En 3, le garçon est âgé de 13 mois.

Fig. 17

Dès l'âge de 8 ou 9 mois (ici le garçon a 9 mois), les enfants découvrent les possibilités qu'offrent les orifices de la paroi pour y glisser des objets, dont les dimensions sont inférieures à celles des orifices.

des enfants et la curiosité qui les anime rendent possibles ces pérégrinations dès lors qu'il y a des fenêtres permettant de voir le « monde extérieur » où se trouvent les partenaires familiers, notamment les puéricultrices sécurisantes (figure 16). Dans le couloir, les jeunes enfants continuent de développer leurs comportements, de se dresser le long de la paroi et de se déplacer d'un orifice à l'autre. Parvenus au niveau du hublot, ils apparaissent dans toutes leurs dimensions corporelles, et non plus seulement à travers leur regard et leur visage. Ils peuvent appeler, être appelés ou interpellés par les autres enfants et les deux éducatrices familières. Par sa structure, la paroi percée d'orifices met ainsi les enfants en scène, et leur fait découvrir leurs capacités à combiner sourires, rires, mimiques, vocalisations et gestes pour attirer les autres, induire l'interaction et répondre.

Certains orifices de la paroi sont masqués par un rideau (figure 13). Les enfants peuvent à tout moment y glisser leurs mains, pousser, écarter, secouer et décoller le rideau ou encore introduire un objet (figure 17). Ce sont des tendances spontanées que l'on peut déjà observer chez quelques enfants dès le 8e ou le 9e mois. Ces comportements s'accompagnent souvent de sourires, de cris et de vocalisations.

Au cours de la première moitié de la deuxième année, les enfants font très vite une découverte : leur corps peut passer entièrement de l'intérieur à l'extérieur de la paroi, ou l'inverse. Cette situation permet à chaque enfant de vivre la réalité du « devant », du « derrière », du « à travers ». Là, il peut intégrer par son vécu des concepts essentiels à la construction du schéma corporel, c'est-à-dire à la représentation mentale de son corps dans ses différentes parties.

La paroi et le couloir sont conçus pour que l'enfant ne se sente jamais dans un cul-de-sac. Dans cet esprit, le couloir est ouvert à ses deux extrémités. Par la suite, lorsque les enfants marchent et courent, c'est un ensemble de poursuites qui s'organisent tout autour de la paroi, sans qu'ils soient jamais freinés par un obstacle.

Les structures d'escalade (figures 14 et 18). Désireux de mieux cerner la construction des capacités et habiletés motrices de l'enfant dans toutes les dimensions de l'espace, nous avons conçu plusieurs dispositifs d'escalade et de descente.

• *L'escalier hélicoïdal* (figure 14). Grâce à un escalier hélicoïdal de treize marches, les enfants peuvent atteindre une plate-forme à un mètre cinquante de haut (pl. 1). Là se trouvent deux cavités en forme de nid. Une telle structure est conçue à partir de critères anthropométriques (taille, poids, envergure, etc.) et de la construction progressive des comportements enfantins. C'est pourquoi chaque marche est haute de dix centimètres et la largeur de l'escalier ne dépasse pas soixante centimètres. Recouvertes de moquette pour amortir les chutes éventuelles, les marches procurent ainsi à chacun un sentiment de confort et de sécurité.

Mais pourquoi l'escalier a-t-il une forme hélicoïdale ? En cas de chute, l'enfant glisse sur quelques marches, puis est stoppé par la configuration même de l'escalier. Par ailleurs, en progressant et escaladant marche par marche, il découvre petit à petit un environnement caché. Tout au long de l'escalade, les enfants peuvent s'appuyer à l'axe central et sur la paroi latérale circulaire. A la neuvième marche, ils se dressent s'ils le désirent le long de barreaux verticaux dont le diamètre est ajusté à leurs capacités de saisie. A ce niveau, les enfants découvrent aussi visuellement les deux puéricultrices assises à la périphérie du local. C'est alors que peuvent intervenir des appels, des sollicitations, et diverses manifestations comportementales pour attirer l'attention. Il en résulte des interactions, le plus souvent valorisantes, à la fois pour l'enfant, ses compagnons de jeu et les puéricultrices, tant la découverte des capacités de l'enfant peut sembler magique aux uns et aux autres. A partir de la neuvième marche, l'enfant s'aperçoit alors de l'existence de la plate-forme terminale, cernée par une balustrade avec des jours à intervalles réguliers. Lorsqu'ils accèdent à cette plate-forme, les enfants peuvent se déplacer par reptation ou quadrupédie, et aussi se dresser et se mouvoir le long de la balus-

.. S'ils le désirent, ils entrent ou sautent dans l'un des ux nids dont le fond, fait d'un tissu solide et souple, fourit une sensation agréable au toucher. Une infrastructure en lanières conforte la solidité du nid. En pratique, seuls ou par deux, les enfants s'allongent, se blottissent ou se recroquevillent. La balustrade interrompue à intervalles réguliers par des fentes verticales permet à chaque enfant d'observer (figure 16 : photo 3), d'appeler (les puéricultrices ou les pairs), de se sentir sécurisé et valorisé grâce à l'« ascension » réussie de l'escalier. Il peut aussi jeter des objets du haut de cette même balustrade. Il découvre ainsi ses capacités à lancer un objet de l'autre côté de la balustrade jusqu'à sa chute sur le sol. Plus tard, les enfants s'aperçoivent qu'ils sont capables de cibler leurs lancers, lorsqu'ils réussissent par exemple à projeter une ou plusieurs balles dans le manège.

• *La rampe.* Une deuxième structure d'escalade est constituée par une rampe à 45 degrés, qui conduit à une plateforme, à un mètre cinquante de haut (figure 18). Au sommet, se trouvent deux cavités remplies de balles en plastique molles et déformables (figure 14 : pl. 2). Les enfants connaissent alors la joie de se glisser dans ces bacs à balles, de sauter et même de plonger, tête la première ou en arrière. La rampe comprend, à intervalles réguliers, neuf barres transversales qui donnent à chaque enfant autant d'appuis au cours de l'escalade et de la descente. Elle est recouverte d'un matériau antidérapant. De part et d'autre de la rampe, se trouvent deux mains courantes à trente centimètres de haut. Tout enfant trouve ainsi des points d'appui dès qu'il le souhaite, en plus des barres transversales. Là encore, le diamètre des mains courantes est conçu pour que les plus petits puissent les agripper et se hisser.

• *Les autres structures d'escalade* (figure 14). Une autre structure d'escalade est un « mur à grimper », c'est-à-dire une paroi verticale percée elle-même d'orifices (Mg). Elle comprend des supports horizontaux qui fournissent des points d'appui aux pieds. Des anneaux permettent aux

Fig. 18

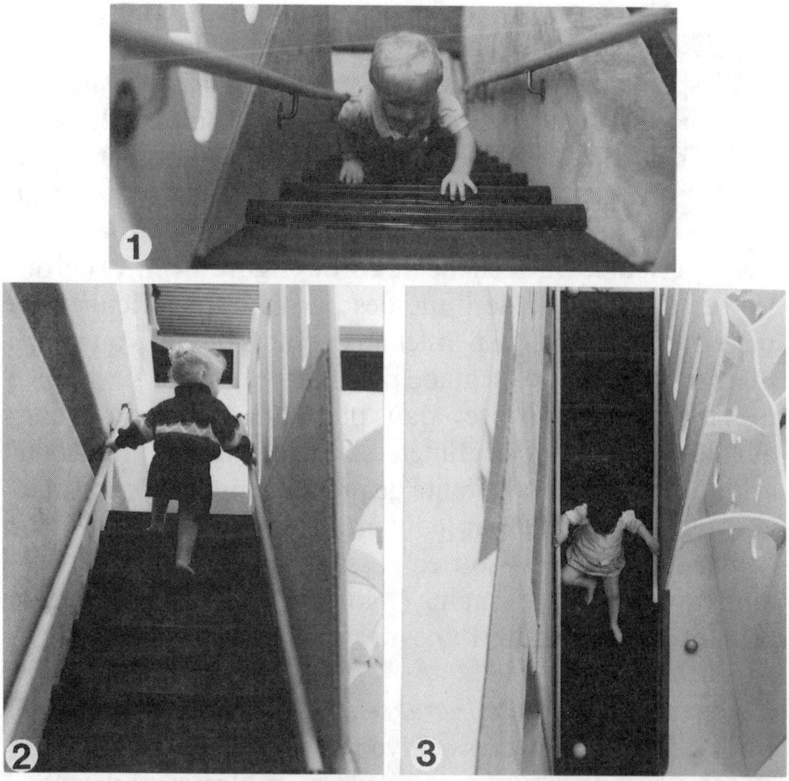

Deux escalades réussies de la rampe, l'une à plat ventre et par quadrupédie à 12 mois (photo 1), l'autre debout à 17 mois (photo 2). Une descente réussie sur les fesses à 15 mois (photo 3).

Fig. 19

A 16 mois (il s'agit ici d'un garçon), les enfants sont capables de se hisser sur la plate-forme depuis le bac à balles, en prenant appui sur une marche en mousse.

…nts d'opérer des actes de traction et de se hisser vers …partie supérieure. Ce « mur à grimper » est l'une des …parois de soutien de la plate-forme « à nids ».

L'espalier constitue aussi une structure à grimper, notamment pour les plus petits. Il en est de même pour la paroi percée d'orifices. En effet, lorsque les enfants posent le pied sur le bord des orifices inférieurs, ils peuvent se hisser au moyen des mains qui saisissent le bord inférieur des orifices supérieurs. Une échelle de corde (figure 14 : Ec) déroulée sur la longueur de l'une des parois qui soutiennent la plate-forme « à nids », permet aux enfants de 2 ans au moins d'entreprendre une escalade plus hardie. Enfin, l'existence de « marches en mousse » dans plusieurs des coins des bacs à balles de quarante centimètres de profondeur, fait découvrir aux enfants la possibilité de prendre appui sur ces « marches » et de se hisser par leurs propres moyens à l'extérieur de chacun des bacs, soit en cassant le buste et en se mettant en appui sur les mains (figure 19), soit en étendant le bras et en saisissant l'une des fenêtres verticales de la balustrade.

Les coins pour se retirer et se blottir. Le local comprend enfin des cavités, niches et alvéoles dans lesquels un, deux, ou trois enfants peuvent se réfugier, se blottir ou développer des interactions particulières. Chacun peut ainsi alterner les moments de recul ou de retrait par rapport au groupe de pairs, et ceux d'interactions actives dans les différents espaces disponibles. Chacun a aussi la possibilité d'alterner une interaction sans motricité excessive avec une interaction sur fond de motricité plus « explosive ».

Le protocole expérimental

La sécurité psychologique des enfants est assurée, nous l'avons évoqué, par la présence de deux puéricultrices familières que les enfants rencontrent quotidiennement à la crèche. Notre équipe va chercher les enfants à la crèche, grâce à un minibus spécialement équipé. Les enfants sont dévêtus dans un vestibule attenant au local expérimental. En cas de besoin, leurs couches y sont changées, et leur toilette peut être effectuée.

Les enfants sont étudiés par groupes de six. Ce chiffre n'a pas été choisi par hasard. En effet, nous nous sommes aperçus, au cours de précédentes études, que le chiffre de quatre n'est pas toujours suffisant pour que des enfants de 1 à 2 ans développent entre eux des interactions diversifiées et dynamiques. Lorsqu'ils sont au nombre de huit ou davantage, avec deux puéricultrices présentes, les situations de conflit et de compétition ont une forte probabilité de se multiplier, surtout à partir de 15-16 mois, et d'engendrer des isolements, des pleurs et de la détresse, qui peuvent empêcher l'émergence des compétences réelles de la plupart des enfants.

La composition du groupe d'enfants est stable tout au long de l'étude. Elle comprend trois garçons et trois filles du même âge. Si l'un des enfants manque, à cause d'une maladie ou pour toute autre raison, il est remplacé par un enfant de la même population et de la même crèche. Toutes les deux semaines, chaque groupe d'enfants est accueilli dans le local expérimental. Les sessions filmées ont lieu le mardi ou le jeudi, c'est-à-dire à des jours qui se caractérisent par une certaine stabilité des comportements et des rythmes*. On suit donc les différents groupes à intervalles réguliers sur toute l'année, et d'une année à l'autre, à l'exception des périodes de vacances.

Lorsque le groupe d'enfants pénètre dans le local expérimental, un signal sonore permet de synchroniser six caméras vidéo. Certaines d'entre elles sont fixes ; d'autres portées à l'épaule permettent de varier l'angle des prises de vues et d'obtenir des gros plans. Les six caméras sont ainsi disposées que l'on perd très peu d'informations. Elles sont manipulées depuis deux galeries. L'une, inférieure, entoure

* Montagner, 1983 ; Montagner *et al.*, 1982.

.etement la partie basse du local (figure 13). L'autre, .:rieure, ceinture le haut du local (figure 19). Les camé- .men peuvent ainsi se déplacer aisément à tout moment. La galerie supérieure peut admettre d'autres puéricultrices de la crèche ou d'autres crèches et, de façon générale, d'autres personnes, professionnelles ou non, dont les tâches s'exercent dans le domaine de la petite enfance. Il peut s'agir d'éducatrices de jeunes enfants, de puéricultrices, d'auxiliaires de puériculture, d'infirmières, mais aussi de médecins, de pédiatres, de pédopsychiatres, de psychiatres, de psychologues et de chercheurs. Enfin, il est possible d'accueillir des pères, des mères, des grands-parents qui, en position de retrait et toujours dans le noir, peuvent observer les évolutions de l'enfant et du groupe d'enfants. Chacun découvre alors toute la gamme des compétences enfantines.

Chaque session d'étude dure trente minutes. On peut ainsi étudier en continu les fluctuations dans le comportement et les activités des différents enfants.

L'analyse des films vidéo

Au cours de cette analyse, deux à quatre chercheurs utilisent une grille de deux cent cinquante items regroupés en trois catégories :

1. Les items de posture et de motricité;
2. Les items d'interaction et les comportements sociaux;
3. Les items d'utilisation et de manipulation des trois types d'objets laissés à la disposition des enfants : les coussins disposés sur la surface de marche et de course, les balles qui remplissent les deux cavités de l'une des plates-formes, les rideaux qui masquent les orifices de l'un des panneaux du « mur à grimaces » (ils adhèrent à la paroi grâce à une bande velcro, et peuvent donc être décollés, arrachés et recollés).

Les chercheurs progressent par consensus. Ils relèvent l'un ou l'autre des deux cent cinquante items répertoriés en se concertant sur leur choix. L'analyse se fait à la seconde près, ou au 1/10 ou 1/50 de seconde, si l'analyse de la dynamique précise d'une succession de gestes est souhaitée. Seules des études effectuées à la seconde près sont rapportées ici. La fréquence et la durée de chaque type de comportement sont relevées pour chaque enfant. C'est le cas par exemple des épisodes de reptation, de quadrupédie, de déplacement sur les fesses, de station assise, ceux aussi de marche ou de course. Chaque épisode commence dès qu'un enfant rampe, se déplace à quatre pattes, etc. Il s'achève quand le comportement n'est plus manifesté. Les calculs statistiques permettent de calculer ensuite une moyenne par enfant et par mois de tous les comportements mesurés. Celle-ci permet de comparer l'évolution d'un comportement, d'un mois à l'autre, pour tout un groupe d'enfants. Cette évolution dans le temps n'oublie pas le « taux de pratique » des différents enfants, c'est-à-dire le degré de fréquentation de l'espace expérimental par chacun. On peut ensuite étudier le développement de l'enfant en se fondant sur l'âge, le sexe, la fréquence des venues dans le local expérimental, et d'autres variables comme l'existence ou non de structures d'escalade dans le milieu familial, ou encore l'existence ou non d'interdits par rapport à cette pratique.

Il a été possible, à ce jour, de suivre dix-sept enfants accueillis en crèche dès la fin du congé de maternité de leur mère. Les études débutent avec des enfants dont les âges s'échelonnent entre 8 et 11 mois, selon les groupes. Vivant ensemble dans la même crèche pendant plusieurs jours de la semaine, ils ont donc pu se familiariser les uns aux autres depuis 3 à 5 mois.

Nous avons également suivi des populations d'enfants accueillis en pouponnière médicale, soit pour des raisons sociales (enfants abandonnés par leur famille, enfants maltraités), soit parce qu'ils présentent des difficultés ou troubles du développement, tant au plan psychologique qu'au plan somatique. Le développement d'enfants qui souffrent de graves troubles du développement et d'enfants psychotiques accueillis en hôpital de jour (une structure où ils reviennent tous les jours et qu'ils quittent en fin de journée), est aussi l'objet de nos recherches. Enfin, des enfants infirmes moteurs cérébraux sont suivis grâce à la collaboration d'une institution qui les accueille à Montpellier. Mais je ne rapporterai ici qu'une partie des résultats.

LES ENFANTS ACCUEILLIS EN CRÈCHE : L'ÉMERGENCE ET LE DÉVELOPPEMENT DE LEURS CAPACITÉS MOTRICES, INTERACTIVES ET COGNITIVES ENTRE 8 ET 20 MOIS

L'évolution temporelle de trois indicateurs de développement

Une entreprise qui se propose d'étudier le développement de différents enfants d'un mois à l'autre, pendant une année entière, doit d'abord définir des indicateurs qui soient des repères du développement pour tous. Ce sont des éléments qui apparaissent toujours à un moment ou un autre, quelles que soient les caractéristiques de l'enfant, les aspects culturels et ethniques de son environnement familial. Entre 8 et 10 mois, la majorité des enfants (tous à 11 mois) apparaissent capables de se dresser et de se déplacer debout le long de l'espalier, de la paroi percée d'orifices et/ou du manège. Ils découvrent en même temps, nous l'avons vu, leur capacité à introduire des objets dans les orifices dont les dimensions sont suffisantes (figure 17). Cependant, nous avons choisi les épisodes de quadrupédie, de station assise et de marche comme indicateurs du développement. Bien entendu, la marche peut émerger chez un enfant avant même qu'il ne se déplace à quatre pattes : nous ne préjugeons pas la chronologie de leurs émergences. La figure 20 montre que les épisodes de quadrupédie et de position assise évoluent de la même façon, à partir du neuvième mois jusqu'à l'âge de 19 mois*. Après une augmentation significative de leur fréquence entre 9 et 10 mois, ces épisodes diminuent de manière progressive et non significative d'un mois à l'autre, jusqu'à l'âge de 15 mois (sauf entre 12 et 13 mois où ils diminuent de façon significative pour la position assise). En revanche, la fréquence des épisodes de quadrupédie et de station assise diminue de façon significative entre 15 et 16 mois. Cet âge apparaîtra, nous le verrons, comme l'une des charnières du développement moteur et interactif de l'enfant. La fréquence des épisodes de marche augmente d'abord brusquement entre 12 et 13 mois. Puis on observe des alternances de forte augmentation entre 14 et 15 mois, puis entre 16 et 17 mois, et de diminution non négligeable, surtout entre 15 et 16 mois.

Le développement de la fréquence des épisodes de marche n'est donc pas un phénomène linéaire ou exponentiel. C'est un phénomène qui croît, mais par à-coups, comme d'autres aspects du développement. Sur la figure 20, on voit que l'évolution de la fréquence des épisodes de marche entre 11 et 13 mois reproduit inversement celle de la quadrupédie et de la station assise. En clair, elle augmente de plus en plus rapidement, en même temps que diminue la fréquence des épisodes de quadrupédie et de station assise. Cette évolution « en miroir » se poursuit à partir de 15 mois, après une phase de stabilisation entre 13 et 14 mois où les fréquences de la quadrupédie, de la station assise et de la marche sont comparables.

Par conséquent, l'âge de 11 à 13 mois constitue une sorte de charnière, puisque trois processus de développement s'y croisent. (C'est aussi entre 11 et 13 mois que nous observons des modifications importantes dans le rythme veille-sommeil : le nombre des épisodes de sommeil diminue de façon significative, alors que leur durée moyenne aug-

* Montagner *et al.*, 1992.

Fig. 20

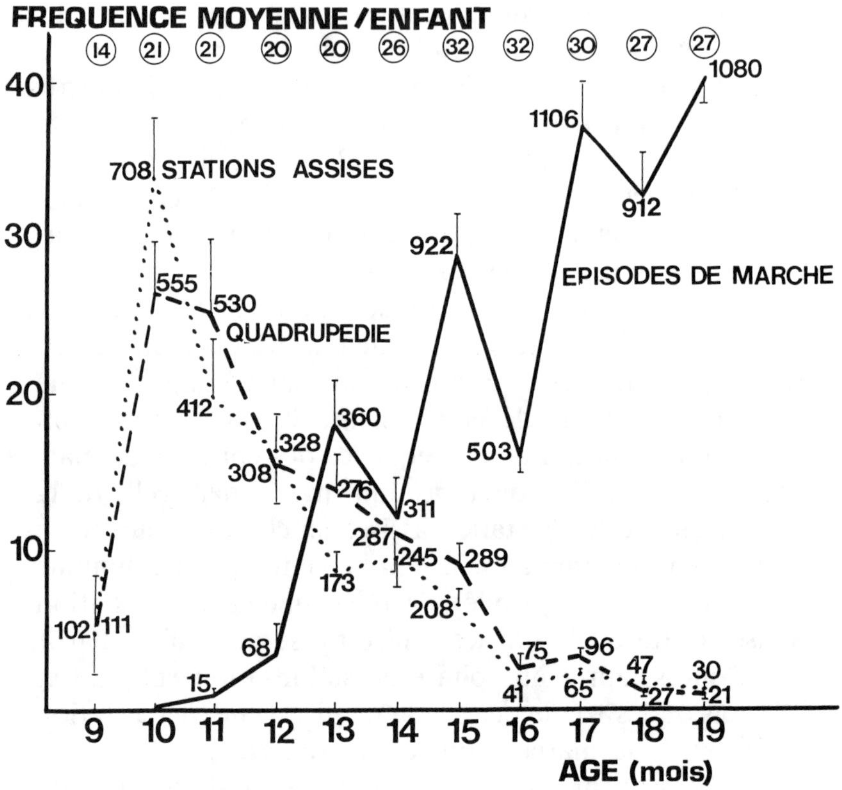

Évolution de la fréquence moyenne, par enfant, des épisodes de station assise, de quadrupédie et de marche de 17 enfants, entre le 9e mois (9 : données recueillies entre l'âge de 8 mois et 8 jours et l'âge de 9 mois et 7 jours) et le 19e mois (19 : données recueillies entre l'âge de 18 mois et 8 jours et 19 mois et 7 jours). Chaque moyenne mensuelle est calculée par « enfant-session », c'est-à-dire en divisant le nombre des occurrences observées chaque mois pour chaque item (chiffres en regard de chaque moyenne) par le nombre des enfants de cet âge (chiffres figurant dans un cercle, dans la partie supérieure de la figure). Les moyennes sont représentées avec l'erreur standard.

mente, elle aussi de façon significative*). Une fois la marche découverte et maîtrisée, l'enfant cesse donc petit à petit d'alterner la progression sur quatre points d'appui (quadrupédie) et les pauses en position assise.

L'émergence et le développement des habiletés motrices qui permettent la conquête de la troisième dimension de l'espace

Nous dégageons cinq phases dans l'émergence et le développement de nouvelles habiletés motrices :

a. Une phase d'émergence des habiletés motrices qui permettent à l'enfant d'explorer la troisième dimension de l'espace. Elle s'étend de 8 à 12 mois.

b. Une phase de consolidation de ces nouvelles habiletés de 12 à 14 mois, selon les types d'acquisition.

c. Une phase charnière de diversification des habiletés motrices et des modalités d'escalade et de descente de l'escalier et de la rampe. Elle est aussi caractérisée par une prédominance croissante des progressions debout. Elle s'échelonne de 14 à 16 mois.

d. Une phase de complément et d'accentuation des habiletés motrices de 16 à 18 mois.

e. Une double phase d'expansion entre 18 et 20 mois, qui est à la fois celle des conquêtes de l'espace et des interactions et comportements sociaux avec les pairs. Les enfants diversifient alors l'occupation des différents lieux auxquels ils accèdent.

Examinons plus précisément ces cinq phases :

a. *La phase d'émergence des habiletés motrices qui permettent à l'enfant d'explorer la troisième dimension de l'espace (8 à 12 mois)*

La figure 21 montre que, dès le 9e mois, des escalades

* De Roquefeuil *et al.*, 1992.

partielles de l'escalier hélicoïdal de treize marches sont observées chez un petit nombre d'enfants. En pratique, deux enfants sur dix-sept escaladent à quatre reprises trois et six marches. Les treize marches sont maîtrisées pour la première fois par l'un d'eux entre 10 et 11 mois. La moitié des enfants escaladent entre deux et neuf marches avant l'âge de 12 mois comme l'indique la figure 22. Ils le font tous à 16 mois. L'« ascension » complète est réalisée à 13 mois par la moitié des enfants et par tous à 17 mois.

La figure 22 montre les créneaux d'âges au cours desquels émergent les capacités de 15 des 17 enfants à escalader partiellement ou totalement l'escalier hélicoïdal de treize marches. Ces créneaux d'émergence sont beaucoup plus précoces que ne l'indiquent les échelles de développement, les études cliniques et les études expérimentales. Saint-Anne d'Argassies, par exemple, situe à 18 mois l'âge auquel deux enfants sur trois sont capables d'escalader un escalier (1982). Les âges donnés par différentes échelles de développement sont plus tardifs. Selon Noller et Ingrisano (1983), l'escalade et la descente de trois marches sans l'aide d'un adulte ont lieu respectivement entre 42 et 47 mois et 48 et 53 mois. Pour Bayley (1969), c'est à 30 mois.

La figure 23 montre que des escalades de la moitié inférieure de la rampe sont déjà observées entre 8 et 9 mois. La première est réalisée dans notre population d'enfants par un enfant âgé de 7 mois et 3 semaines. Le créneau d'émergence de cette habileté motrice est plus large que pour l'escalier. En effet, près de la moitié des enfants (47 %) escaladent pour la première fois moins de la moitié inférieure de la rampe avant 15 mois, trois avant 12 mois et tous à 20 mois. Cette structure est complètement maîtrisée à 10 mois par un enfant, avant 16 mois par 58 % des enfants, et à 21 mois par tous.

Si on considère maintenant les modalités de l'escalade, la position debout, même si elle est encore rare (quatre occurrences), est déjà observée sur l'escalier à 12 mois. Elle

Fig. 21

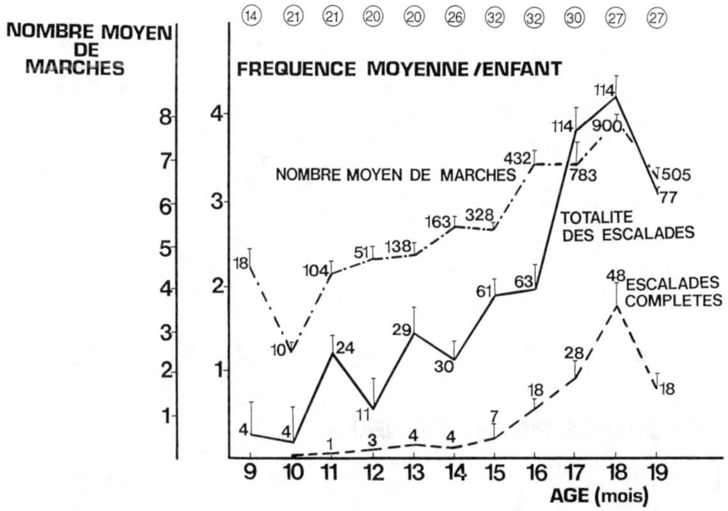

Évolution, entre le 9e et le 19e mois, du nombre moyen de marches de l'escalier hélicoïdal qui sont gravies, par escalade, par les 17 enfants de la figure 20, de la fréquence moyenne (par enfant) de la totalité des escalades (cumul des escalades « partielles » de 2 marches au moins et 9 marches au plus), et des escalades dites « complètes », c'est-à-dire de 10 à 13 marches ; (nous avons cumulé les escalades à partir de la marche 10, c'est-à-dire lorsque les enfants peuvent se mettre debout en appui sur la rampe de l'escalier, et découvrir en même temps le sommet de la plate-forme terminale et les deux puéricultrices en contrebas). Les moyennes sont représentées avec l'erreur standard.

Fig. 22

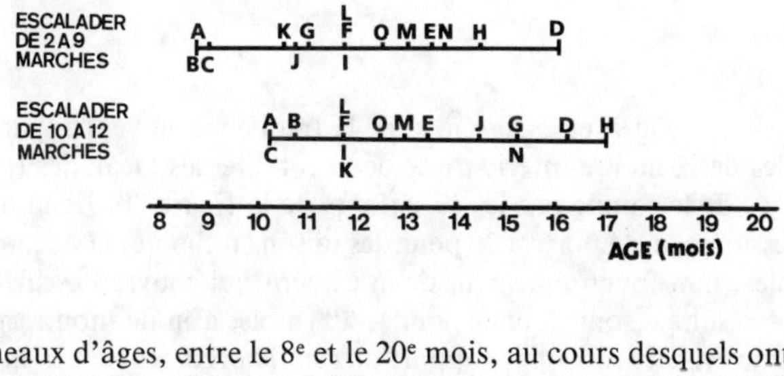

Créneaux d'âges, entre le 8e et le 20e mois, au cours desquels ont été observées, chez 15 enfants de notre échantillon, les émergences des comportements « se dresser le long de la paroi percée d'orifices », « se pencher dans le hublot », « passer la tête dans l'un des orifices de la paroi », « escalader de 2 à 9 marches de l'escalier hélicoïdal », « escalader de 10 à 12 marches de l'escalier hélicoïdal ». Deux des enfants ne figurent pas sur cette figure, en raison de plusieurs absences.

Fig. 23

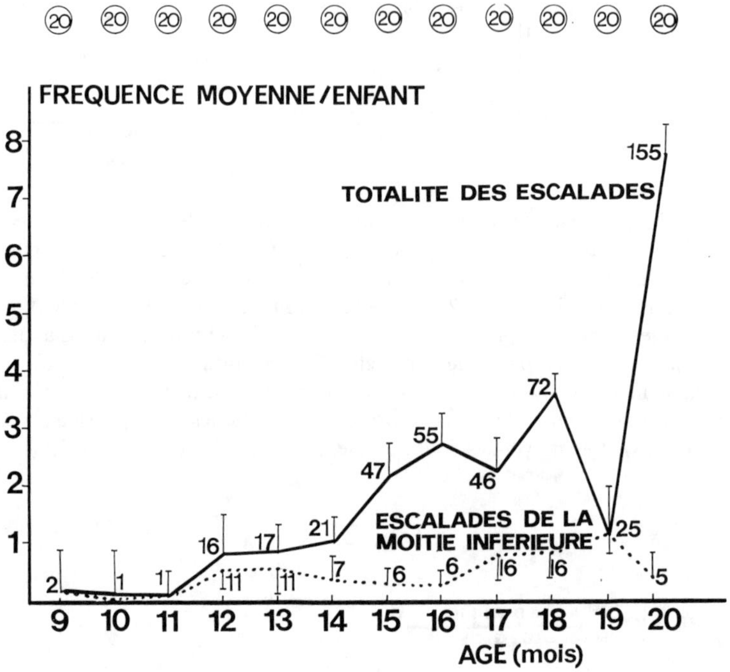

Évolution, entre le 9e et le 20e mois, de la fréquence moyenne (par enfant) des escalades de la moitié inférieure et de la totalité des escalades (partielles + complètes) de la rampe par les 17 enfants de la figure 20. Le nombre des « enfants-sessions » a été porté à 20 pour des raisons techniques (vidéo-cassettes inexploitables, non-fonctionnement de la caméra qui couvre l'escalade de la rampe). Les résultats sont donnés pour le 20e mois, afin de montrer l'évolution qui caractérise ce mois par rapport aux mois précédents. Les moyennes sont représentées avec l'erreur standard.

Fig. 24

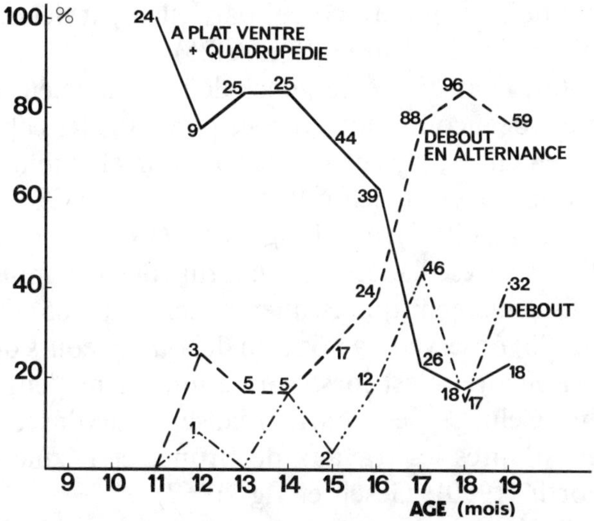

Évolution du 9e au 19e mois du pourcentage d'escalades de l'escalier qui sont effectuées à plat ventre ou par quadrupédie (sur les pieds ou sur les genoux), complètement debout (« debout ») ou debout en alternance avec la quadrupédie et la progression à plat ventre (« debout en alternance »), chez les 17 enfants de notre échantillon.

Fig. 25

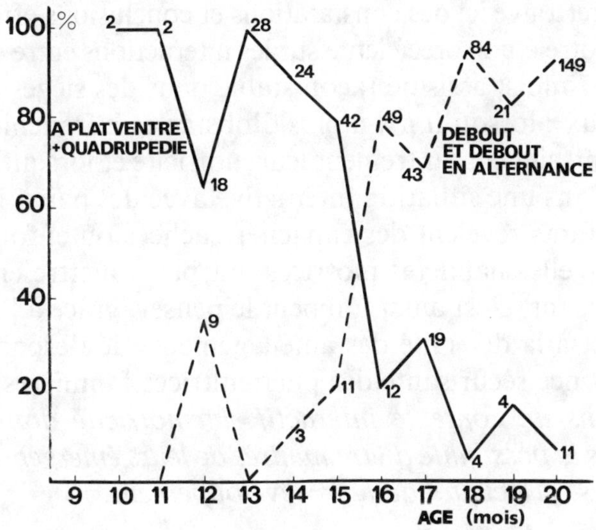

Évolution du 9e au 19e mois du pourcentage d'escalades de la rampe qui sont effectuées à plat ventre ou par quadrupédie (sur les pieds ou sur les genoux), ou debout complètement, ou en alternance avec la quadrupédie et la progression à plat ventre et/ou sur les fesses (« debout et debout en alternance »), chez les 17 enfants de notre échantillon.

est surtout utilisée en alternance avec la quadrupédie ou la position à plat ventre (figure 24). Les premières escalades de la rampe qui sont effectuées partiellement debout, sont aussi observées à 12 mois (figure 25).

Au total, là aussi, l'émergence de l'escalade en position debout est beaucoup plus précoce que dans les échelles de développement et, plus généralement, dans la bibliographie scientifique. En effet, selon Brunet et Lézine (1965), Bates, Ames et coll. (1983), et Illingworth (1990), les marches d'escaliers sont escaladées par quadrupédie à 15 mois. C'est à 18 mois seulement que Brunet et Lézine (1965) et Illingworth (1990) observent la position debout au cours des escalades. Et encore, c'est lorsqu'un adulte tient l'enfant par la main. Celui-ci peut enfin réaliser seul l'ascension à 24 mois, d'après les travaux de Brunet et Lézine (1965), Illingworth (1990), Gesell et Ilg (1967).

Par conséquent, lorsque les enfants peuvent investir un espace diversifié, et découvrir l'escalade à leur initiative et en observant les autres, ils apparaissent capables de maîtriser leur équilibre corporel en position debout au cours d'une escalade, dès la fin de la première année ou au début de la deuxième année, qu'il s'agisse d'un escalier hélicoïdal ou d'une rampe.

On retrouve ici des constatations et conclusions effectuées dans notre étude précédente sur les interactions entre enfants de 4 à 7 mois, assis de façon stable dans des sièges expérimentaux : lorsqu'il n'y a plus d'obstacles infranchissables qui contraignent ou freinent leur motricité et lorsqu'ils évoluent dans une situation interactive avec des pairs, les jeunes enfants révèlent des capacités cachées ou enfouies. Si de nouvelles habiletés motrices ont pu se mettre en place rapidement, c'est aussi, on peut le penser, grâce à l'attractivité et à la diversité des aménagements de l'espace, et à la présence sécurisante des puéricultrices familières. *Libérée dans un contexte interactif, la motricité donne aux enfants la possibilité d'être maîtres de leurs émergences corporelles, et acteurs de leur développement.*

b. *La phase de consolidation des nouvelles habiletés motrices.*

Cette phase s'échelonne entre 12 et 14 mois. Elle est caractérisée par la faible progression de la fréquence des escalades (escalier et rampe), et celles qui vont à leur terme ne sont pas fréquentes (figures 21 et 23). Les enfants utilisent encore peu la position debout en escaladant ou en descendant (figures 24 à 27). Parmi les modalités posturales et locomotrices, la quadrupédie, la progression à plat ventre et les pauses en position assise ou la progression sur les fesses pour les descentes, prédominent. Entre 12 et 14 mois, lorsqu'ils maîtrisent mieux la marche, les enfants paraissent ainsi consolider progressivement et prudemment les habiletés motrices nouvellement acquises : ils conservent souvent quatre appuis (les mains et les pieds), et la sécurité de la position assise lors des pauses et changements de posture, qui jalonnent la progression pendant l'escalade et surtout la descente.

L'aventure motrice apparaît alors comme un phénomène maîtrisé. Il ne s'agit pas d'actes impulsifs, automatiques ou semi-automatiques, qui feraient de l'enfant le jouet de sa maturation motrice et de sa croissance. Ce sont les enfants eux-mêmes qui choisissent de conserver la position à plat ventre, la quadrupédie, la position assise et la progression sur les fesses, même s'ils maîtrisent de mieux en mieux la marche et utilisent de moins en moins la quadrupédie et la station assise au cours de leurs déplacements sur le sol (figure 20).

Par ailleurs, c'est aussi entre 12 et 14 mois que les enfants manifestent les premières tentatives d'escalades d'autres structures verticales, qui n'évoquent pas a priori ce comportement, en l'occurrence le hublot et le manège, mais ici aussi à l'état d'ébauches « prudentes ».

Deux types d'organisations motrices sont observées lorsqu'ils se penchent dans le hublot ou se hissent sur la pointe des pieds, le long du manège :

— En appui avec les mains sur le bord du hublot ou du

Fig. 26

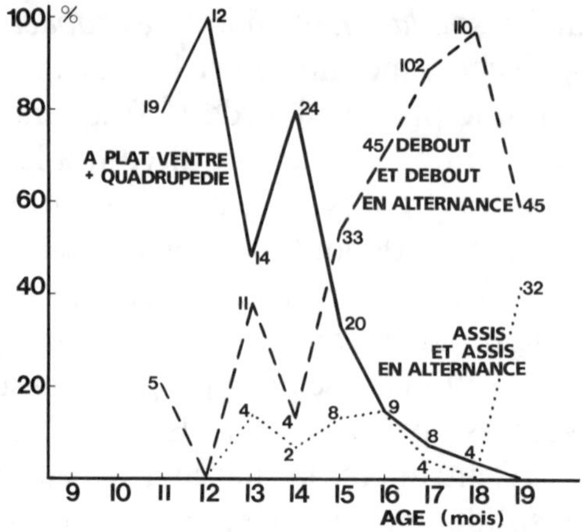

Évolution du 9e au 19e mois du pourcentage de descentes de l'escalier qui sont effectuées à plat ventre ou par quadrupédie (sur les pieds ou sur les genoux), debout complètement ou en alternance avec la quadrupédie, la progression à plat ventre ou la progression sur les fesses (« debout et debout en alternance »), ou selon d'autres modalités, c'est-à-dire assis complètement ou en alternance avec la quadrupédie ou la progression à plat ventre (« assis et assis en alternance »), chez les 17 enfants de notre échantillon.

Fig. 27

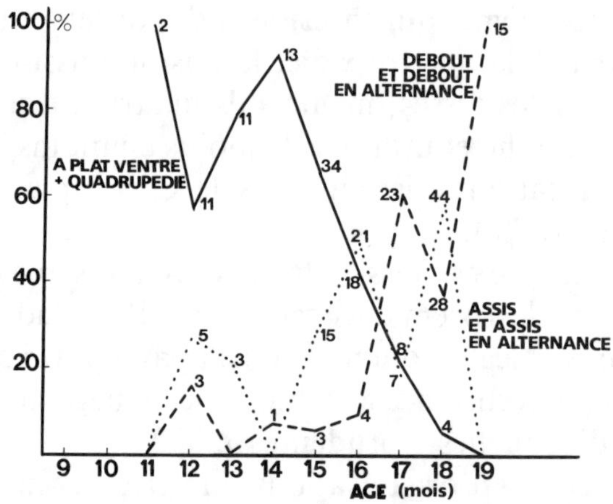

Évolution du 9e au 19e mois du pourcentage de descentes de la rampe qui sont effectuées à plat ventre ou par quadrupédie (sur les pieds ou sur les genoux), debout complètement ou en alternance avec la quadrupédie, la progression à plat ventre ou la progression sur les fesses (« debout et debout en alternance »), et assis complètement ou en alternance avec la progression à plat ventre et la quadrupédie (« assis et assis en alternance ») chez les 17 enfants de notre échantillon. Le nombre total des occurrences est inférieur à celui des escalades de la figure 25, parce que certains enfants restent dans les bacs à balles après la fin des sessions, et d'autres appellent les puéricultrices pour qu'elles viennent les chercher sur la plate-forme.

manège, ils lèvent une jambe en extension le long de la structure. Dans quelques observations, ils parviennent à poser le pied sur le bord du manège ou du hublot. Ils enchaînent par des poussées de la jambe en extension et des mouvements de traction avec les bras et le buste, essayant ainsi de franchir le hublot ou de se hisser sur le manège.

— Les mains rapprochées, ils poussent sur les jambes et cassent le buste sur le bord du hublot ou du manège, en un mouvement de bascule vers l'avant. Mais nous n'avons jamais observé, à ces âges, le franchissement du hublot ou le basculement du corps à l'intérieur du manège.

Enfin, un enfant sur trois essaie de faire tourner le manège. Il y réussit presque toujours, mais de façon très limitée, puisque le manège effectue seulement une rotation de quelques degrés angulaires ou d'un demi-tour au maximum.

Ces données montrent que les jeunes enfants, entre 12 et 14 mois, ne font pas n'importe quoi, n'importe comment, dans n'importe quel contexte. C'est chacun qui décide de commencer l'escalade, de s'arrêter « en cours de route », de descendre à tel ou tel moment, soit d'une traite, soit par étapes. C'est chacun qui conserve ses quatre points d'appui et la sécurité de la position assise, alors qu'il est parfaitement capable de se mettre debout et de marcher. Cela souligne la maîtrise que les enfants ont déjà dans le contrôle de leurs habiletés motrices.

On s'interroge dès lors sur la notion de danger qui germe parfois dans l'esprit des parents, et des adultes qui accueillent les jeunes enfants en dehors de leur milieu familial. En fait, les enfants et leurs pairs apparaissent comme les seuls juges de leurs capacités locomotrices et de leurs capacités de progression. Dans notre local expérimental, les puéricultrices dont la consigne est d'intervenir seulement lorsqu'elles voient ou sentent un enfant en danger ou en détresse, laissent faire. Elles deviennent ainsi très attentives à chaque enfant, et au développement de ses aptitudes et habiletés motrices. Conséquence : l'enfant ne perçoit ni angoisse ni danger dans l'attitude des personnes familières qui l'entourent. Elles lui donnent confiance et le sécurisent.

Tout change lorsque, au cours d'autres sessions, hors protocole, des mères et des parents choisissent de rester sur place, alors que leur enfant se trouve dans le local aménagé au sein de l'unité de recherche. Avant même de prendre l'initiative d'une activité motrice qui n'est pas ordinaire, une escalade par exemple, il est fréquent que les enfants se tournent et se détournent en direction de leur mère ou de leurs deux parents, comme pour quêter leur approbation. Souvent dans le visage de l'adulte se lisent l'anxiété et une tension corporelle qui indique une intention d'intervenir, avant même que l'enfant ne commence l'activité. Parfois, ce sont des exclamations et des paroles ; elles exhortent l'enfant à être prudent, à faire attention. A d'autres moments, c'est un visage rose d'émotion et « plissé » de préoccupation.

Le résultat est clair. Soit les enfants ne poursuivent pas leur élan, et ne s'aventurent donc pas dans l'escalier ou la rampe. Ou alors, après une amorce d'escalade, sentant leur environnement insécurisé, ils apparaissent eux-mêmes insécurisés. Il peut s'ensuivre des gémissements, des pleurs et finalement la chute avant que l'enfant n'atteigne le milieu de l'escalier, surtout s'il est un peu bousculé par d'autres enfants, lesquels n'hésitent pas, en l'absence de leurs propres parents, à escalader et à descendre, surtout lorsqu'ils sont habitués à venir dans le local expérimental.

Cette constatation doit nous alerter sur l'intérêt que représente l'aménagement des espaces dans les structures d'accueil des jeunes enfants. Lorsqu'une famille confie son enfant à une aide maternelle, une crèche, une halte-garderie ou d'autres structures, notre étude suggère une recommandation : les enfants qui rencontrent d'autres enfants dans un nouvel environnement, doivent avoir la possibilité d'évoluer en activité libre dans des espaces bien aménagés, en présence d'adultes pleinement avertis de leurs capacités. Les parents et les personnes qui accueillent les enfants peuvent ainsi avoir un regard, des comportements, des habitudes,

des pratiques et un discours qui donnent confiance, sécurisent et valorisent. Un jeune enfant ne « se tuera » pas dans un tel climat ; il peut déjà être responsable dans son fonctionnement corporel.

c. *La phase charnière de diversification des habiletés motrices et des modalités d'escalade et de descente de l'escalier et de la rampe.*

Cette phase, qui s'échelonne de 14 à 16 mois, se caractérise par plusieurs phénomènes.

• L'émergence de nouvelles habiletés motrices.

Environ 30 % des enfants passent complètement d'un côté à l'autre de la paroi en la traversant par l'un ou l'autre des orifices. Chacun peut alors découvrir, à l'échelle de son corps, sa capacité à passer d'un espace à un autre, d'avant en arrière et d'arrière en avant. Comme nous l'avons évoqué, ce sont les concepts de « derrière », « devant », « à travers » qui peuvent « prendre corps ». En outre, la perception de la profondeur et des distances change avec le mouvement du corps, selon qu'il s'effectue de l'espace ouvert de locomotion au couloir, ou inversement. C'est une partie non négligeable des perceptions et des concepts relatifs à l'espace dans ses différentes dimensions, qui peuvent se construire à travers le vécu corporel de l'enfant. Les tentatives de franchissement du hublot avec le corps cassé ou la jambe levée en extension sont observées chez tous les enfants. Alors que le tiers des enfants suivis sont sur le point d'y parvenir (figure 28), deux réussissent ce premier franchissement. Là encore, ce sont les concepts de « derrière », « devant », « à travers », qui sont nourris par l'activité motrice de celui qui est à la frontière de deux espaces, et a fortiori de celui qui la franchit.

• Le développement des habiletés et régulations motrices au cours des escalades et des descentes de l'escalier et de la rampe.

Nous nous sommes particulièrement intéressés, comme dans les précédentes classes d'âge, au développement des comportements d'escalade et de descente de l'escalier et de la rampe, et à l'évolution des modalités posturales et motrices qui sont alors mobilisées.

De 14 à 16 mois, la fréquence de l'ensemble des escalades de l'escalier et de la rampe, surtout celles qui sont complètes, augmente de façon très significative, comme l'attestent les figures 21 et 23 (elle est doublée pour l'escalier et presque triplée pour la rampe). La figure 21 montre que les enfants sont aussi capables d'escalader un nombre croissant de marches.

Au cours des escalades de l'escalier, on observe une forte augmentation de la fréquence des progressions debout, le plus souvent en alternance avec la quadrupédie. Le pourcentage de ce mode de progression passe en effet de 14,3 % à 14 mois à près de 48 % à 16 mois (figure 24).

Le pourcentage des descentes de l'escalier, dans lesquelles les enfants alternent la position debout et d'autres modes, passe de 13,30 % environ à 14 mois à 71,4 % à 16 mois (figure 26). Parallèlement, la représentation des descentes sur le ventre ou à quatre pattes passe de 80,6 % à 14,20 % (les autres modalités sont des descentes sur les fesses).

La position debout est aussi de plus en plus utilisée, et de mieux en mieux maîtrisée, au cours de l'escalade de la rampe. La représentation des positions debout dans l'escalade de la rampe entre 14 et 16 mois croît fortement, puisqu'elle passe de 11,1 % à 80,30 % (figure 25).

Une observation plus précise du comportement de l'enfant montre que ce phénomène est dû essentiellement à l'augmentation importante de la fréquence des progressions « debout » selon le mode « debout-rattrapé ». Dans celles-ci, le pied arrière appuyé sur la barre transversale du niveau inférieur est ramené au niveau du pied d'attaque, sur la même barre transversale. Par ailleurs, la représentation des positions « debout-alterné » est quasiment doublée. En clair, l'alternance des pieds devient celle de la marche.

En même temps que la progression à plat ventre et par quadrupédie chute au cours des escalades de la rampe, elle

Fig. 28

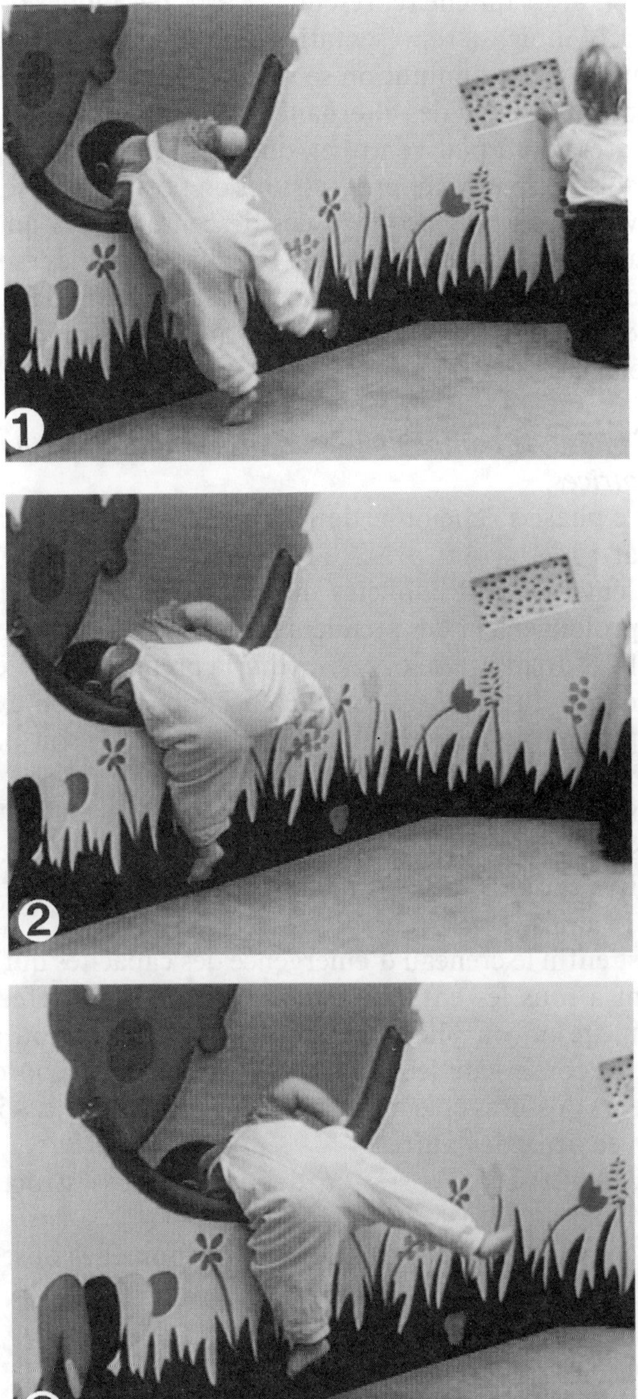

Franchissement presque réussi du hublot par un garçon de 16 mois.

diminue aussi beaucoup au cours de la descente (figure 27). En effet, alors qu'elle représente 92,9 % des modes de descente à 14 mois, sa représentation est seulement de 41,9 % à 16 mois. Cette diminution se fait au bénéfice des descentes sur les fesses ou des alternances de cette modalité, avec la progression à plat ventre et/ou la progression debout : à 16 mois, les pauses et progressions en position assise sont observées dans près de 49 % des descentes, alors qu'elles ne sont pas observées à 14 mois. Parallèlement, les enfants descendent plus souvent debout, mais cette modalité est encore peu fréquente (9,3 % à 16 mois contre 7,1 % à 14 mois).

d. *La phase de complément et d'accentuation des habiletés motrices.*

Cette phase s'échelonne de 16 à 18 mois. Elle se caractérise par :

• L'émergence d'habiletés motrices complémentaires.

En prolongement des premiers franchissements du hublot entre 14 et 16 mois, on observe pour la première fois l'escalade réussie du manège, soit par la jambe levée en extension, puis le pied posé en appui sur le rebord, soit par le buste cassé et tiré vers le haut (figure 15).

Reposant sur d'autres organisations motrices, les premières escalades partielles de l'espalier, de la paroi percée d'orifices et du « mur à grimper », apparaissent aussi entre 16 et 18 mois.

C'est enfin le créneau d'émergence des capacités qui permettent à tous les enfants, en courant, de faire effectuer au manège un ou plusieurs tours complets avec ou sans pause, en conservant leur équilibre corporel, et en coordonnant leurs postures et leurs mouvements des bras et des jambes, avec ceux des autres.

• La maîtrise de la station debout dans les structures d'escalade.

On constate une accentuation des phénomènes observés entre 14 et 16 mois.

Entre 16 et 17 mois, il y a de nouveau une augmentation significative de la fréquence des escalades partielles et complètes de l'escalier (figure 21).

Considérant les modes de progression, il y a effondrement de la représentation de la quadrupédie et des escalades à plat ventre, puisque leur représentation passe de 48 % à 16 mois, à 16,2 % à 17 mois (figure 24). Il se fait au bénéfice des escalades debout, soit complètement tout au long de l'escalade (28,8 %), soit en alternance avec la quadrupédie ou la progression à plat ventre (55 %).

La même évolution est observée au cours des descentes (figure 26). En effet, la représentation des progressions à plat ventre ou par quadrupédie passe de 14,2 % à 16 mois à 7 % à 17 mois ; celle des progressions debout, tout au long de la descente ou en alternance avec d'autres modes (plat ventre, quadrupédie, sur les fesses), évolue de 71,4 % à 16 mois à 89,4 % à 17 mois.

Si l'on considère la rampe, on observe une pause dans la fréquence des escalades et dans les évolutions respectives, au cours des escalades, des progressions debout et à plat ventre ou par quadrupédie. En revanche, au cours des descentes, la progression debout devient nettement majoritaire (60,5 %) par rapport aux progressions à plat ventre ou par quadrupédie (21 %) et sur les fesses (18,5 %).

Entre 17 et 18 mois, il y a une augmentation comparable de la fréquence des escalades complètes de l'escalier et de la rampe (figures 21 et 23). L'évolution des modes d'escalade et de descente de l'escalier se poursuit dans la même direction : la progression debout, seule ou en alternance avec d'autres modes, est observée dans 86,2 % des escalades et 96,5 % des descentes (figures 24 et 26).

Si on considère les escalades de la rampe, l'évolution est encore plus marquée. A 18 mois, en effet, 95,5 % des escalades de la rampe sont effectuées debout (moins de 5 % sont donc réalisées sur le ventre et à quatre pattes). Parallèlement, 36,9 % des descentes se font debout, soit d'un bout à l'autre, soit en alternance avec d'autres modalités de locomotion, et 57,9 % sur les fesses, entièrement ou partiellement. Par conséquent, à 18 mois, c'est seulement 5,2 % des descentes de la rampe qui se produisent sur le ventre ou par quadrupédie.

Dans l'escalier et la rampe, la fréquence des progressions debout, selon le mode « debout-alterné » lors de l'escalade, et celle des modalités mixtes (assis, en alternance avec debout) au cours de la descente, sont de plus en plus élevées.

Dans toutes ces situations, chaque enfant tient compte de ses propres capacités et du contexte, selon que un ou plusieurs enfants escaladent ou descendent peu avant, dans le même temps, ou peu après.

Si on veut résumer les phénomènes essentiels qui se développent entre 14 et 18 mois, on soulignera que :

1. *Toutes les habiletés motrices qui permettent le franchissement et l'escalade de toutes les structures verticales sont maîtrisées soit par un petit nombre, soit par tous, selon la structure.*

2. *Tous les enfants maîtrisent l'escalade complète de l'escalier. L'âge limite étant de 17 mois pour un seul enfant.*

3. *La fréquence des escalades partielles et complètes de l'escalier ne cesse d'augmenter.*

4. *La fréquence des escalades complètes de la rampe croît régulièrement.*

5. *Les enfants se montrent capables de diversifier leurs régulations posturales et motrices au cours de leurs escalades et descentes.* Ils escaladent de plus en plus souvent l'escalier et la rampe en position debout, puis les descendent de la même façon. A d'autres moments, ils alternent la quadrupédie, le positionnement à plat ventre et la pause assise. A certains moments, ils descendent quelques marches, puis remontent de la même façon, ou en utilisant d'autres modalités posturo-motrices. Au cours de la descente, il en est de même. A certains moments, les enfants descendent d'une traite l'escalier et le plan incliné en position debout. A d'autres moments, c'est en alternant la position debout, la pause en position assise, la progression sur les fesses, le

retournement à plat ventre et la suite de la descente à plat ventre ou par quadrupédie.

6. *On observe une augmentation croissante de la fréquence des progressions debout avec alternance des pieds comme dans la marche, aussi bien au cours des escalades et descentes de l'escalier que pendant les escalades de la rampe.* En vérité, la progression debout est moins utilisée uniquement pour la descente de la rampe. Cela se comprend. Il est en effet beaucoup plus difficile de descendre une pente raide de 45 degrés en face de soi, qu'un escalier qui tourne autour de son axe.

7. *Enfin, plus les habiletés motrices évoluent, plus la durée moyenne d'escalade et de descente des marches de l'escalier et de la rampe diminuent, surtout entre 15 et 16 mois, âge qui constitue une charnière, comme nous l'avons évoqué précédemment.*

e. *La phase d'expansion des conquêtes de l'espace.*

A partir de dix-huit mois, l'occupation des espaces et des structures disponibles se diversifie et s'étend. Le manège et les plates-formes sont de plus en plus souvent occupés. Les enfants y passent de plus en plus de temps, et créent des activités de groupe parfois chargées de symbolisme (voir plus loin).

Le manège exerce une attraction croissante sur les enfants. Ils sont de plus en plus nombreux à lui imprimer des rotations complètes qui s'enchaînent sans interruption. Il arrive, par exemple, que les enfants fassent effectuer au manège plus de dix rotations. Fréquemment, l'un des enfants essayant de faire tourner le manège dans un sens, voit ses efforts annulés par ceux d'un partenaire, qui le fait tourner dans l'autre sens (au plan statistique, nous n'avons observé aucun sens préférentiel). Chaque enfant apprend ainsi à coordonner sa locomotion et ses gestes avec un nombre croissant de partenaires, à l'impulsion du mouvement et au cours des rotations répétées. C'est en même temps différents rythmes de poussée qui se trouvent confrontés, et se synchronisent dans une activité commune. En outre, les enfants essaient couramment de se hisser à l'intérieur du manège. Lorsqu'ils n'y parviennent pas, ils demandent aux puéricultrices de les y porter. Ils réussissent tous avant 24 mois.

A partir de 19 ou 20 mois, les enfants passent de plus en plus de temps dans les deux bacs à balles aménagés sur la plate-forme à laquelle conduit la rampe. Ils manifestent des comportements qui sont autant de signes du plaisir qu'ils éprouvent dans l'occupation de ce nouveau lieu. Ils peuvent s'y laisser glisser et aussi sauter ou plonger, de face et de dos. Ce sont ensuite des reptations, des enfouissements, des trébuchements et des « chutes ludiques ». Ou alors, ils découvrent qu'ils peuvent faire rouler des balles pour qu'elles tombent dans le bac à balles contigu. D'autres capacités leur sont révélées, lorsqu'ils lancent des balles qui descendent la rampe en cascade. Enfin, tous s'aperçoivent d'eux-mêmes qu'ils peuvent se hisser hors du bac (figure 19), et lancer une ou plusieurs balles de l'autre côté de la balustrade.

On les observe aussi plus souvent sur la plate-forme à laquelle conduit l'escalier, et dans les deux nids qui s'y trouvent. Chaque nid peut accueillir un ou deux corps. Les enfants peuvent s'y glisser, sauter ou se laisser tomber, puis s'asseoir, s'allonger et se blottir. Ils découvrent que, de la plate-forme, ils peuvent faire descendre des balles en cascade, du sommet au bas de l'escalier, et aussi les lancer en direction des enfants qui occupent la manège, la plate-forme avec les bacs à balles, ou tout simplement la surface de marche.

L'occupation croissante et prolongée de ces structures s'accompagne de diminutions et de fluctuations d'un mois à l'autre, de la fréquence des escalades de l'escalier (figure 21) et de la rampe (figure 23).

La progression à plat ventre ou par quadrupédie est de moins en moins observée dans les escalades. A 20 mois, si elle représente encore 16,50 % des modes d'escalade de l'escalier, elle n'est plus que de 6,7 % pour la rampe. Considérant la descente, l'évolution est différente pour l'escalier et la rampe. Si les enfants n'utilisent plus la progression à plat ventre ou par quadrupédie et s'ils privilégient la position debout en descendant l'escalier, ils effectuent souvent des pauses après s'être assis, ou poursuivent sur les fesses. Il s'agit le plus souvent de régulations au moment des croisements ou des dépassements, qui s'effectuent avec les pairs au cours d'escalades et de descentes de plus en plus rapides. En effet, à partir de la quatrième marche depuis la plate-forme, ils ne peuvent plus se tenir aux barreaux et, lorsqu'ils croisent un autre, ils ne peuvent plus déployer les bras en croix pour s'appuyer sur les deux côtés de l'escalier. En revanche, la descente de la rampe s'effectue désormais debout grâce aux appuis que fournissent les deux mains courantes.

L'émergence et le développement des capacités interactives et des comportements sociaux de l'enfant avec ses pairs entre 8 et 10 mois

Les comportements sociaux avec les pairs sont ceux qui permettent aux enfants d'établir, de rétablir ou de rompre le contact entre eux. Par capacités interactives, nous entendons les capacités d'un enfant à être acteur de « boucles » dans lesquelles il modifie le comportement d'un autre, cette modification influençant son comportement en retour.

Définitions

Nous avons distingué deux groupes de comportements sociaux :

• *Les comportements sociaux qualifiés d'élémentaires.*

Nous désignons par là les comportements composés d'items morphologiquement bien structurés et relativement faciles à identifier. Quatre items parmi les plus clairs ont été ici choisis en vue d'une mesure quantitative. Il s'agit des offrandes, des sollicitations manuelles, des sollicitations posturales et des doigts pointés. Ils sont, avec les touchers, les plus fréquents. Ils ont été particulièrement étudiés au cours de nos études précédentes*. Nous ne traiterons pas systématiquement les touchers, car ils peuvent induire des réponses très variables, et paraissent avoir des fonctions différentes, et parfois contradictoires, selon le type de toucher, la zone corporelle touchée, la pression ou la force de l'acte, etc. Je les aborderai aussi complètement que possible dans un prochain ouvrage, dès que notre groupe aura progressé un peu plus dans leur analyse. J'y ferai cependant référence, chaque fois que cela me paraîtra nécessaire.

Par offrande, nous désignons tout comportement qui consiste à remettre un objet à un autre, que l'objet soit sollicité ou non. Les sollicitations manuelles sont les extensions ou flexions du bras en direction du partenaire, avec la main en pronation, en position latérale ou oblique ou en supination. Quant aux sollicitations posturales, ce sont les inclinaisons latérales de la tête et du buste, parfois accompagnées de sollicitations manuelles, lorsque les enfants cherchent à capter le regard d'un autre ou à obtenir l'objet qu'il tient. Enfin, le doigt pointé désigne le pointement de l'index ou d'un autre doigt (figure 29) au moment ou un enfant désigne un objet ou une personne, ou rencontre un autre enfant. Le doigt pointé a une valeur d'interaction, et pas seulement une valeur et une signification de désignation des objets ou des personnes.

• *Les comportements sociaux complexes.*

Il s'agit d'ensembles de regards, de sourires, de mimiques, de grimaces, de postures, de touchers, de vocalisations et de paroles tellement combinés et imbriqués qu'on ne peut les dissocier en items clairement identifiables dans

* Montagner, 1978, 1988 ; Montagner *et al.*, 1982, 1988.

Fig. 29

Le doigt pointé est déjà observé entre 8 et 10 mois chez de nombreux enfants avant, pendant ou après une interaction. C'est un geste de désignation des objets et des personnes, et aussi un élément de communication qui se combine avec d'autres gestes ou des vocalisations, selon le contexte.

leur forme ou leur structure. En revanche, la fonction et la signification de ces comportements peuvent être définies par rapport au contexte, au partenaire et aux réponses qu'ils entraînent.

Nous avons particulièrement distingué quatre catégories de comportements sociaux complexes :

1. LES INTERACTIONS MULTIMODALES DE PART ET D'AUTRE DE LA PAROI PERCÉE D'ORIFICES.

Nous définissons ainsi les interactions constituées d'items et de combinaisons d'items, dont la réception et le décodage reposent sur des combinaisons d'informations qui sollicitent plusieurs systèmes sensoriels. Par exemple, des combinaisons d'informations visuelles et auditives, c'est-à-dire des séquences constituées d'orientations du regard, de sourires, d'expressions faciales, de postures et de gestes (qui véhiculent des informations visuelles), et de bruits de vocalisations, et de paroles (qui transmettent des informations auditives) (figure 30). Il peut aussi s'agir de combinaisons d'informations visuelles et somesthésiques (celles-ci étant véhiculées par des contacts corporels).

Ces interactions permettent à chaque enfant de découvrir sa propre diversité comportementale et celle de ses partenaires, dans des contextes différents de ceux de la famille et de la crèche, le tout sans limitation de ses initiatives. Dès lors, chacun se comporte comme s'il était dans une logique de communication complexe, très éloignée du schéma simplifié et linéaire « émission d'une stimulation qui entraîne une réponse, celle-ci induisant en retour une modification du comportement de l'émetteur ». En effet, la plupart des réponses des enfants aux comportements qu'ils voient, entendent ou sentent, de part et d'autre de la paroi percée d'orifices, ne sont pas de simples actes ou combinaisons d'actes élémentaires morphologiquement bien structurés, codifiables en signaux clairs et prévisibles. En fait, les réponses mutuelles sont le plus souvent des enchaînements d'actes qui se chevauchent, s'imbriquent et se coordonnent chez

Fig. 30

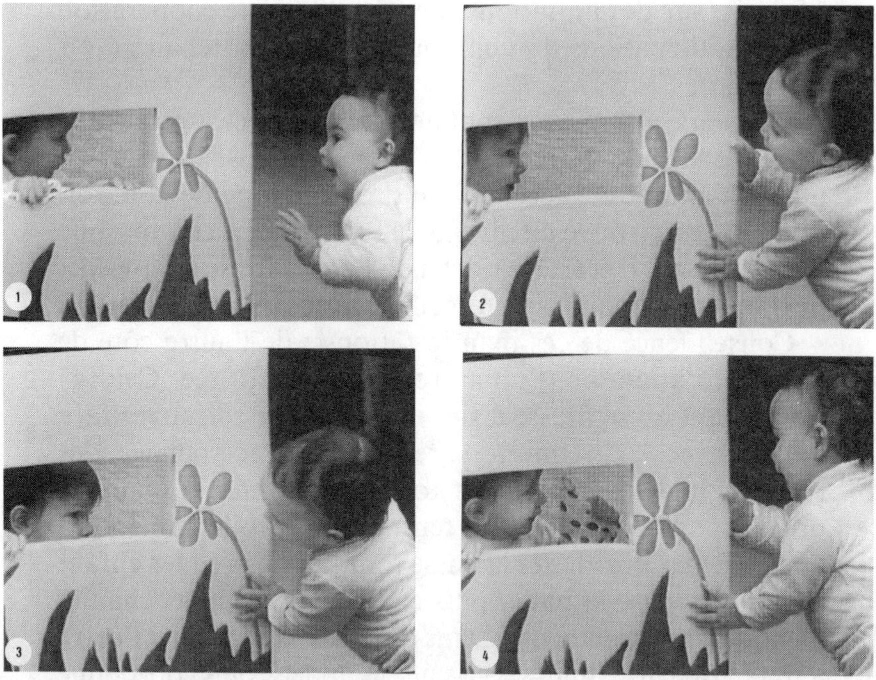

Interaction multimodale faite d'une combinaison d'informations visuelles et d'informations auditives, entre un garçon de 12 mois (à gauche) et une fille de 14 mois (à droite).

l'un et l'autre des deux enfants (la figure 30 nous donne un exemple avec deux enfants âgés respectivement de 12 et 14 mois). Une simple interaction qui débute par des accrochages du regard, des sourires, des mimiques, des vocalisations ou des touchers, peut ainsi déboucher, à partir de 11 mois, sur des imitations, des conduites de coopération et des anticipations du comportement du partenaire (voir plus loin).

Plusieurs exemples en sont donnés par les cassettes vidéo de notre groupe de recherche. Développons-en quelques-uns. Un enfant est accroupi ou dressé le long de la paroi. Son visage se trouve au niveau de l'un des orifices, masqué par un rideau. Il écarte le rideau ou l'agite. Il crie ou appelle, introduit une main par un orifice avec ou sans objet.

Conséquence de ces manifestations : de l'autre côté de la paroi, l'attention d'un autre enfant est attirée. Celui-ci s'accroupit ou se dresse à son tour, pour se retrouver face à face avec le premier. Après un bref accrochage des regards, le deuxième enfant touche ou prend la main du premier, agite le rideau ou tente de le décoller, introduit une balle par l'orifice et la laisse tomber. Le premier enfant ramasse ensuite la balle, puis effectue le même enchaînement de comportements. Dans d'autres exemples, il l'offre à son partenaire, imite ses cris ou ses appels, puis coordonne avec lui ses actes pour décoller le rideau. Il arrive alors que le deuxième enfant enchaîne par des comportements et vocalisations semblables ou différents. Plusieurs interactions, c'est-à-dire plusieurs aller-retour de l'un à l'autre, peuvent ainsi se succéder, avec ou sans pause. Ces échanges sont tellement attractifs que certains enfants sont capables de participer, entre 15 et 20 mois, jusqu'à une dizaine d'interactions successives avec le même partenaire ou des enfants différents. Elles s'enchaînent avec des conduites de recherche visuelle et des conduites d'anticipation du comportement du partenaire. En clair, chacun se déplace jusqu'à l'une des extrémités de la paroi, marque une pause, adopte une posture d'attente, la tête penchée et orientée dans la direction d'où doit venir le « partenaire » (voir plus loin). Ici l'émergence et le développement de ces interactions multimodales de part et d'autres de la paroi sont étroitement liés à l'émergence des capacités de l'enfant à se dresser et se déplacer le long de la paroi, dès l'âge de 8 à 9 mois (figure 22). L'exploration visuelle paraît constituer le socle essentiel à partir duquel l'interaction multimodale peut, dans ce contexte, se développer entre deux enfants. Elle permet la découverte de l'autre enfant de l'autre côté, puis le développement d'une interaction et, enfin, l'offrande ou l'échange d'objets à travers les orifices.

2. LES COMPORTEMENTS D'IMITATION.

Sont regroupées dans cette catégorie de comportements toutes les reproductions des manifestations du partenaire. Il s'agit, par exemple, des offrandes, des sollicitations, des doigts pointés, des grimaces, des coups portés sur la paroi et des vocalisations. Nous y englobons les reproductions d'activités, par exemple agiter, arracher, décoller et recoller un rideau, introduire celui-ci ou une balle dans l'un des orifices ou par le hublot, porter un coussin et le déposer dans le hublot ou le manège, faire tourner le manège.

Nous ne préjugeons pas la signification que chaque enfant accorde au comportement de son partenaire. Pas plus que l'état émotionnel qui peut le sous-tendre.

Il est clair que les imitations de gestes, de vocalisations et d'activités sont déjà relativement fréquentes à l'âge de 12 ou 13 mois. En outre, elles peuvent être observées dans tous les secteurs du local expérimental. L'interface de la paroi percée d'orifices entre le couloir et le monde extérieur les favorise particulièrement, puisque 70 % d'entre elles environ sont observées dans ce lieu.

Enfin, dès le début de la deuxième année, nous observons des imitations réciproques, c'est-à-dire des enchaînements dans lesquels un enfant B imite un enfant A, puis effectue un autre geste ou développe une autre activité, qui entraînent en retour la reproduction du geste ou de l'activité par l'enfant A. D'habitude, une telle forme d'imitation est décrite seulement dans la deuxième moitié de la deuxième année et surtout au cours de la troisième année*.

3. LES COMPORTEMENTS DE COOPÉRATION.

On distingue deux formes principales de coopération.

La première met en commun certains actes de deux enfants au moins, dans le but de modifier ou de déplacer des objets. Prenons, par exemple, deux enfants qui associent leurs comportements pour arracher ou décoller le même rideau, pour transporter un coussin dans le hublot ou le manège, pour faire tourner le manège, ou encore pour empiler des coussins.

La deuxième forme de coopération rend complémentaires les actes de deux enfants au cours d'une même activité. C'est, par exemple, un enfant qui, après avoir accroché le regard d'un partenaire particulièrement habile dans le décollage des rideaux, pointe le doigt en direction du rideau qu'il (ou elle) a tenté en vain de décoller en se hissant sur la pointe des pieds. L'autre enfant essaie alors d'enlever le rideau, le plus souvent par son seul comportement, parfois en coordination avec celui qui a désigné le rideau, ou encore avec un troisième enfant. D'autres exemples de ce type de coopération existent. Cela peut être un enfant qui désigne le manège, après avoir tenté de le faire tourner. A proximité immédiate ou à quelques mètres, un autre essaie ensuite de réaliser la manœuvre. Finalement, il arrive que les deux enfants unissent leurs efforts dans un deuxième temps. Enfin, un troisième exemple est lui aussi révélateur. Un enfant ne parvient pas à faire basculer un coussin par le hublot. Il se tourne alors vers son compagnon de jeu et lui désigne le coussin ou le hublot. Le deuxième enfant soulève, porte et met le coussin dans le

* Nadel, 1986; Nadel-Brulfert et Baudonnière, 1980, 1982; Baudonnière, 1988.

hublot. Il en est de même pour les coussins portés jusqu'au manège.

Nous insistons sur cette deuxième forme de coopération, car elle rend complémentaires et interactives deux conduites individuelles dans la réalisation d'une même « tâche » : l'un des enfants désigne et l'autre réalise.

L'émergence précoce et le développement des deux formes de coopération renforce la thèse de Hartup (1967, 1970, 1976, 1978, 1983). Ce psychologue soulignait en effet, dès la fin des années 1960 et tout au long des années 1970, la réalité et l'importance des comportements affiliatifs, cohésifs et coopératifs. Mais il s'agissait là d'enfants plus âgés, de pré-adolescents et d'adolescents.

Soulignons que, dans les conditions de notre étude, les conflits et compétitions pour s'approprier un objet, occuper un lieu ou effectuer une activité sont rares. *Tout se passe comme si la diversité des aménagements d'espace et la possibilité pour chaque enfant d'évoluer dans un lieu attractif, et de choisir telle ou telle activité, à son initiative et à son rythme, parmi d'autres enfants qui vivent la même situation, avaient pour effet de canaliser l'agressivité. Tout se passe comme si l'agressivité était alors investie dans des tâches de cohésion et de coopération, plutôt que dans des agressions, des conflits ou des compétitions. Autrement dit, l'agression, le conflit et la compétition ne sont pas des phénomènes inéluctables, qui émergent nécessairement à tel ou tel âge, dès qu'un objet ou un lieu sont convoités par les deux partenaires en présence.*

4. LES CONDUITES D'ANTICIPATION.

Différentes formes d'anticipation du comportement de l'autre s'organisent autour de la paroi percée d'orifices et du manège. Par exemple, deux enfants développent, de part et d'autre du hublot, des interactions qui combinent des comportements visuels, vocaux, tactiles (figure 31 : photo 1). Ils se séparent jusqu'à se perdre de vue. L'un se déplace le long du côté extérieur de la paroi, l'autre dans le couloir qui la longe de l'autre côté. On observe alors que le premier, âgé de 11 mois, d'abord debout, puis à quatre pattes, se dirige vers l'extrémité de la paroi, après un nouvel échange avec son partenaire. Avant de déboucher du couloir d'où l'autre doit venir, il marque une pause, dans une attitude d'attente et un comportement de recherche visuelle, posturale et (ou) motrice du partenaire (figure 31 : photos 6 et 7). En clair, il se tient du côté extérieur, s'appuie à l'extrémité de la paroi, puis il penche la tête et le buste comme s'il s'attendait à voir surgir son partenaire. Ne voyant pas l'autre venir, ou ne l'entendant pas, l'enfant se poste à proximité de l'entrée du couloir, puis se déplace, en marchant ou par quadrupédie, lorsqu'il entend l'autre ou croit l'entendre. Puis il appelle, sourit, se retourne et part dans la direction opposée, comme s'il s'attendait à être suivi.

Dans d'autres exemples, l'enfant reste posté à l'extrémité du couloir. Puis, ayant vu ou entendu le partenaire, il se détourne, se met en position de quadrupédie ou marche, et s'éloigne en riant, vocalisant ou criant. Puis, soudainement, il marque une pause et regarde derrière lui, comme pour s'assurer que l'autre suit. Le même type de conduite peut être observé de part et d'autre du manège.

Tout se passe au fond comme si l'enfant qui sort d'une interaction particulièrement attractive, et source de jubilation, s'attendait à une poursuite ludique et une continuité dans l'interaction. A tout moment, chaque enfant paraît poursuivre son projet.

L'évolution dans le temps des comportements sociaux

• *Les premières émergences.*

Dès 9 ou 10 mois, on observe, chez quelques enfants, des offrandes, des sollicitations posturales, des doigts pointés, des imitations de gestes et de vocalisations, et des interactions de part et d'autre de la paroi. Cela coïncide avec le développement rapide des capacités de l'enfant à se dépla-

Fig. 31

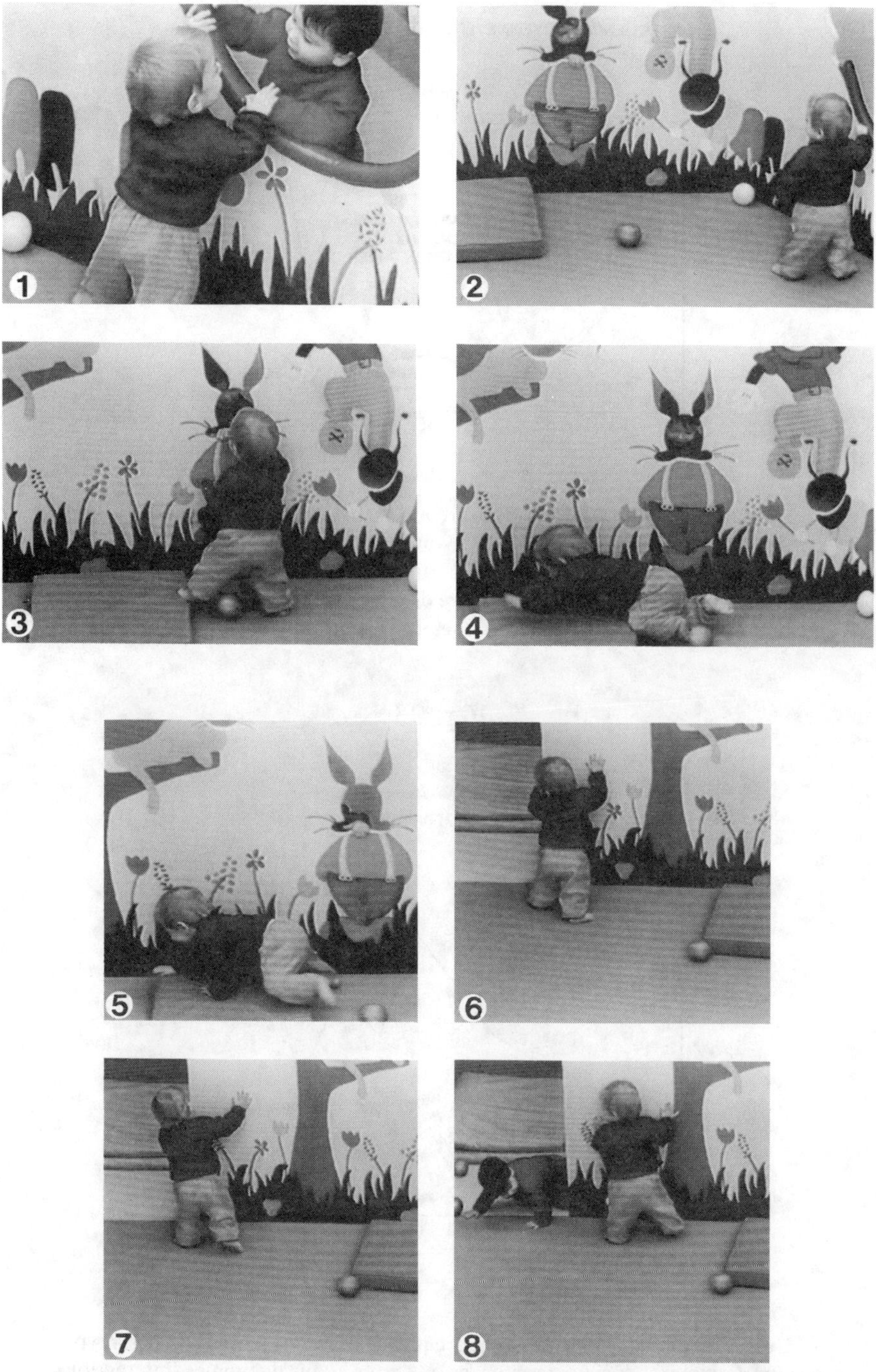

Conduite d'anticipation du déplacement du garçon de 13 mois dans le couloir par le garçon de 11 mois qui progresse le long de la paroi (voir le texte).

Fig. 32

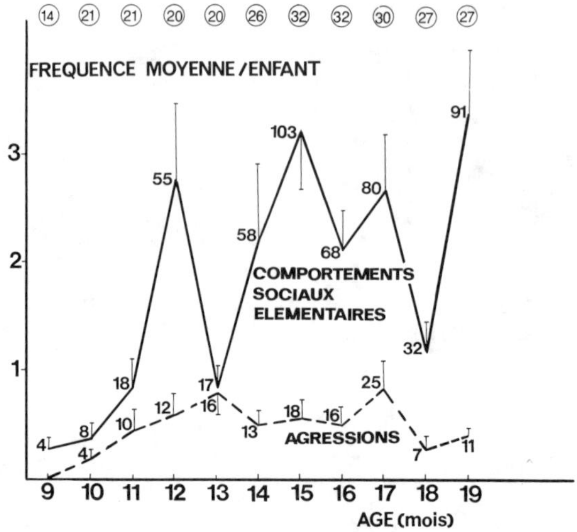

Évolution du 9e au 19e mois de la fréquence moyenne par enfant des 4 comportements élémentaires que nous avons cumulés (offrandes, sollicitations manuelles, sollicitations posturales, doigts pointés) et des comportements d'agression (morsures, griffures, tirage de cheveux, coups portés avec un pied ou une main, avec ou sans objet) chez les 17 enfants de notre échantillon.

Fig. 33

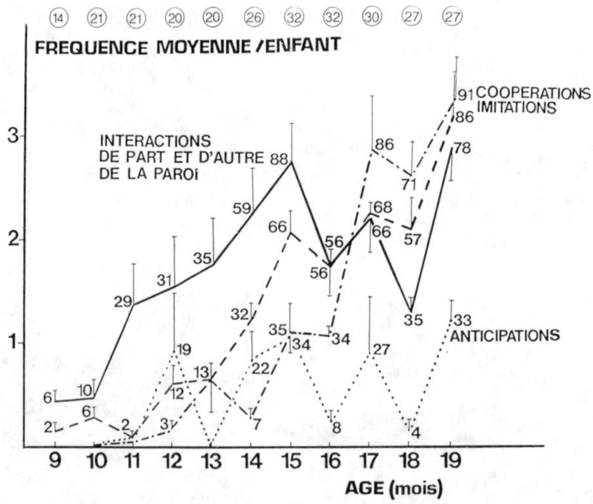

Évolution du 9e au 19e mois de la fréquence moyenne par enfant des 4 types de comportements sociaux complexes que nous avons distingués (interactions multimodales de part et d'autre de la paroi percée d'orifices ; imitations ; coopérations ; anticipations du comportement du partenaire d'interaction ; pour les définitions, voir le texte), chez les 17 enfants de notre échantillon.

cer par quadrupédie et à multiplier les épisodes de position assise (figure 20). La quadrupédie leur permet d'investir toute la partie inférieure du local, de découvrir la paroi percée d'orifices et d'explorer, à l'aide du regard et des mains, l'autre côté de cette paroi. L'augmentation de la fréquence des épisodes de position assise, qui alternent souvent avec les épisodes de quadrupédie, permet aux enfants d'observer leur environnement, de suivre en particulier les déplacements et comportements des autres. Cette double évolution quantitative de la quadrupédie et des positions assises favorise les rencontres et les interactions.

L'émergence des comportements sociaux élémentaires et de quelques comportements sociaux complexes est ainsi facilitée.

• *L'augmentation de la fréquence et de la diversité des comportements sociaux entre 10 et 12 mois.*

Entre 10 et 11 mois, la fréquence cumulée de l'ensemble des comportements sociaux élémentaires est doublée (figure 32). Celle des interactions multimodales de part et d'autre de la paroi est triplée (figure 33). De telles évolutions coïncident avec une autre augmentation, celle de la fréquence des comportements par lesquels un nombre croissant d'enfants parviennent à se dresser, à genoux ou debout le long de la paroi, à se pencher dans le hublot et à introduire la tête dans l'un ou l'autre des orifices (figure 22). L'émergence des premiers épisodes de marches, la progression importante de la fréquence des escalades partielles de l'escalier et du nombre de ses marches franchies sont concomitantes (figure 20).

Entre 11 et 12 mois, si la fréquence des interactions multimodales de part et d'autre de la paroi est quasiment la même qu'entre 10 et 11 mois, celle des comportements sociaux élémentaires est triplée (figure 32). Quant à la fréquence des comportements d'anticipation, elle est quadruplée, et celle des imitations triplée (figure 33). Mais seulement quelques comportements de coopération sont observés. Le développement rapide, entre 11 et 12 mois, des capacités interactives et de la plupart des comportements sociaux que nous avons distingués, coïncide avec une nouvelle accélération du développement de la motricité et des habiletés motrices. En effet, comme nous l'avons vu, la fréquence des épisodes de marche est doublée, celle des escalades de la rampe augmente brusquement (onze occurrences à 12 mois contre une à 11 mois), et quelques enfants apparaissent déjà capables de commencer debout l'escalade de l'escalier.

En outre, on observe entre 10 et 12 mois les premières ascensions à terme de l'escalier et de la rampe. Autrement dit, entre 10 et 12 mois, l'acquisition de la marche (seize sur dix-sept enfants de l'échantillon) s'accompagne de nouveaux progrès, à la fois dans la motricité et dans les capacités interactives. Alors que les nouvelles habiletés motrices permettent de découvrir la troisième dimension de l'espace, la diversité et la fréquence de presque tous les comportements sociaux augmentent rapidement, en particulier les plus complexes.

Voici un exemple de cette évolution conjuguée. A 10 mois et demi, François a déjà escaladé partiellement l'escalier à trois reprises, et le plan incliné une fois. Il se dirige souvent à quatre pattes vers la paroi percée d'orifices. Soudain, le rideau qui masque l'un d'eux, à un mètre cinquante du sol, est agité par un enfant qui a investi le couloir. Le mouvement du rideau attire l'attention de François, qui lève la tête, puis prend une balle qu'il fait passer avec la main en pronation par l'orifice inférieur au niveau de son visage. Au moment ou l'autre enfant soulève le rideau et touche la balle, François effectue une rotation de la main de la position en pronation à la position en supination, de sorte que la balle repose dans sa paume, ouvre les doigts et abandonne la balle à son partenaire. Agé de 13 mois, celui-ci agite les bras, sourit, se déplace de un mètre environ en marchant, et s'accroupit au niveau de l'un des orifices non masqués par un rideau. Ayant perçu le déplacement de son partenaire, François se dirige à son tour à quatre pattes vers l'orifice derrière lequel se tient l'autre, et développe avec lui une interaction faite d'accrochages du regard, de sourires, d'agitations du bras et de la main.

Ici, le développement des capacités locomotrices s'accompagne d'un appétit croissant d'interactions. En outre, une interaction ajustée se développe entre les enfants. Tout cela, parce qu'ils peuvent découvrir de nouvelles possibilités de l'espace et des objets par rapport à l'espace.

• *12 à 14 mois : une phase de fluctuations.*

L'âge de 12 à 14 mois représente une période de fluctuation de tous les comportements sociaux, avec une diminution de la plupart d'entre eux entre 12 et 13 mois, puis une augmentation entre 13 et 14 mois. Cela coïncide avec des fluctuations des épisodes de marche et des escalades, et une faible progression de celles-ci (voir précédemment).

Ainsi, tout se passe comme si la phase de 12 à 14 mois était caractérisée par deux consolidations. Celle, d'une part, de la marche et des habiletés motrices nouvellement acquises dans la conquête de la troisième dimension de l'espace. Celle, d'autre part, de l'ensemble des capacités interactives et des comportements sociaux.

• *La charnière de 14 à 16 mois.*

L'âge de 14 à 16 mois (ou de 13 à 15 mois pour quelques comportements), se présente comme une charnière importante, à la fois dans le développement des habiletés motrices (voir précédemment), des capacités interactives et des comportements sociaux.

Entre 14 et 15 mois, la fréquence de tous les comportements sociaux augmente, le plus souvent dans des proportions importantes. C'est le cas notamment des comportements d'imitation et des comportements de coopération, dont la fréquence est doublée (figure 33).

De nouveaux comportements sociaux sont observés. Dans le couloir, trois enfants essaient, par exemple, de décoller ou d'arracher les rideaux qui masquent les orifices. Seul, l'un d'entre eux (il a 14 mois et demi) réussit à le faire, après avoir essayé en vain d'arracher un rideau qui cache l'un des orifices supérieurs. Hissée sur la pointe des pieds, une fille de 15 mois regarde dans sa direction. Lorsque le premier enfant rencontre son regard, elle pointe le doigt en direction du rideau qu'elle a essayé de décoller. L'autre se dresse alors à son tour sur la pointe des pieds et arrache le rideau. Une nouvelle forme d'interaction sociale est née. Le développement de certaines capacités l'a fait éclore. Tout d'abord celle du deuxième enfant à transmettre une information précise, puis celle du premier à répondre de façon ajustée au message de sa partenaire, ajoutée à ses habiletés motrices.

• *16 à 18 mois : une phase de consolidation des comportements sociaux.*

Nous avons vu que, au plan de la motricité, la phase de 16 à 18 mois, grâce à une position debout dominante, est caractérisée avant tout par la conquête de toutes les structures verticales. Les enfants peuvent désormais maîtriser debout leur équilibre corporel au cours des franchissements d'obstacles (hublot), et des escalades et descentes (escalier, rampe, manège, espalier, paroi percée d'orifices, « mur à grimper »). Cette évolution leur permet de réguler leurs déplacements vis-à-vis de leurs pairs, notamment au cours des croisements et des dépassements. Il est rare qu'ils se bousculent, quel que soit le lieu. Au contraire, ils s'effacent, s'évitent ou s'enjambent, même dans les lieux où les dépassements sont plus difficiles, par exemple le couloir, l'escalier et la rampe. La figure 34 en donne un exemple, pour un enfant âgé de 16 mois et une semaine.

Parallèlement, les comportements de coopération « explosent » entre 16 et 18 mois : tout en se diversifiant, ils sont deux fois plus fréquents qu'entre 14 et 16 mois. La diminution des interactions multimodales de part et d'autre de la paroi percée d'orifices, apparaît liée à la diversification des centres d'intérêt des enfants qui occupent plus souvent les plates-formes et le manège et passent moins de temps autour de la paroi.

• *18-20 mois : un âge charnière qui voit le développement de comportements sociaux sophistiqués et symboliques.*

A partir de 18, 19 ou 20 mois, selon les enfants, la conquête de la troisième dimension s'affirme comme un projet majeur dans la vie de tous les enfants que nous avons suivis. Cette expansion motrice entraîne une occupation croissante des lieux de forte « convivialité », en l'occurrence les deux bacs à balles auxquels conduit la rampe, les deux nids où s'installent les enfants après l'escalade de l'escalier, et le manège. Dans ces trois structures, on observe le développement de communications élaborées et de conduites sociales sophistiquées, imaginaires et symboliques. Leur complexité ne les rend pas divisibles en comportements sociaux élémentaires ou en interactions multimodales, ni même en imitations, coopérations et comportements d'anticipation — en tout cas, pas de façon aussi nette que dans les précédentes classes d'âge. En fait, ces processus intégrés s'élaborent, sans qu'il soit possible d'opérer une quantification précise des comportements et des productions vocales et langagières qui les précèdent, accompagnent ou suivent.

En voici quelques exemples :

— Conduites observées dans les bacs à balles.

L'occupation des bacs à balles, les sauts et plongeons dans ces lieux, puis les remontées, deviennent des éléments puissants de communication et de construction de l'imaginaire et des activités symboliques.

« C'est comme la mer », « on est dans l'eau », « je nage », etc. Tous ces termes sont entendus chez les enfants. La symbolique est ici évidente. Il faut la souligner, car les enfants évoluent en toute sécurité, ce qui n'est pas toujours le cas lorsqu'ils se trouvent en milieu aquatique. La sécurité est encore plus évidente à la vue des enfants qui se dressent le long de la balustrade cernant la plate-forme et appellent les deux puéricultrices dans un enchaînement de rires, de vocalisations, de gestes, de sautillements sur place et d'autres actes qui traduisent le plaisir et souvent la jubilation.

Dans ces conditions, les enfants familiarisés à ce lieu développent, à partir de 19-20 mois, d'une part des habiletés motrices étonnantes, d'autre part des activités imaginaires et symboliques remarquables. La preuve ? Avant 30 mois et sans hésitation, ils se laissent presque tous tomber en arrière dans les bacs à balles, de tout leur long ou en gardant la position verticale. Ils osent faire ce que n'osent pas faire nombre de leurs « aînés » de l'école maternelle et de l'école élémentaire, même quand ils se font mal, au moment ou leur bras ou leur main a heurté le bord du bac à balles, et lorsqu'ils sont tombés sur un autre enfant, ou l'inverse.

L'observation systématique et l'analyse des films vidéo montrent que cette attitude n'est pas le fruit du hasard. En effet, les enfants ont construit la maîtrise de leurs habiletés motrices à travers les expériences qu'ils ont acquises au fil des sessions qui se sont succédé toutes les deux semaines. Ils connaissent leurs capacités et habiletés à maîtriser la troisième dimension de l'espace, d'abord au cours de leurs comportements d'escalade et de descente de l'escalier et de la rampe, puis dans leurs glissades, sauts et plongeons dans les bacs à balles. En plus, « il y en a pour tout le monde » (six enfants par groupe) : les lieux dont disposent les enfants sont nombreux, et il y a notamment deux bacs à balles et non un seul. Tout cela contribue à « diluer » les conduites agressives des enfants. En effet, les agressions sont rares. On le voit sur la figure 32, les comportements d'agression étaient déjà peu fréquents entre 9 et 19 mois. La possibilité de s'investir corporellement dans la troisième dimension de l'espace, dans différents lieux, parmi d'autres enfants qui prennent tous du plaisir à ce même investissement, canalise les tendances agressives, habituellement soulignées entre 16 et 24 mois, et que nous avons nous-mêmes régulièrement observées chez les enfants suivis dans des crèches*.

* Montagner, 1978, 1988 ; Montagner *et al.*, 1982, 1984, 1988.

Fig. 34

Enjambement du corps d'un enfant âgé de 12 mois (il s'agit d'un garçon) qui descend les deux premières marches de l'escalier, par une fille âgée de 16 mois et une semaine qui entreprend l'escalade debout.

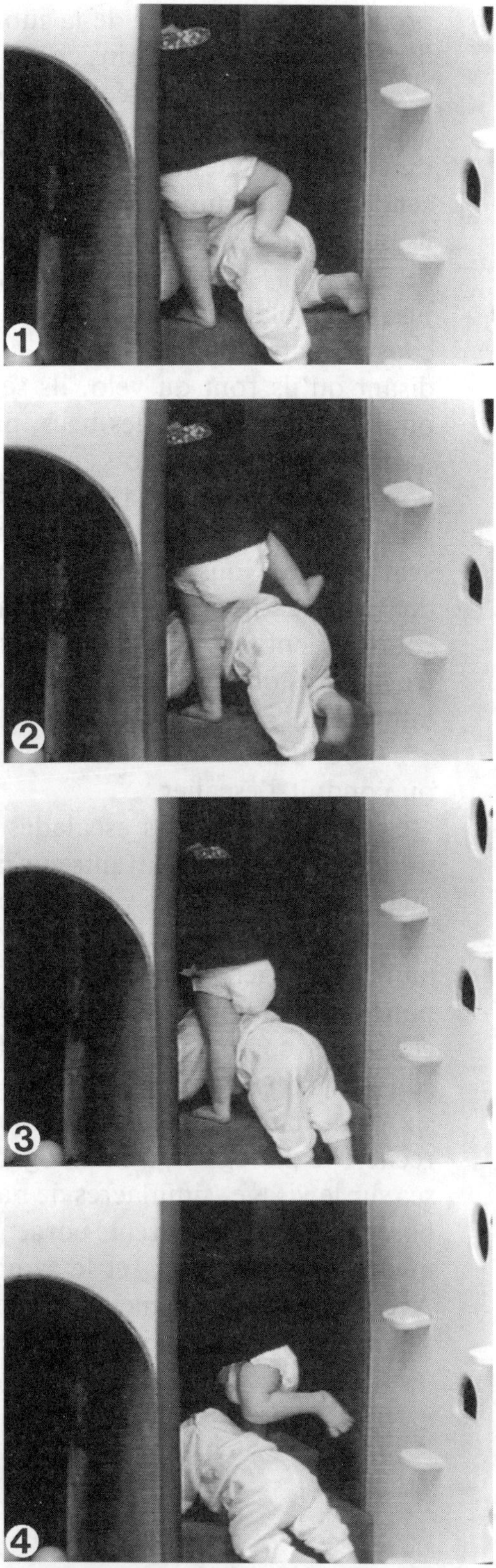

En outre, dans ces lieux et ce climat d'interactions, qui procurent du plaisir et de la jubilation, les enfants créent des jeux symboliques. Ainsi, dans l'un des groupes que nous avons suivis, ont-ils créé le jeu du vélo. Voici en quoi il consiste. Après quelques glissades, sauts ou plongeons dans l'un ou l'autre des bacs à balles, de un à trois enfants descendent par la rampe jusqu'au niveau inférieur du local où ils prennent chacun un coussin rond (ils ont le choix entre des coussins ronds et des coussins carrés). L'ayant emporté jusqu'à la plate-forme, ils se mettent à califourchon sur le coussin, entre les deux bacs. Gesticulant, riant, vocalisant, disant qu'ils font du vélo, ils se laissent tomber, de face ou de dos, dans l'un des bacs, parfois au même moment, parfois en alternance ou en cascade. Ils remontent sur le bord de la structure et recommencent. Il est arrivé que les six enfants du groupe soient acteurs dans cette activité symbolique. Nous avons aussi observé une sorte de partage des rôles. En effet, trois enfants se succèdent ou se coordonnent sur le bord des bacs à balles, pendant que les trois autres observent depuis le haut de l'escalier, en riant, interpellant, gesticulant.

— Conduites observées dans les nids de la plate-forme où conduit l'escalier.

Si la fréquence des escalades de l'escalier diminue, la durée du séjour des enfants sur la plate-forme des « nids » augmente. Les enfants y développent des jeux symboliques, en relation avec le vécu au sein de leur famille. Chacun peut alors s'allonger, appeler, gémir, pleurnicher, se mettre un pouce dans la bouche, s'entortiller les cheveux avec un doigt et s'agiter comme s'il se trouvait dans son lit, « à la maison ». On observe alors un ou plusieurs enfants (parfois les six), qui manifestent des comportements d'approche, de recherche du regard, d'interrogation, d'apaisement (caresses sur le visage, simulacres de baisers, etc.), comme on en observe lorsque les parents bordent leur enfant avant le sommeil. L'« imaginaire » et le symbolique sont au pouvoir. Avec de tels aménagements, les enfants se procurent les uns aux autres apaisement et sécurité, en dépit de l'absence des personnes aimées du milieu familial. A travers l'imaginaire et le symbolique qui font vivre les émotions, la voie vers la construction et l'intégration de comportements altruistes est ouverte. L'enfant qui se voit en situation de sécurité dans « son » nid, grâce aux comportements sécurisants de ses pairs, apporte lui-même de la sécurité aux autres. Parallèlement, les enfants vivent des changements de rôle : ils acceptent d'alterner les situations « allongé dans le nid et sécurisé », « se tenir debout près du nid et être sécurisant ». Tout un discours sécurisant se transmet aussi d'un enfant aux autres, avec tout ce que cela implique pour leur développement symbolique, linguistique, social et cognitif.

— Comportements d'entraide observés autour du manège, des bacs à balles et du hublot.

A partir de 18, 19 ou 20 mois, selon les enfants, on voit émerger les premiers comportements d'entraide. Nous en avons observé trois types :

1. *Un exemple d'entraide autour du manège.* Debout sur le sol en bordure du manège, une fillette de 20 mois tend les bras à une autre fillette de 18 mois qui se trouve à l'intérieur. Celle-ci pleurniche depuis quelques minutes, parce qu'elle ne parvient pas à descendre par ses propres moyens. La fillette de 20 mois enlace l'autre enfant comme pour l'aider à descendre. Mais elle n'y parvient pas, faute de moyens physiques. Après quelques minutes, elle réitère son effort en essayant cette fois de tirer l'autre enfant par la culotte. Là encore, elle ne réussit pas. Finalement, elle se dirige vers l'une des puéricultrices assises à un mètre de là, lui prend la main et en particulier l'index qu'elle pointe vers l'enfant restée dans le manège. Aucune parole n'est prononcée, mais le message est clair : aider l'autre fait aussi partie de la panoplie précoce des comportements sociaux des jeunes enfants. En outre, nous n'avons jamais observé de compétition pour l'occupation du manège. Dès lors, il devient impossible d'interpréter ce type de conduite sans émettre l'hypothèse que le jeune enfant a une telle faim pour

l'interaction et la relation affective avec un autre enfant, ici familier, qu'il est déjà capable de manifester spontanément un « acte gratuit » au sens fort du terme. On ne voit pas, en effet, ce que l'enfant « gagne » lorsqu'il manifeste cette conduite, au sens de la balance « coût-bénéfice », l'un des concepts-piliers de la version actuelle de la théorie de l'Évolution. Dans l'exemple que nous rapportons, celle qui aide dépense de l'énergie, et consacre du temps à sa partenaire. Les deux enfants n'ayant aucun lien de parenté, on ne voit pas quel(s) bénéfice(s) biologique(s) elle pourrait en retirer pour le développement de ses capacités de survie et de ses capacités d'adaptation (c'est-à-dire, au sens de la théorie socio-biologique, de ses capacités à favoriser un être apparenté, porteur des mêmes gènes qu'elle, et donc de ses capacités à augmenter la représentation de ses propres gènes). En revanche, tout se passe comme si cette enfant avait une capacité d'élan intérieur qui la pousse à agir pour l'autre, sans pulsion ou déterminant génétique de survie, et sans calcul pour une « position sociale » personnelle.

2. *Un exemple d'entraide autour des bacs à balles.* Des comportements similaires sont observés dès 17 ou 18 mois autour des bacs à balles. En effet, entre 17 et 20 mois, des enfants peuvent s'accroupir sur la plate-forme et développer des enchaînements de mouvements pour tirer et faire sortir un enfant plus jeune ou du même âge, qui ne parvient pas à remonter par ses propres moyens. Là encore, l'enfant qui aide ne parvient pas à ses fins, faute d'un développement musculaire suffisant. Il manifeste alors des comportements qui semblent dire : « Désolé, mais je n'y arrive pas. » En effet, l'enfant balance les bras latéralement, en signe d'impuissance, lève un pied puis un autre, se penche en avant, détourne la tête en direction des puéricultrices restées près de la porte et pointe le doigt (geste probable de désignation de l'enfant qui ne parvient pas à sortir du bac à balles), tout en vocalisant et en parlant.

3. *Un exemple d'entraide dans le transport d'un objet.* Dès 17 ou 18 mois, des enfants transportent un coussin sur

plusieurs mètres, puis tentent de le déposer, en vain, dans le hublot ou le manège. Il arrive qu'ils le laissent tomber, puis essaient à nouveau de le reprendre et de le soulever. Un autre enfant peut alors conjuguer ses mouvements avec ceux du porteur, ou bien, le coussin étant toujours sur le sol, apporter une force supplémentaire. Résultat : le coussin est mis dans le hublot ou le manège, grâce à la contribution du deuxième enfant.

Là encore, on ne voit pas comment on pourrait intégrer ce type de processus dans un système « coût-bénéfice » qui servirait la théorie de l'Évolution. En revanche, de telles interactions constituent un fondement essentiel de la construction des processus d'adaptation de la personne à son environnement humain, et de régulation dans les futures relations sociales.

LES PROLONGEMENTS DE CES ÉTUDES

Dans les conditions de notre étude, la possibilité est donnée à chaque enfant de découvrir réellement les capacités qu'il porte en lui, en même temps qu'elles peuvent être aussi révélées aux parents et aux éducateurs. En effet, notre attention a été retenue par les attitudes et le discours des parents des enfants de la crèche, lorsqu'ils découvrent chez leur enfant, la réalité, la diversité et la complexité de ses habiletés motrices, de ses compétences interactives, de ses comportements sociaux et de ses capacités d'utilisation des objets, soit en étant observateurs des évolutions de l'enfant, depuis la galerie circulaire entourant la partie haute du local, soit en visionnant les films vidéo. En outre, nous avons eu l'occasion de suivre particulièrement quelques enfants venus individuellement dans notre local avec leur mère ou leurs deux parents.

Prenons quelques exemples.

Premier exemple : Christophe, l'enfant qui paraissait incapable de quitter la position assise et les bras de sa mère

Christophe a 7 mois et demi lorsque nous le filmons pour la première fois dans son milieu familial en présence de sa mère célibataire, qui a choisi de quitter sa famille et de s'installer dans la région de Montpellier. A la demande de l'une des pédopsychiatres de notre groupe, nous intégrons Christophe dans l'échantillon d'enfants que nous suivons à intervalles réguliers pour cerner les modifications survenant aux différents âges. La pédopsychiatre justifie ainsi sa requête : elle souhaite avoir notre regard et des résultats quantitatifs à partir de l'analyse des films vidéo, qui sont réalisés selon notre protocole habituel (voir le chapitre premier et le début du chapitre 2). Elle est en effet préoccupée à la fois par le comportement de l'enfant et par le discours de la mère, lorsqu'elle s'entretient avec elle.

Conformément à notre protocole, nous nous rendons dans l'appartement occupé par la mère et son enfant, et nous commençons les prises de vues, alors que l'enfant dort. L'enfant étant sorti de son sommeil, nous n'observons pas, au cours des trente minutes qui suivent, de signes ou d'indicateurs qui évoquent et traduisent des difficultés importantes de développement chez l'enfant.

Cependant, quatre éléments se dégagent clairement.

1. A son éveil, l'enfant est immédiatement très vigilant et attentif à son environnement, dans lequel il repère tout de suite sa mère.

2. Orientant son regard, et tendant les bras vers sa mère, l'enfant s'agrippe à elle, comme s'il avait peur de la perdre. C'est alors qu'il explore l'environnement nouveau constitué par le caméraman et les deux chercheurs de l'équipe.

3. Avec une taille et un poids nettement supérieurs aux autres enfants de son âge, Christophe présente une tonicité très prononcée de l'ensemble du corps, en particulier

des membres antérieurs. Il est quasiment raide lorsque sa mère le prend dans son lit.

4. Ce qui frappe chez la mère, c'est la tristesse du visage, l'anxiété du regard et l'absence ou la très faible fréquence des vocalisations et productions langagières qu'elle adresse à son enfant.

Environ 30 minutes plus tard, deux particularités attirent notre attention :

1. L'enfant recherche activement le regard de sa mère et s'agrippe avec force à ses bras et à son cou. Nous continuons d'avoir le sentiment qu'il a peur de perdre sa mère, dont le visage reste triste et le regard inquiet. Elle ne parle toujours pas à l'enfant. Sollicité par le chercheur qui essaie d'accrocher son regard, sourit et avance le visage dans sa direction, l'enfant sourit lui-même, avec l'une de ses mains fermement agrippée aux vêtements maternels. Il accepte de prendre les objets que lui présente le chercheur, puis les lui rend, lorsque celui-ci le sollicite en penchant la tête sur le côté, en souriant et en avançant la main en supination. Autrement dit, cet enfant de 7 mois et demi a des compétences interactives bien développées avec une personne étrangère. Pourtant, lorsque le chercheur prend l'enfant dans ses bras, le coupant ainsi de tout contact corporel avec sa mère, puis cherche à accrocher son regard, soit en le tenant tout près de son corps, soit en le prenant à bout de bras, l'enfant détourne le regard et évite systématiquement d'être en situation de face à face avec lui, tout en se raidissant et en s'orientant vers sa mère. Il geint, gémit et pleurniche. Répétées plusieurs fois, les tentatives du chercheur pour obtenir l'interaction avec Christophe se soldent chaque fois par un échec. L'enfant n'accepte la communication que s'il a un contact corporel avec sa mère. Ceci conforte notre sentiment initial : l'enfant semble avoir peur de perdre sa mère.

2. Lorsque la mère met l'enfant en position assise, puis s'écarte de un à deux mètres, il ne la suit pas, car il ne peut quitter la position assise. En outre, le dépôt sur le sol

d'objets familiers et attractifs à quarante centimètres environ de l'enfant, induit chez lui des gestes d'extension du bras et des mouvements de saisie en direction des objets. Mais Christophe ne parvient pas à les toucher, faute d'avoir la possibilité de se déplacer en rampant ou par quadrupédie. Enfin, lorsqu'il est allongé sur le sol par sa mère en position ventrale, il ne manifeste pas davantage de comportement de reptation ou de déplacement par quadrupédie. C'est clair, Christophe ne présente pas la moindre autonomie locomotrice. Il reste assis ou allongé, là où on l'a assis ou allongé.

Deux mois plus tard (il a 9 mois et demi), nous l'invitons avec sa mère dans le local aménagé au sein de l'unité de recherche.

Nous essayons d'organiser la séparation corporelle entre l'enfant et sa mère par deux procédés :

1. La mère disparaît dans le couloir, pendant que l'enfant est assis ou maintenu debout par une étudiante, à cinquante centimètres environ de la paroi percée d'orifices. Il peut ainsi voir apparaître le regard et le visage de sa mère à travers l'un des orifices, ou bien sa main qui lui fait des signes après avoir soulevé le rideau. Mais encore, son visage et la partie supérieure de son corps lorsqu'elle s'accroupit au niveau du hublot. Geignant, gémissant et pleurnichant, les bras tendus dans sa direction, l'enfant n'accepte pas d'en être séparé. Il n'accepte pas davantage la communication avec l'étudiante, qui intervient selon le protocole habituel. Pourtant, elle sourit en permanence et prononce des mots d'apaisement. En revanche, lorsque la mère sort du couloir et retrouve un contact corporel avec l'enfant, celui-ci sourit en réponse aux sourires de l'étudiante, puis avance la main au contact de sa main présentée en supination.

Par conséquent, l'enfant ne paraît pas avoir évolué depuis deux mois quant à ses possibilités de développer des interactions avec une tierce personne dès qu'il n'a plus de contact corporel avec sa mère.

2. La mère assoit son enfant et s'agenouille elle-même

à un mètre de là. Une balle est déposée entre eux. Le corps tendu en direction de la mère, l'enfant est attiré en même temps par la balle. Progressivement, il se penche vers l'avant jusqu'à se retrouver allongé sur le ventre. Puis il enchaîne en essayant de prendre la balle. Celle-ci lui échappe. Il la poursuit en présentant pour la première fois des mouvements de reptation bien organisés, des postures à quatre pattes avec les jambes tendues, puis il reprend la position assise et poursuit de nouveau la balle, en alternant la reptation et la quadrupédie sur les jambes tendues. Christophe s'est ainsi écarté de sa mère de deux mètres environ. C'est la première fois qu'il manifeste de tels enchaînements moteurs et, en même temps, une activité qui l'éloigne de sa mère. Lorsqu'il est mis dans le manège auquel sa mère imprime une rotation, Christophe sourit et ne présente plus de vocalisations ou de gestes pouvant traduire son inquiétude, dans cette nouvelle situation d'éloignement vis-à-vis de la mère. Celle-ci découvre chez lui des capacités motrices et des capacités d'autonomie qu'elle ne soupçonnait pas. Désormais, c'est un nouveau regard qu'elle porte sur son enfant, même si ses difficultés personnelles subsistent, et même si le retour à la maison signifie à nouveau un milieu confiné, qui ne permet pas à l'enfant d'investir un espace diversifié à son initiative et à son rythme (outre l'exiguïté de l'appartement, l'enfant est le plus souvent dans son parc ou dans son lit. Ces limitations de la motricité potentielle de l'enfant paraissent aussi traduire l'inquiétude de la mère). Quoi qu'il en soit, après cette session, le discours maternel est plus positif vis-à-vis de l'enfant.

Deux mois et demi plus tard (Christophe a 12 mois), nous invitons de nouveau la mère et l'enfant dans notre local expérimental. En l'espace d'une heure environ, nous allons assister à l'émergence d'une série d'habiletés motrices chez l'enfant, qui n'a pas encore acquis la marche, et à une modification du regard, des expressions faciales et des attitudes de la mère vis-à-vis de l'enfant.

En premier lieu, lorsque la mère est dans le couloir et joue à faire apparaître son regard et son visage par un orifice, Christophe, qui se tient assis sur le sol de l'autre côté de la paroi, est très attentif aux apparitions, disparitions et déplacements de sa mère, entre les orifices et le hublot. Il s'approche de la paroi à quatre pattes, puis il se dresse à la recherche du visage maternel dans l'un des orifices. Désormais l'interaction entre l'enfant et sa mère est souriante (le visage maternel n'a plus la tristesse et l'anxiété des mois précédents). L'enfant ne gémit et ne pleurniche plus lorsqu'il ne voit ou n'entend plus sa mère. Parallèlement, il communique par le sourire, le geste et le toucher avec l'étudiante rencontrée deux mois et demi plus tôt.

Dans un deuxième temps, nous demandons à la mère d'augmenter la distance de séparation. Elle se rend à la plate-forme où conduit l'escalier hélicoïdal. Lorsque Christophe l'aperçoit, il attaque de lui-même l'escalade de l'escalier à plat ventre et à quatre pattes. Poussant sur ses jambes et tirant sur ses bras, il parvient à gravir complètement l'escalier, et retrouve sa mère qui l'accueille sur la plate-forme. Christophe choisit ensuite de descendre de une à quatre marches, allongé sur le ventre, la tête orientée vers le bas. Il apparaît capable de se retourner et de revenir, la tête la première, au sommet de la plate-forme. Lorsque sa mère descend et l'attend au milieu de l'escalier, Christophe maîtrise sa descente à plat ventre, ses retournements, mais aussi les positions debout avec les mains en appui sur la balustrade. Quand, enfin, la mère et l'enfant se retrouvent, on assiste à une jubilation mutuelle : l'enfant s'est révélé à lui-même des habiletés motrices qu'il n'avait pas eu l'occasion de manifester, et la mère découvre chez son enfant des compétences qu'elle n'imaginait pas.

Dans un troisième temps, nous demandons à la mère de gravir la rampe jusqu'à la plate-forme. Là encore, Christophe se montre capable d'escalader complètement la rampe en mobilisant des habiletés motrices déjà bien structurées. Il investit aussi beaucoup d'énergie. Cela se manifeste par des efforts de poussée, de traction et par des bruits vocaux qui traduisent l'effort. Lorsqu'il retrouve sa mère sur la plate-forme, Christophe, penché pour prendre une balle dans un bac, bascule et se retrouve allongé sur un matelas de balles. Quelques instants sidéré, il découvre qu'il est capable de se déplacer dans un milieu mouvant et de manipuler les balles, notamment pour les déposer et les faire rouler sur la plate-forme. Parallèlement, le visage de la mère est détendu, parfois souriant et relativement expressif.

A l'issue de cette session, au cours du trajet vers son appartement où nous la reconduisons, la mère ne cesse de parler de toutes les capacités que vient de manifester l'enfant. Elle n'en revient pas de l'avoir vu escalader, puis descendre l'escalier et la rampe, et investir le bac à balles après une chute. Le terme « débile » n'est plus prononcé. La mère parle même des projets qu'elle nourrit pour l'enfant au cours des jours suivants.

Cet exemple montre que, lorsqu'un enfant peut évoluer dans un espace ouvert, dans un contexte interactif avec une mère plus rassurée ou moins anxieuse, dans des structures conçues en fonction de sa taille et de ses possibilités corporelles, il révèle des habiletés motrices et des capacités interactives non seulement aux chercheurs, mais aussi, et surtout, à lui-même et à l'observatrice attentive qu'est la mère. Nous apprendrons ensuite que la mère a beaucoup parlé au cours des jours suivants de ce qu'elle avait constaté et vécu. Son discours était alors plus positif à l'égard de l'enfant.

Certes, on ne peut évidemment modifier profondément une relation difficile entre une mère et son enfant en leur donnant ponctuellement la possibilité d'évoluer dans un local aménagé de façon appropriée. Mais on peut désormais faire l'hypothèse que, si une mère a la possibilité de se rendre avec son enfant dans des lieux structurés, ouverts et interactifs qui révèlent l'étendue et la complexité des capacités de l'enfant, dans des contextes rassurants, sécurisants et ludiques, c'est la relation entre les deux personnes qui peut se trouver modifiée, au bénéfice des deux. C'est l'enfant qui se découvre et peut ainsi rebondir de compétences en compétences, en développant un sentiment de confiance en lui-même. C'est la mère, qui apprend à regarder son enfant avec confiance, à l'encourager et à le valoriser, non seulement en rentrant à la maison, mais aussi au cours des rencontres avec les personnes de la vie quotidienne.

Deuxième exemple : André, l'enfant hospitalisé pendant quatre mois

André a 18 mois lorsqu'il vient pour la première fois dans notre unité de recherche avec ses parents. Cette fois encore, l'une des pédopsychiatres de notre groupe nous a demandé d'organiser cet accueil. L'enfant sort en effet d'une hospitalisation de quatre mois environ, et ses parents ont le sentiment qu'il ne les reconnaît plus en tant que parents. Eux-mêmes éprouvent des difficultés à développer des interactions chargées d'émotions avec l'enfant, comme si quelque chose s'était cassé dans leurs relations affectives. A première vue, l'apparente indifférence et le déficit interactif de l'enfant sont liés à ce que le psychanalyste Spitz (1968) regroupe sous le terme d'hospitalisme. Il entend par là les troubles du comportement, de la relation et du développement que peut entraîner chez l'enfant une hospitalisation de longue durée, qui le prive d'une interaction suffisamment fréquente et ajustée avec sa mère ou son substitut.

Nous invitons d'abord nos visiteurs à découvrir le local expérimental. Au cours de la première demi-heure, nous constatons les difficultés et le mal-être qui imprègnent le discours des parents. Ils disent qu'André ne cherche pas le contact corporel et l'interaction active et ajustée avec eux. Pourtant, il a des compétences interactives : quand nous l'asseyons sur le sol (il ne marche plus, bien qu'il ait acquis la marche autonome avant son hospitalisation), le prenons dans nos bras ou à bout de bras, l'enfant nous sourit, vocalise et crie, a une expressivité faciale diversifiée, accroche et suit notre regard. En position assise, face à la paroi percée d'orifices, derrière laquelle la mère et le père se sont cachés, il ne manifeste pas de comportement de recherche visuelle de ses parents. Il ne les appelle pas, que ce soit par des vocalisations ou par la gestualité. Il semble se désintéresser, ou n'être pas très attiré, par l'apparition du visage de la mère ou du père dans l'un des orifices ou le hublot. En revanche, il répond bien à nos tentatives d'accrochage visuel, à nos sourires, à nos productions langagières, à nos offrandes et sollicitations manuelles.

Nous portons l'enfant et l'aidons à se tenir dressé le long de la paroi percée d'orifices. Son visage est ainsi au niveau de l'un d'eux. Il peut alors explorer visuellement le couloir, et se retrouver face à face avec sa mère ou son père. Le parent découvre le regard, le visage et la main de l'enfant, puis il constate que celui-ci a conservé ses capacités d'accrochage du regard, de sourire, de vocalisation et de toucher. En fait, il redécouvre le visage de son enfant et les émotions qu'il transmet, et réciproquement pour l'enfant. C'est chacun qui modifie ensuite l'expression du regard et du visage de l'autre, qui joue avec ses vocalisations et les vocalisations de l'autre, qui touche et se fait toucher par l'autre. Le déplacement du parent vers le hublot, puis son apparition en position accroupie au milieu du hublot entraînent de nouvelles formes d'interactions au cours desquelles chacun découvre qu'il n'a pas oublié ou perdu l'autre. Le retour vers l'orifice nourrit de nouveau les interactions proximales entre l'enfant et chacun de ses partenaires. Mais André interrompt l'interaction pour s'intéresser à lui-même, ou aux autres personnes présentes, ou à l'environnement physique du local. Il faut de nouveau l'orienter en direction du hublot où se tient le parent. Au fond, nous assistons à une interaction en pointillés, juste (re)naissante.

La session continue avec un épisode dans le manège. Le chercheur y assoit l'enfant, et demande en même temps à la mère de se tenir accroupie de l'autre côté, à 180 degrés. Puis un mouvement est imprimé au manège pour que l'enfant se retrouve au niveau de sa mère, juste en dessous de son visage. Cette opportunité permet à la mère de se pencher vers lui, de rechercher son regard, tout en lui souriant et lui parlant. L'enfant peut découvrir le visage maternel par une simple rotation de la tête. Penchant à plusieurs reprises le visage à la gauche puis à la droite de l'enfant, la mère lui fait découvrir ou redécouvrir le jeu du « coucou, je te vois, tu ne me vois plus, je te vois de nouveau ». Ce type d'échange nourrit une dynamique interactive. Le comportement maternel y est animé par des émotions non équivoques, qui traduisent le plaisir qu'elle a de retrouver son enfant et de se retrouver vis-à-vis de l'enfant. Celui-ci découvre et redécouvre l'interaction ajustée et synchrone avec sa mère.

La première session se termine dans une ambiance détendue au sein des relations mère-enfant, père-enfant, et mère-père. On n'observe plus et on n'entend plus l'inquiétude manifestée auparavant par la mère et le père. L'enfant apparaît plus attentif vis-à-vis de sa mère et de son père. Il est moins indifférent au comportement et aux productions langagières de ses parents.

En clair, cette première rencontre a permis à l'enfant et à ses parents de se redécouvrir, dans des échanges facilités par les possibilités d'exploration visuelle et d'interaction face à face que fournit la paroi percée d'orifices. Au début, c'est l'enfant qui, en choisissant de focaliser son regard dans un orifice, puis de suivre ou d'anticiper le déplacement de sa mère de l'orifice au hublot, apparaît comme un acteur qui recentre l'attention de sa mère et de son père vers des capacités interactives qui n'étaient qu'en sommeil. C'est ensuite dans le manège que l'enfant accepte et nourrit le jeu du « coucou, je te vois ». A tout moment, il est un acteur actif et pas seulement un receveur des comportements et des émotions de la mère et du père.

Au cours de la deuxième session, André et ses parents sont désormais complices. La paroi percée d'orifices est utilisée comme support d'une interaction désormais mieux accordée. L'apparition d'un visage, le développement d'un sourire ou d'un appel entraînent chez André une participation souriante et de type jubilatoire à plusieurs occasions. Chacun semble avoir trouvé ou retrouvé des repères interactifs et émotionnels vis-à-vis de l'autre.

Au cours de la troisième session, nous choisissons de filmer André accompagné de sa mère dans un groupe d'enfants plus jeunes accueillis dans une crèche.

André, qui marche, manifeste ses capacités à offrir et solliciter un objet, à développer des interactions de part et d'autre de la paroi percée d'orifices, et à conjuguer ses efforts avec ceux des autres pour faire tourner le manège.

Une chose est claire. A 24 mois, André a des capacités interactives diversifiées, notamment avec sa mère et d'autres enfants, même si elles ne sont pas aussi variées et complexes que chez les enfants plus jeunes âgés de 15 à 20 mois évoluant dans le même lieu et dans les mêmes conditions. Il paraît compenser cette différence par une fréquence plus élevée d'agressions et un recourt plus fréquent aux puéricultrices présentes. Il investit tout l'espace disponible, devant et derrière la paroi percée d'orifices, mais n'escalade pas encore les structures aménagées à cet effet. Cependant, la mère et le père apparaissent maintenant rassurés, moins angoissés que lors de leur première visite. Ils ont découvert et continuent à découvrir les capacités interactives de leur enfant, en particulier avec leur propre personne. L'enfant lui-même a découvert la gamme de ses capacités interactives avec ses différents partenaires, en particulier avec ses parents.

Troisième exemple : Alexandre, l'enfant infirme moteur cérébral

Infirme moteur cérébral, Alexandre a 8 ans et 1 mois et demi lorsque nous le filmons pour la première fois avec cinq enfants familiers ayant le même type de handicap. Ils sont accueillis ensemble dans une classe de la même institution. Ces enfants se connaissent depuis plusieurs mois. Alexandre présente une encéphalopathie détectée par ses parents à l'âge de 7 mois. Il ne marche pas, ne parle pas et, de façon plus générale, ne communique pas avec les autres enfants.

Au cours de la première session d'observation, Alexandre reste constamment à proximité immédiate des deux enseignantes familières. Il recherche souvent le contact avec elles. Mais il ne tient pas sur ses jambes. Son mode de locomotion est particulier : il se déplace en position assise et progresse à reculons.

Lorsque, deux semaines plus tard, une enseignante le tient en position debout, il penche le buste en avant et tend les bras pour s'appuyer sur le bord du manège. La même personne le dépose à l'intérieur, là où se trouve un autre enfant. Mais Alexandre ne manifeste aucune tentative d'interaction avec ce nouveau partenaire, qui ne s'intéresse pas plus à lui. Sans soutien, il bascule et s'écroule, sans pouvoir prévenir la chute. L'enseignante intervient alors. Elle le met à plat ventre sur le « pétale » en forme de plan incliné, l'un des trois lobes du manège (figure 13). Puis elle tire Alexandre par les bras pour l'en extraire. A l'extérieur du manège, Alexandre se retrouve en position assise.

Alexandre n'a toujours qu'une seule possibilité locomotrice : progresser sur les fesses. Mais, à l'observer de plus près, il révèle entre les deux sessions une nouvelle capacité : il progresse désormais vers l'avant et plus seulement à reculons. L'analyse des films ne révèle aucune interaction avec des enfants du même groupe, que ce soit à son initiative, ou à celle des autres. Alexandre communique seulement dans un sens : il recherche le contact corporel avec l'une ou l'autre des enseignantes.

Quatre mois plus tard, après deux mois de vacances (il s'agit de la cinquième session), il s'éloigne davantage des deux enseignantes, puis se déplace sur les fesses vers l'avant, d'une extrémité à l'autre du couloir qui longe la paroi percée d'orifices. Il se montre capable de réguler sa progression, sans basculement ou affaissement du buste. Et cela toujours à l'abri du regard des enseignantes. En bordure du couloir, il découvre l'une des niches où il s'introduit à reculons, puis ressort et poursuit son chemin sur les fesses. Deux mètres plus loin, sa progression en avant le conduit à l'intérieur de la niche située sous l'escalier hélicoïdal et face au fond de cette structure. Un demi-tour et il se retrouve face à l'entrée. A cet instant, un autre enfant le rejoint et reste avec lui quelques secondes, avant qu'Alexandre ne quitte la niche par lui-même.

En quatre mois, Alexandre a acquis ici plus d'autonomie, notamment par rapport aux deux enseignantes qui l'accompagnent. L'environnement qu'il découvre le soustrait à la vue des deux adultes. Sa locomotion sur les fesses est autorégulée. Enfin, une interaction « timide » avec un autre enfant est observée pour la première fois.

Deux semaines s'écoulent lorsque, parvenu au bas de la rampe par progression sur les fesses, Alexandre manifeste des gestes, des agitations du buste et des grognements. Voudrait-il emprunter la rampe ? C'est en tout cas ce que décode l'une des enseignantes. Elle met alors Alexandre en position debout, puis le soutient par sa veste de survêtement. Celui-ci empoigne les mains courantes qui bordent la rampe. En même temps, l'enseignante lui assure une aide. Elle soutient le corps d'Alexandre en se plaquant à son dos, et lui fournit ainsi un appui solide au moment où il déplace une jambe, puis ramène l'autre jambe au niveau de la première (mode dit « debout-rattrapé » : voir précédemment). Dans cette position debout, malgré des jambes flageolantes, l'enfant franchit les deux tiers de la rampe, puis il parvient pour la première fois à alterner ses pas comme dans la marche, toujours debout et soutenu par l'enseignante. Arrivé à la plate-forme, Alexandre s'accroche en position debout à la balustrade. Même si elle reste attentive, l'enseignante ne lui assure plus aucun appui. Il se tient là, debout, par sa seule volonté et ses régulations tonico-posturales. A la fin de l'escalade, les expressions faciales et les rééquilibrages ininterrompus d'un corps qui oscille et de jambes qui flageolent, sont éloquents. Ils reflètent toute l'énergie et la volonté investies par Alexandre dans la « conquête » d'une structure pourtant difficile à escalader. Les grognements qu'il émet paraissent traduire sa satisfaction et son plaisir.

Les enseignantes aident ensuite Alexandre à se rendre sur la corniche étroite qui sépare les deux bacs à balles de la balustrade. Là, elles le laissent libre de ses mouvements après l'avoir assis. L'enfant décide alors de s'aventurer sur la corniche en position assise. Après une progression d'un mètre, il s'écroule ou se laisse tomber dans le bac à balles parmi deux autres enfants. Aucun signe de crainte ou de détresse n'est observé. Une enseignante l'aide juste à s'asseoir au milieu des balles où il agite les bras et les jambes, comme le font d'habitude les autres enfants.

Quelques instants plus tard, Alexandre descend la rampe, retenu par une enseignante. Mais c'est lui qui règle sa progression sur les fesses, cherche ses appuis sur les deux mains courantes. A un mètre du bas, l'enseignante le laisse finalement terminer la descente, sans lui fournir le moindre soutien. Alexandre a réussi. Il est parvenu à la surface de marche. Un peu plus tard, des interactions se développent entre Alexandre et un enfant de son groupe. Les enfants s'enlacent sur le sol à l'initiative de chacun. De façon plus générale, Alexandre est désormais attractif pour les autres enfants. En même temps, il recherche la proximité et le contact avec eux.

Un mois s'est écoulé. Alexandre a pris l'habitude de se rendre au bas de la rampe en avançant sur les fesses. Plus étonnant, il se retourne et commence l'escalade sur les fesses, à reculons. Il prend appui sur les barres transversales qui jalonnent la rampe, et empoigne en même temps les mains courantes. Sans aucune assistance, il poursuit ainsi l'escalade jusqu'à la moitié de la rampe. C'est lui et lui seul qui régule sa progression, encouragé par l'enseignante. Il fait le trajet inverse avec les mêmes moyens, sans aucun affaissement ou basculement du corps. Toujours dans cette session, un enfant place les mains d'Alexandre sur les barreaux de l'espalier, comme s'il voulait l'aider à se dresser le long de cette structure. Le même enfant poursuit l'interaction avec Alexandre pendant cinq minutes. Celui-ci semble de plus en plus attractif et interactif avec les autres enfants.

Deux semaines plus tard encore, Alexandre manifeste dans le couloir d'autres comportements nouveaux.

Assis dans le couloir, il fait passer son bras par un orifice et tapote ou caresse à plusieurs reprises la tête d'un autre enfant situé de l'autre côté.

Il parvient à décoller un rideau comme il a vu d'autres enfants le faire, puis tape sur la paroi avec la main qui tient le rideau, tout en jubilant, comme s'il voulait attirer l'attention de ses pairs.

Il fait passer le rideau de l'autre côté de la paroi, puis caresse de nouveau la tête d'un enfant. Son partenaire répond en introduisant une balle par un orifice et en repoussant Alexandre.

Alexandre participe désormais à différents jeux interactifs avec les autres enfants.

Un autre mois s'est écoulé. On retrouve Alexandre au bas de la rampe. Cette fois, il entreprend de l'escalader debout, et sans l'aide de l'enseignante habituelle. Après une phase de motricité oscillante qu'il parvient à stabiliser par ses seuls efforts, l'enfant nous surprend une nouvelle fois. Il escalade complètement la rampe, en conservant la position debout. Les mains toujours en appui sur les barres latérales, il progresse en alternant les jambes comme dans la marche. Il est accueilli au sommet par l'autre enseignante, qui l'aide à se tenir debout, puis à s'asseoir, car il n'a pas encore la maîtrise suffisante pour y parvenir par ses propres efforts. Quelques instants plus tard, Alexandre descend seul la rampe, en progressant sur les fesses jusqu'au bas. On l'entend jubiler et son visage est rayonnant. Au cours de l'escalade, sur la plate-forme et pendant la descente, Alexandre a été sans cesse encouragé par l'une ou l'autre des enseignantes, qui soulignent sa réussite (« Tu es un champion »). C'est aussi le rire et les jubilations de l'un de ses compagnons de jeu qui l'ont accueilli au sommet de la rampe.

Les chercheurs et les enseignantes ont vécu un moment de stupeur et d'intense bonheur. C'est la première fois que l'enfant réussit une escalade, et en « marchant », alors qu'il ne maîtrise pas encore la marche non assistée.

Dix mois se sont passés depuis qu'Alexandre a découvert le local aménagé de notre unité de recherche. Nous vivons comme une renaissance les nouvelles constructions de l'enfant*.

Alexandre a en effet révélé ici qu'il était capable de développer des habiletés motrices et des capacités interactives relativement complexes. Grâce à elles, il a pu escalader et descendre complètement la rampe et développer des interactions avec les autres enfants.

Comme lors des exemples précédents, un couplage paraît exister entre le développement d'habiletés motrices nouvelles et l'émergence de capacités interactives de mieux en mieux organisées et de plus en plus élaborées avec les partenaires habituels. Pourtant, tout dans le tableau clinique d'Alexandre, au début de l'étude, interdisait des prévisions aussi favorables. Parallèlement, le regard des deux enseignantes qui le suivent d'habitude a changé. Leur représentation de l'enfant et de ses capacités n'est plus la même. C'est aussi l'ensemble des regards, des représentations et des pratiques de l'équipe éducative et paramédicale qui ont évolué dans l'institution qui accueille l'enfant. C'est enfin les autres enfants qui vont modifier leur attitude vis-à-vis d'Alexandre. Plus généralement, les onze enfants infirmes moteurs cérébraux que nous avons suivis ont tous révélé au fil des sessions dans notre local expérimental, mais à des degrés divers, des capacités motri-

* Voir le film vidéo *Un enfant handicapé — Évolutions motrices et interactions*, réalisé par Gauffier *et al.*, 1992, à l'Unité 70 de l'Inserm.

ces et interactives plus organisées, diversifiées et complexes que dans l'institution où ils séjournent. Chacun d'eux paraît découvrir et apprécier l'évolution de ses capacités et les modifications qui en résultent dans le regard, les attitudes, les comportements et le discours de l'ensemble des partenaires de la vie quotidienne. Les éducatrices le reconnaissent elles-mêmes : un nouveau climat existe dans le groupe d'enfants et dans la classe. Le jeudi, jour des sessions expérimentales, l'arrivée du bus de l'unité de recherche est attendue avec impatience, plaisir et jubilation. Enfin, les enseignantes observent des progrès en classe comme si, pour chaque enfant, la découverte de soi-même, avec un regard, des attitudes, un comportement et un langage modifiés chez l'éducatrice familière, avait donné une nouvelle impulsion à la volonté et au plaisir d'apprendre.

QUELQUES CONCLUSIONS ET QUELQUES ÉLÉMENTS DE RÉFLEXION

Les constructions de 8 à 30 mois chez les enfants « normaux » accueillis à la crèche

Notre étude montre que, *lorsque les enfants ont la possibilité d'évoluer régulièrement, au sein d'un groupe de pairs, dans un lieu qui permet la « conquête » de la troisième dimension de l'espace, sans que leur motricité soit limitée ni par l'environnement physique, ni par des consignes ou des interdits, ils révèlent une gamme étendue de compétences.*

Leurs habiletés motrices, leurs modes d'interaction et leurs comportements sociaux apparaissent plus précoces et complexes que ne l'indiquent les publications scientifiques, les observations cliniques et les échelles de développement.

Quelques résultats peuvent être soulignés :

1. *L'émergence, entre 8 et 12 mois, avec des temps forts à 11 mois (l'escalier) et 12 mois (la rampe), des habiletés motrices qui permettent d'investir les deux structures d'escalade*, apparaît en relation avec trois phénomènes :

— L'augmentation rapide des déplacements par quadrupédie à 10 et 11 mois (la fréquence des épisodes de quadrupédie, qui permet la découverte des différents lieux de l'espace ouvert, et notamment du bas des structures d'escalade, est alors significativement plus élevée qu'aux autres âges) ;

— Le développement rapide entre 10 et 12 mois des capacités à se dresser et se déplacer le long des structures verticales, en particulier de la paroi percée d'orifices ;

— L'acquisition de la marche (11 ou 12 mois, selon les enfants).

Le développement diversifié des habiletés motrices favorise les rencontres entre enfants et le développement rapide de certaines formes d'interaction :

— La fréquence des offrandes, sollicitations et doigts pointés, s'accroît de façon hautement significative entre 11 et 12 mois ; la fréquence des interactions de part et d'autre de la paroi augmente beaucoup de 10 à 11 mois, et plus lentement entre 11 et 12 mois ;

— A l'âge de 12 mois, on observe déjà des comportements sociaux complexes, c'est-à-dire des imitations, parfois réciproques, des activités de coopération et des conduites d'anticipation du comportement de l'autre.

2. Entre 12 et 14 mois, la phase de consolidation des habiletés motrices qui permettent la « conquête » de la troisième dimension de l'espace, coïncide avec une augmentation rapide de la fréquence des imitations et des interactions de part et d'autre de la paroi percée d'orifices. On observe aussi, au cours de cette phase, une légère augmentation de la fréquence des comportements de coopération, mais elle est irrégulière.

Entre 12 et 14 mois, les enfants développent donc un ensemble de compétences qui leur permettent de mieux contrôler leurs nouvelles habiletés motrices, et de mieux orienter ou diriger leurs conduites vis-à-vis de leurs pairs, en fonction des lieux et des contextes.

3. Entre 14 et 16 mois, les enfants diversifient leurs modalités d'escalade et de descente, en même temps qu'ils choisissent de façon croissante la position debout, soit au cours de leurs pauses dans l'escalier et le plan incliné, soit au cours de leurs progressions dans ces structures. Cette évolution apparaît en relation avec une meilleure maîtrise de l'équilibre corporel (mains en appui sur les deux côtés des structures d'escalade ; pauses en position assise ; descentes partielles sur les fesses), et des régulations motrices, au moment du croisement ou du dépassement d'un autre enfant (marquer un arrêt — attendre — laisser passer — enjamber ou écarter sans pousser). On observe parallèlement une augmentation importante de la fréquence des imitations et des coopérations, et l'émergence de formes particulières de coopération : l'un des enfants désigne l'objet qu'il n'a pu complètement contrôler au cours d'une action (décoller un rideau ; faire tourner le manège ; faire basculer un coussin dans le hublot ou le manège), puis un autre, qui observe, termine l'action.

Il en résulte des acquisitions nouvelles, par exemple, c'est après avoir multiplié les décollages de rideau que les enfants découvrent leur capacité à faire adhérer de nouveau l'un de ces rideaux à l'une des bandes velcro, soit à leur seule initiative, soit en imitant un autre.

Les auto-apprentissages et les apprentissages au contact des différents partenaires apparaissent ainsi étroitement liés à la maîtrise du fonctionnement corporel, relationnel et cognitif (les propriétés et fonctions des objets sont découvertes dans les différentes dimensions de l'espace et à travers les interactions avec les pairs).

Le créneau de 14 à 16 mois se dégage ainsi comme une sorte de charnière pour un ensemble de processus :

a. La maîtrise des escalades et descentes de l'escalier et de la rampe, avec prédominance de la verticalité ;

b. L'acquisition de nouvelles habiletés motrices ;

c. Le développement accéléré de comportements sociaux complexes ;

d. L'émergence de nouvelles formes de coopération ;

e. Le développement de processus d'apprentissage relativement complexes au contact des pairs.

4. Le créneau de 16 à 18 mois se présente comme une phase d'habiletés motrices complémentaires (franchissement du hublot ; escalades de la paroi percée d'orifices et du « mur à grimper »), et de consolidation ou d'augmentation des imitations et des coopérations.

5. Enfin, à partir de 18, 19 ou 20 mois, selon les enfants, on observe une expansion des occupations de l'espace, qui correspond à la maîtrise des comportements d'escalade et de descente de toutes les structures (escalade, rampe, hublot, manège, « mur d'escalade », paroi percée d'orifices, espalier) par 80 % des enfants de notre échantillon. Parallèlement, les comportements d'entraide et les activités symboliques se développent sous des formes diversifiées, et souvent complexes. Les interactions se multiplient non plus seulement entre deux enfants, mais aussi entre trois, quatre ou cinq, surtout dans les bacs à balles, les nids de la plate-forme et le manège.

Les fondements du développement précoce des habiletés motrices et des comportements sociaux chez les enfants « normaux »

L'étude des habiletés motrices et des comportements sociaux des enfants qui évoluent en activité libre parmi des pairs suggère que leurs fondements pourraient être constitués par les cinq capacités ou forces que nous avons proposées pour les émergences observées chez les petits de 4 à 7 mois dans les sièges expérimentaux :

1. *Ils ont des capacités d'attention visuelle soutenue et ciblée.*

Dès les premières sessions, l'attention visuelle (et aussi auditive) des enfants en activité libre est accrochée et maintenue à tout moment par les regards, les visages et les mains qui apparaissent dans les orifices et le hublot de la paroi, par les pairs qui apparaissent et disparaissent autour de cette structure. Parallèlement, les orifices et le hublot sont utilisés de façon croissante depuis le couloir pour observer le « monde extérieur », passer la tête ou le corps, introduire ou échanger des balles. La paroi est une structure qui focalise le regard, et « nourrit » ainsi les capacités d'attention soutenue et ciblée, déjà présentes à 4-5 mois, vis-à-vis des pairs et de leurs comportements. Ces capacités sont aussi sollicitées par l'exploration et la découverte d'autres lieux attractifs, qui favorisent les rencontres et les attitudes d'observation devant les activités des pairs.

2. *Ils sont animés par une « faim » qui les pousse à l'interaction avec des partenaires qui ont globalement les mêmes compétences.*

3. *Dans leurs interactions, ils utilisent essentiellement des comportements affiliatifs et coopératifs.*

Dans les conditions de notre étude, la fréquence des comportements d'agression reste faible à tous les âges. Tout se passe comme si l'agressivité se trouvait canalisée ou supplantée par les poursuites ludiques, les interactions de part et d'autre d'une paroi qui induit la recherche visuelle des partenaires, puis la découverte du regard, des sourires, des mimiques, des gestes d'appel ou d'offrande, etc., mais qui ne se prête pas aux actes d'agression. La séparation et les retrouvailles se succèdent et donnent lieu à la recherche du partenaire, à l'anticipation de ses déplacements et de ses comportements, à l'imitation et à la mise en commun des actes dans diverses activités de coopération.

Tout se passe comme si les découvertes successives de leurs capacités, la diversification des espaces, l'effectif réduit du groupe (six enfants) et les manifestations de plaisir (rires, appels, jubilations) réduisaient la probabilité des conflits et des compétitions avec les pairs, et favorisaient l'émergence et le développement des conduites affiliatives et coopératives.

4. *Ils ont très tôt la capacité de coordonner leurs gestes et de les ajuster à ceux des partenaires.*

Les aménagements du local expérimental donnent aux enfants de multiples occasions de découvrir, d'affiner et de diversifier leurs capacités à coordonner et ajuster leurs gestes par rapport à ceux des partenaires, en même temps qu'ils développent leurs habiletés motrices dans la troisième dimension de l'espace. La paroi percée d'orifices, l'escalier, la rampe et le manège jouent un rôle particulièrement important dans la construction et la maîtrise de ces processus.

5. *Ils ont aussi très tôt la capacité d'apprendre au contact des pairs, soit en reproduisant leurs comportements, leurs vocalisations ou leurs activités, soit en prenant des initiatives au cours de leurs explorations individuelles, lorsqu'ils sont accompagnés ou suivis par un ou plusieurs autres enfants, comme s'il existait alors des phénomènes de facilitation sociale.*

L'utilisation de ces fondements pour révéler les capacités cachées des enfants en difficulté et des enfants handicapés

Nous avons vu que, lorsque des enfants en difficulté (Christophe, André) ou handicapés (Alexandre) ont la possibilité d'évoluer en activité libre dans notre local expérimental, soit en présence de leur mère ou des deux parents, soit au sein d'un groupe de pairs familiers, ils révèlent aussi des capacités inattendues.

Christophe découvre ainsi qu'il est capable à 9 mois et demi de développer une autonomie locomotrice et interactive par rapport à sa mère, et encore plus nettement à 12 mois, puisqu'il parvient alors à escalader l'escalier et la rampe par ses propres moyens. Il s'engage aussi dans des interactions répétées avec une autre partenaire que sa mère, sans montrer les inhibitions et les réactions de crainte ou de détresse qu'il manifestait auparavant, dès qu'il n'avait plus de contact corporel avec elle. C'est après une hospitalisation de plusieurs mois qu'André découvre lui aussi, d'une session à l'autre, ses capacités à conquérir un nouvel espace et à participer avec ses parents à des interactions successives et jubilatoires, alors qu'il restait « bloqué » en position assise et ne cherchait ni à s'ajuster, ni même à répondre à ses parents. Ces derniers ne savaient plus comment communiquer avec leur enfant, ni même s'il avait, lui, la possibilité ou le désir de communiquer avec eux.

Découvrant toute la gamme de leurs capacités motrices et interactives, ces enfants découvrent en même temps qu'ils peuvent développer leur autonomie motrice et interactive, tout en vivant des interactions renouvelées, accordées et souvent jubilatoires avec une mère ou des parents, eux-mêmes en difficulté. Ce sont le regard, les représentations, les attitudes et le projet de la mère et des parents, qui peuvent « bouger » ou commencer à « bouger », avec la découverte des capacités cachées ou enfouies d'un enfant qui semblait avoir peur de perdre sa mère (Christophe), ou que les parents avaient « perdu de vue » (André). Chacun des deux enfants peut développer encore davantage la confiance en ses possibilités, à mesure qu'elles sont soulignées par le regard, les attitudes et le discours de la ou des personnes d'attachement. Parallèlement, c'est le ou les parents qui prennent confiance dans les capacités de l'enfant à être acteur de son développement, et dans leurs propres capacités à accompagner et favoriser ce développement.

L'évolution d'Alexandre est encore plus extraordinaire, et ne constitue pas un cas unique, même si elle est particulièrement spectaculaire, puisque nous avons aussi observé des changements importants chez dix autres enfants infirmes moteurs cérébraux. En dix mois, par sa volonté et la force d'attachement qui le lie aux deux enseignantes, et particulièrement à l'une d'entre elles, il a pu et su mobiliser les capacités qu'il avait au plus profond de lui. Il parvient désormais à maîtriser l'escalade de la rampe en position debout, alors qu'il ne se déplaçait que sur les fesses et « à reculons ». Parallèlement, il est devenu de plus en plus attractif pour les autres enfants du même groupe... et pour les enseignantes, qui l'ont accompagné dans sa conquête de l'espace. Il participe désormais à des interactions diversifiées, renouvelées et durables avec ses pairs, en particulier de part et d'autre de la paroi percée d'orifices.

Nous avons eu le sentiment d'assister à une sorte de métamorphose. Là aussi, c'est le regard des parents qui a « bougé » ou commencé à « bouger ». Ce sont les enseignantes, puis l'ensemble des personnels de l'institution, qui ont modifié leur regard, leurs représentations, leurs attitudes et leur discours devant les émergences et l'évolution d'Alexandre.

Conclusions

Étudier la construction de l'être humain à travers le suivi de ses « enfants » est une entreprise redoutable. Les embûches de toutes sortes ne manquent pas. Elles tiennent autant à la complexité des phénomènes qu'au regard impitoyable des Écoles ou des Églises, gardiennes du temple de la théorie. Mais sans doute est-ce bien ainsi car tout le monde est concerné. L'enjeu est de taille : il s'agit non seulement de comprendre la genèse des conduites humaines, toujours conquérantes, mais aussi les manques, les freins, les accélérations, les plongeons, les pertes, les dérives, etc., qui peuvent être à l'origine des phénomènes de mal-adaptation, non-adaptation ou désadaptation des êtres par rapport à eux-mêmes et par rapport à leur environnement. L'entreprise est ardue lorsque les états de mal-être se multiplient. Notre impuissance à y faire face n'a d'égale que nos ignorances. Et cela en dépit des progrès formidables réalisés par la recherche scientifique et médicale dans la connaissance des compétences du bébé et du jeune enfant.

Quatre « raisons » expliquent nos ignorances

1. Nous manquons d'études réellement pluridisciplinaires sur le développement de l'enfant et de ses dysfonctionnements. Les recherches à la fois cliniques, « naturalistes » et expérimentales sont rares. Elles permettent pourtant de

mieux appréhender, au sein d'environnements diversifiés, l'enfant qui va bien ou mal, « à risque » ou non, handicapé ou valide, selon que sa mère et sa famille sont sécurisants, ou au contraire en difficulté, etc.

2. Nous manquons de liens conceptuels et méthodologiques entre cliniciens et chercheurs.

3. Nos « certitudes exagérées », souvent faussement antagonistes, empêchent souvent tout dialogue et toute collaboration entre psychologues, biologistes, médecins et sociologues, et plus particulièrement entre psychanalystes, psychologues et biologistes du développement, éthologues, pédiatres, psychiatres, linguistes et anthropologues. Trop souvent, le dogme l'emporte sur la raison... et la réalité ou le vécu. C'est pourquoi il faut saluer les efforts, comme ceux de Visier (1991), de mise à plat et de synthèse des concepts, des développements théoriques, des idées et des faits qui relèvent de domaines aussi divers que la psychanalyse, les études de comportement et la neurobiologie. On appréhende mieux alors la personnalité et le développement de l'enfant. En revanche, certains affirment encore qu'on sait tout, ou presque, dans ce domaine. Mais alors pourquoi sommes-nous si impuissants devant les enfants qui se replient et s'enferment sur eux-mêmes, ou qui, qualifiés d'hyperactifs, paraissent vivre dans un tourbillon d'actions sans but ni stratégie, ceux encore qui développent des comportements désordonnés, « décousus », stéréotypés, hors de propos, destructeurs, etc. ? Que dire des enfants dont l'instabilité de l'attention, de l'écoute et des conduites, amène les adultes à les ignorer ou les écarter du groupe humain dont ils font partie ? Ou de ceux qui ne comprennent pas les signaux les plus élémentaires, ou ne paraissent pas les comprendre, et que nous enfermons dans leur silence ou leur incompréhension ? Ou encore des élèves dits en échec scolaire, sans toujours faire l'effort de les comprendre à travers leur histoire particulière d'enfant et non pas simplement d'élève ?

4. Il n'y a pas de véritable intégration de l'enfant dans

les projets de société en tant que personne, et pas seulement comme élément d'une famille.

Nécessité d'une approche pluridisciplinaire

Comme le montrent les études rapportées dans *L'Enfant acteur de son développement*, les chercheurs et les cliniciens de l'Unité 70 de l'Inserm s'efforcent d'agir sur les trois premières raisons, sans négliger la quatrième. Ils essaient, en effet, de sensibiliser les décideurs politiques et institutionnels aux enjeux que représente une intégration mieux pensée et plus audacieuse de la petite enfance dans les projets de société, en fonction certes des réalités et besoins des familles, mais aussi des compétences enfantines qui ne demandent qu'à éclore et fructifier.

J'ai pu personnellement enrichir et reformuler mes hypothèses au fil de mes interactions avec mes amis pédiatres, pédopsychiatres et psychologues. Elles m'ont conduit, nous l'avons vu, à l'élaboration de nouvelles méthodes dont les fondements sont ceux de l'éthologie, mais dont la mise en œuvre se nourrit du recueil des données cliniques, ou des observations, pratiques et réflexions des cliniciens. Tout comme mes amis à la fois cliniciens et éthologues*, j'ai pu emprunter la voie féconde des approches combinées de l'éthologie et de la clinique, même si je ne suis pas moi-même clinicien.

J'ai expliqué les concepts et développements théoriques qui sont issus de ces nouveaux travaux. Tout en étant conscient des interrogations persistantes, qui restent sans réponse dans un domaine aussi complexe, je peux désormais proposer quelques conclusions à l'examen critique de tous.

* Demaret, 1979 ; Cosnier, 1981, 1984 ; Cosnier *et al.*, 1982, 1984, 1987 ; Cyrulnik, 1983, 1989, 1991 ; Lannoy et Feyereisen, 1987, 1992.

Comment le bébé peut-il être acteur de son développement ?

Plusieurs conditions fondamentales semblent requises pour qu'il puisse manifester les potentialités et compétences dont il est porteur, afin de les utiliser comme autant de ressources structurantes, nécessaires à ses processus d'attachement et à son développement. J'en retiens cinq pour l'ensemble des bébés (sans oublier évidemment les déficits ou anomalies d'origine génétique, et les particularités physiologiques ou psychophysiologiques du moment).

1. *La création de situations qui permettent au bébé de découvrir, dès les premiers jours, ses compétences perceptives, et de les « montrer » à son ou ses partenaires.*

C'est l'un des objectifs essentiels de la démarche et de la méthode originale conçues par Brazelton (1973, 1975, 1980, 1982) pour évaluer le bébé dans son intégrité somatique et cérébrale. Le remarquable pédiatre observe les réponses du bébé à différentes stimulations auditives, visuelles et somesthésiques, les unes fournies par les objets, les autres constituées par le partenaire humain, à travers son regard, ses mimiques, ses productions vocales et langagières, ses touchers, ses façons de porter. Dans notre étude expérimentale, nous avons délibérément choisi, quant à nous, d'explorer les réponses du bébé à une succession d'émissions sonores, spécifiques ou non, avant et après l'alimentation. Parmi les stimulations spécifiques, certaines sont familières et les autres inconnues. Il n'est sans doute pas nécessaire, dans l'exploration clinique, de disposer d'une situation aussi sophistiquée, mais elle reste indispensable pour le chercheur qui explore les aspects qualitatifs et quantitatifs des capacités perceptives du bébé. L'important est que le bébé ait l'occasion de découvrir ses compétences et de les montrer.

2. *L'aménagement de situations qui permettent à la mère (et aussi au père et à la fratrie, chaque fois que cela est possible) de découvrir et de vivre les compétences du bébé.*

C'est aussi l'un des fondements de la démarche de Brazelton, puisque le médecin organise la présentation du bébé, et de ses compétences, à la mère (aux deux parents, chaque fois que cela est possible). Notre méthode s'apparente à une telle démarche puisque la mère est présente tout au long de nos sessions filmées. Elle est ainsi spectatrice des réponses de son bébé aux différentes stimulations émises.

3. *L'aménagement de situations qui permettent au bébé et à sa mère de découvrir leurs capacités à se répondre et à s'ajuster, à leur propre rythme et au rythme de l'autre.*

Cette condition me paraît particulièrement importante pour des bébés et des mères en difficulté, ou qui peuvent l'être, en raison de tel ou tel facteur de risque. Comme Brazelton et bien d'autres cliniciens, il ne faut pas hésiter à organiser l'interaction entre la mère et son bébé dans un climat de sécurité affective. Notre protocole expérimental crée aussi des situations qui permettent au bébé et à sa mère de découvrir leurs capacités à se répondre et à s'ajuster. Pour ce faire, nous focalisons notre regard sur le bébé et ses compétences, sous le regard de la mère, puis nous demandons à celle-ci de parler à l'enfant et de développer l'interaction avec lui, en alternance avec l'un des chercheurs. Cette méthodologie représente un intérêt scientifique pour l'équipe de recherche, qui peut ainsi comparer les réponses de l'enfant à différents partenaires. Mais une telle situation d'interaction à trois peut aussi aider la mère à « sortir » de l'angoisse et de la culpabilité qui l'étreignent parfois, notamment lorsqu'elle est seule face à face avec son bébé, surtout lorsque son histoire personnelle l'a rendue vulnérable, ou lorsque l'enfant est ou paraît lui-même vulnérable.

4. *Les possibilités offertes à la mère de découvrir et de vivre aussi pleinement que possible les capacités perceptives et interactives de son bébé, et ses propres capacités interactives, en dehors de la situation alimentaire, surtout lorsque l'enfant a des difficultés liées à l'alimentation* (refus du sein ou du biberon ; régurgitations ; autres).

En effet, la plupart des études expérimentales sur les compétences perceptives du bébé sont organisées après l'éveil et avant l'alimentation, lorsque l'enfant est dans un état défini comme un éveil calme. Or, comme nous l'avons constaté pour le bébé Cécile (et aussi pour l'ensemble des bébés que nous avons suivis), les moments qui suivent l'alimentation peuvent être au moins aussi intéressants pour la mise en évidence des capacités perceptives et interactives de l'enfant. A condition évidemment que celui-ci soit dans un état d'éveil et de vigilance qui l'autorise à recevoir et percevoir les informations extérieures. En effet, *passée la phase alimentaire, le regard de la mère peut être décentré de l'alimentation (et l'insécurité que le refus, les régurgitations et les consommations jugées insuffisantes peuvent engendrer) au profit de l'« interaction pour l'interaction », surtout lorsque l'inquiétude maternelle est ancrée dans les difficultés alimentaires ou de croissance de l'enfant.* Il faut alors préparer la mère aux fluctuations « naturelles » de l'état de vigilance de l'enfant. L'informer clairement que, à la suite de certaines tétées ou alimentations au biberon, le bébé sera vigilant et attentif à son environnement, ou au contraire somnolent et prêt au sommeil. Il n'existe de règle généralisable ni pour tous les bébés... ni pour les humains de tout âge : les fluctuations des états de vigilance et des capacités d'attention restent des phénomènes personnels et souvent aléatoires.

5. *L'organisation du suivi du bébé au cours des premiers mois, en particulier à 1 et 4 mois.*

On donne ainsi à l'enfant et à sa mère l'occasion de découvrir et de montrer l'évolution de leurs capacités, chacun par rapport à soi-même, et chacun vis-à-vis de l'autre. Si possible sous le regard du médecin des premiers jours, ou de la personne qui a accompagné et facilité les découvertes et interactions « initiales » entre la mère et son enfant.

Pour illustrer concrètement ces conditions, reprenons les observations effectuées avec Cécile et sa mère au cours du premier chapitre. Elles me paraissent indispensables pour appréhender et faciliter, chaque fois que cela est possible et souhaitable, la construction des phénomènes d'attachement et des interactions ajustées et accordées (au sens de Stern) entre le bébé et sa mère.

L'exemple de Cécile et de sa mère

1. Rappelons qu'à l'âge de 3 jours, Cécile révèle des capacités de discrimination très fine des bruits et des voix. Elle paraît avoir deux systèmes d'écoute, l'un d'écoute attentive et détendue vis-à-vis de sons spécifiques, familiers et/ou a priori sécurisants, l'autre d'écoute active et exploratoire vis-à-vis des « bruits » non spécifiques, non familiers et a priori non sécurisants.

2. Le protocole donne à la mère l'occasion de constater les capacités d'attention et de discrimination du bébé vis-à-vis des différentes stimulations sonores, avant et après la tétée.

3. Lorsqu'on lui demande de parler à son enfant, elle vit de façon gratifiante ses capacités à s'orienter vers elle. Puis elle découvre ses capacités à rencontrer et accrocher son regard. Tout se passe comme si Cécile mobilisait alors ses capacités perceptives et interactives comme autant de ressources pour capter l'intérêt de sa mère, qui ne s'est pas encore investie en tant que telle. Celle-ci découvre aussi ses propres capacités à éveiller et renforcer les capacités d'attention et d'interaction de son bébé.

4. A l'âge de 1 mois, Cécile poursuit la « démonstration » de ses capacités d'attention visuelle et auditive, et de ses capacités interactives, sous le regard de sa mère, désormais très impliquée dans la découverte d'un bébé « intéressant ».

5. Un élément nouveau intervient, lorsque le chercheur suggère à la mère de soutenir la nuque et la tête de Cécile, pour la « libérer » des contraintes inhérentes à son immaturité tonico-posturale. Cécile répond immédiatement à cette « libération » : après l'interaction face à face et le contact œil à œil avec sa mère, son regard accroche un mobile fixé au plafond. Ses yeux sont grands ouverts, et son regard est

aimanté et soutenu, comme pendant la tétée. Son corps est tendu, comme pour mieux découvrir l'objet. L'ensemble de son comportement constitue un signal très fort. Sa mère le perçoit lorsqu'elle découvre la cible de son regard. Elle dispose alors Cécile pour que son visage soit à vingt centimètres environ de l'objet. La suite se déroule comme s'il s'agissait d'un scénario : sous le regard de sa mère, le bébé transporte le bras en un mouvement enveloppant, coordonné et précis, puis sa main entre en contact avec le mobile, et ses doigts se « resserrent » sur l'objet. Chacun a « manipulé » l'autre en le guidant dans une interaction remarquablement ajustée.

6. A l'âge de 4 mois, le protocole révèle et souligne les nouvelles compétences de l'enfant... et de sa mère (voir le chapitre premier).

L'étude et le suivi de 31 bébés aboutissent aux mêmes conclusions.

L'occasion pour une mère de découvrir les compétences de son bébé à différents moments de son développement, et la possibilité réelle qui lui est offerte de s'investir dans cette découverte, paraissent essentielles pour que le bébé révèle, « montre » et découvre pleinement ses compétences. Il peut alors les investir comme ressources dans la construction de son attachement et de ses interactions.

En revanche, nos observations conduisent à l'hypothèse que des difficultés, parfois importantes, surgissent dans les interactions de l'enfant avec sa mère, lorsque les cinq conditions précédentes ne sont pas remplies. C'est le cas de Marion et de Philippe (chapitre premier), de Charlotte et Julien (chapitre 2), et de Christophe (chapitre 3).

Les liens qui peuvent exister entre des déficits et décalages dans l'équilibre corporel et les régulations tonico-posturales, et des déficits et décalages dans d'autres aspects du développement

Parmi les phénomènes qui peuvent accentuer les difficultés de développement du jeune enfant, les déficits, décalages ou « retards » dans l'équilibre corporel et les régulations posturales sur fond d'hypertonie ou de dystonies jouent, semble-t-il, un rôle non négligeable, quelles qu'en soient les causes présumées. C'est le cas de Charlotte et de Julien.

On peut noter, en particulier, que l'oscillation et l'affaissement de la tête, le glissement et le basculement du buste au cours des positionnements verticaux du corps, ne permettent à l'enfant ni de développer une attention visuelle soutenue, ni de capter durablement les informations de l'environnement, ni encore d'entrer dans le jeu d'interactions ajustées avec les différents partenaires. Plusieurs de nos observations suggèrent que, lorsque les conditions ne sont pas remplies pour permettre au bébé de révéler et « montrer » ses compétences, et/ou lorsque la mère ne les découvre pas ou n'y répond pas, des déficits, décalages ou « retards » dans la construction des équilibres corporels et des régulations tonico-posturales persistent ou s'accentuent. Ces deux groupes de phénomènes pourraient alors se combiner et amplifier les difficultés de développement de l'enfant. L'étude et le suivi de Julien dans le chapitre 2 confortent cette hypothèse.

A l'inverse, comme Grenier (1981) l'a montré avec des bébés de moins de 2 mois, la neutralisation des phénomènes neurobiologiques et/ou neuropsychologiques qui empêchent l'enfant de contrôler son équilibre corporel (notamment la verticalité du buste et le maintien non oscillant de sa tête), favorise ou facilite l'émergence et le développement des compétences du jeune enfant.

La vérification expérimentale de l'influence des freins dus à l'immaturité tonico-posturale

L'importance de la verticalité du buste et du maintien stabilisé de la tête dans l'émergence des capacités de l'enfant, se retrouve dans l'étude du comportement et des interactions de deux enfants que leurs mères ont installés dans des sièges, dont la configuration permet de conserver sans aide une position assise stable et un port de tête non oscillant.

Les résultats obtenus au cours de cette recherche me conduisent à deux groupes de réflexions et d'hypothèses.

1. *Les capacités perceptives, motrices et interactives révélées par deux enfants de 4 mois au moins, qui se rencontrent pour la première fois, paraissent reposer sur cinq compétences-socles.*

a. LA COMPÉTENCE A MAINTENIR UNE ATTENTION VISUELLE SOUTENUE ET CIBLÉE VIS-A-VIS DU PARTENAIRE-ENFANT.

Assis dans nos sièges expérimentaux, chaque enfant découvre un nouveau partenaire. Avec lui, une organisation comportementale nouvelle s'ébauche, à la fois dans sa structure et dans son rythme, par rapport à ce qu'il vit quotidiennement avec sa mère et les autres personnes familières. Chacun peut évaluer les effets de ses mimiques, de ses actes, de ses touchers et de ses vocalisations à travers les réponses ou l'absence de réponse du partenaire. C'est l'autre enfant qui donne du sens aux séquences gestuelles et vocales, et en particulier un autre sens que celui habituellement vécu dans les échanges avec ses proches.

Le regard principalement orienté en direction du visage, des yeux et des mains du partenaire-enfant, chacun peut observer sans interruption, d'une part les coordinations oculo-motrices et l'organisation manuelle de l'autre, vis-à-vis de son propre corps et du support (le siège, le gilet et ses sangles), et d'autre part les modifications qu'il induit dans ces phénomènes. Simultanément ou en alternance, et grâce à ses capacités d'attention, il est à tout moment spectateur et acteur de comportements et de vocalisations qui peuvent sous-tendre toute une gamme d'émotions. Par exemple, le sourire qui éclaire le visage (même s'il est peu fréquent), les éclats de rire (même s'ils sont rares), les vocalisations modulées qui paraissent indiquer le plaisir, les gestes coordonnés et ciblés qui aboutissent à l'union des mains, les combinaisons de gesticulations, de changements posturaux et de gémissements qui semblent être dus à l'inconfort ou la fatigue, et donc indiquer un état de déplaisir, etc. Chacun a l'occasion de se différencier de l'autre à tout moment, d'apparaître attentif à ce qu'il fait et à ce que l'autre fait, d'alterner ses initiatives et ses réponses, ses imitations et ses changements de registre, sans jamais donner l'impression qu'il est un miroir de l'autre ou que l'autre est son miroir.

Les capacités d'attention visuelle de l'enfant de 4 à 6 mois sont si développées qu'elles sont parfois utilisées dans l'étude de ses capacités cognitives. Ainsi Wynn (1992) vient-elle de publier un travail qui montre des différences significatives dans la durée de l'attention visuelle de bébés de 5 mois. Dans un cas, ils regardent un objet, alors qu'il devrait y en avoir deux, après qu'un expérimentateur a simulé l'addition d'un deuxième objet identique sans l'avoir fait. Dans l'autre cas, l'expérimentateur a réellement déposé un deuxième objet à côté du premier (les deux objets sont côte à côte dans le champ visuel de l'enfant). L'attention visuelle est de plus longue durée dans la première situation expérimentale, comme si l'enfant s'attendait à voir deux objets après l'addition simulée du deuxième objet. Les résultats sont également significatifs après la soustraction d'un objet : l'attention visuelle est de plus longue durée, lorsqu'il y a eu simulation. Wynn en conclut que les bébés de 5 mois possèdent de véritables concepts numériques. En clair, les enfants de cet âge seraient capables de compter, en tout cas d'additionner et de soustraire au moins deux objets. L'interprétation de l'expérimentation peut être discutée, car le chercheur dépose ou retire les objets derrière un écran (qui se lève, puis descend) *in clear view of the infant* : son mouvement du bras et de la main est vu du bébé, lorsqu'il additionne, soustrait, ou simule l'addition et la soustraction. Étant données les capacités de discrimination et d'attention visuelles des enfants de cet âge, on peut aussi bien interpréter les réponses différentielles des enfants par une perception différentielle du mouvement du bras et de la main de l'expérimentateur, selon qu'il additionne ou soustrait vraiment, ou selon qu'il simule, plutôt qu'à une perception différentielle du nombre d'objets avant et après la manipulation. En tout cas, cette étude confirme les remarquables capacités d'attention visuelle des bébés au cours de leurs premiers mois.

b. LA FAIM A L'INTERACTION AVEC UN ENFANT DU MÊME AGE.

Lorsque deux enfants se rencontrent pour la première fois, on ne peut évoquer la familiarité, et la sécurité qui en résulte, pour expliquer le formidable intérêt et l'élan qu'ils présentent l'un pour l'autre. Aucun n'est passif, même si chacun adopte à certains moments une attitude d'observateur, particulièrement au cours de la quatrième phase du protocole, qui le rapproche à quinze centimètres du partenaire. La projection du buste en avant, l'extension ciblée du bras et de la main, la prise de la main de l'autre et les vocalisations qui les accompagnent, sont autant de manifestations volontaires qui activent et réactivent à tout moment l'attention et les réponses du partenaire.

Il s'agit de comportements qui réduisent la distance, conduisent à la proximité et permettent l'établissement du contact (même s'il est limité à la main de l'autre), comme pour les comportements d'attachement avec la mère*. Mais, cette fois, chaque enfant est dans un cadre différent de la relation affective et historique qui sous-tend son attachement avec sa mère. Chacun est un acteur dynamique qui ne peut « compter » que sur ses initiatives pour se porter vers un partenaire qu'il ne connaît pas, et auquel ses compétences globales lui permettent de s'ajuster dans l'instant. C'est l'interaction qui nourrit l'interaction, comme s'il s'agissait d'un élan irrépressible vers l'autre, que l'on reconnaît comme un être dont on partage les mêmes élans.

* Bowlby, 1960, 1969, 1973, 1980.

c. LA PRÉDOMINANCE DES COMPORTEMENTS AFFILIATIFS.

Dans leur faim à l'interaction, les enfants de chaque dyade paraissent partager en effet les mêmes objectifs, les mêmes intentions et les mêmes émotions que leur partenaire, comme s'ils y adhéraient. Les comportements affiliatifs sont, en effet, largement prédominants. Par comparaison, la fréquence et la durée de leurs regards et comportements autocentrés, la fréquence et la durée de leur activité gestuelle désordonnée (les agitations non structurées et non ciblées des membres antérieurs, de la tête et du corps tout entier), sont toujours à un faible niveau. En outre, nous n'avons jamais observé de comportements qui puissent être interprétés, par nous-mêmes, la mère ou tout autre observateur, comme des actes de rejet ou des actes pour faire mal (par exemple, des tentatives de griffures, de pincements et de coups, ou des avancées et ouvertures de la bouche pour « happer » la main de l'autre). Les comportements de déplaisir qui sont manifestés sont des cambrures et des étirements, qui paraissent traduire une position d'inconfort, des gémissements ou des pleurs (nous arrêtons alors la session), qui peuvent se développer pour diverses raisons qu'il est difficile de « contrôler » (rage de dents, manque de sommeil, fatigue, etc.).

d. LA COMPÉTENCE A COORDONNER ET AJUSTER SES GESTES AU PARTENAIRE.

Grenier (1981) a montré que des enfants de moins de 2 mois, placés en position assise sur le bord d'une banquette, sont capables de transporter le bras et la main de façon coordonnée au contact d'un objet qui leur est présenté sur une table, à condition que leur tête et leur corps soient bien soutenus en position verticale par les mains d'un adulte.

Dans notre situation expérimentale, les enfants ont aussi, dès 4 mois au moins, des gestes coordonnés et ajustés. Cependant, leur cible n'est pas seulement un objet (ce que nous observons au cours des deuxième, troisième et huitième phases du protocole), mais également la main du partenaire. Les mains des deux enfants glissent alors souvent l'une sur l'autre, ou bien les doigts s'enlacent, ou encore les mains se prennent et se secouent dans un même rythme. A tout moment, l'enfant acteur, qui a pris l'initiative, et dont le regard s'est ensuite détourné en direction de son propre corps, de sa mère ou d'un autre secteur de l'environnement, peut se faire toucher et prendre la main par son partenaire, pourtant détourné et apparemment non concerné au moment du toucher.

La maîtrise du geste, sur fond d'attention visuelle soutenue et ciblée, permet à chacun de prendre et de reprendre l'initiative à tout moment. Elle rend possible l'exploration de la main et de l'activité manuelle du partenaire. En outre, elle consolide et « solidifie » un socle, un pivot ou une armature de la motricité qui autorise la préhension des objets. Elle est donc essentielle à l'exploration et la découverte des propriétés des objets dans leur texture, leur dureté, leur forme, leur contour, leur dimension et leur température, et aussi dans leur positionnement ou leur équilibre sur un substrat, leur déformation ou leur rigidité, leurs relations spatiales les uns par rapport aux autres. Mais elle consolide et « solidifie » également les différents actes qui peuvent exprimer une demande à proximité ou à distance, soit avec la main en pronation, soit avec la main qui effectue une rotation de la position en pronation aux positions obliques, latérales ou en supination. C'est le même socle, le même pivot ou la même armature qui se retrouve dans l'offrande, les premiers gestes de désignation (le doigt pointé termine alors la séquence gestuelle) et certaines formes de menace à l'amorce d'un conflit.

Autrement dit, le transport coordonné, ajusté et ciblé du bras et de la main se différencie très tôt, à la fois en direction des objets et des partenaires. *C'est à la fois le geste fondateur d'une partie non négligeable des processus dits cognitifs (c'est-à-dire de connaissance et d'apprentissage des* *propriétés physiques, spatiales et temporelles des objets*) et des interactions sociales. Nous le considérons comme un organisateur de comportements, c'est-à-dire un aimant ou un foyer qui agglomère, fusionne et intègre d'autres comportements, en des combinaisons plus ou moins complexes.*

e. LA COMPÉTENCE A DÉVELOPPER DES AUTO-APPRENTISSAGES ET DES APPRENTISSAGES AU CONTACT D'UN PARTENAIRE DU MÊME AGE.

La diversité des imitations révèle non seulement les compétences précoces de l'enfant à reproduire la forme et le rythme des comportements et des vocalisations, mais aussi la flexibilité de ses modes de réponses. En effet, il se montre capable de passer d'une imitation d'activité, par exemple un mouvement rythmique des pieds, à une vocalisation modulée, ou inversement. Celui qui imite peut ensuite entraîner l'initiateur des actes dans une imitation analogue ou totalement différente dont il est le « chef d'orchestre ». Chaque enfant apparaît capable d'« assimiler » le comportement du partenaire à sa propre gestuelle et, en même temps, d'« accommoder » son organisation comportementale à celle de l'autre.

Les évolutions que l'on constate d'une session à l'autre, à une semaine d'intervalle, montrent aussi les étonnantes possibilités de l'enfant à « tenir compte » différemment de son partenaire lorsqu'il le rencontre pour la deuxième fois. En effet, au cours de la deuxième session, la durée et la fréquence des sourires, des projections du buste en avant, des extensions du bras et de la main en direction du partenaire et des prises de sa main, augmentent de façon significative. Certains enfants ajustent alors partiellement leurs registres comportementaux.

Les imitations et, au cours de la deuxième session, les

* Voir Lézine, 1978.

modifications en fréquence et/ou en durée de plusieurs modalités interactives, mais aussi les ajustements comportementaux, montrent les capacités du jeune enfant à développer des acquisitions au contact d'un partenaire du même âge. Il semble le faire soit par auto-apprentissage, à travers les réglages qu'il opère lui-même au fil des interactions dans le contrôle, la coordination et le rythme de ses actes et vocalisations, soit par facilitation sociale (la présence d'un partenaire dont l'activité comportementale est soutenue), soit par familiarisation, soit par ajustement au comportement de l'autre, soit par imitation.

Notre recherche montre donc l'intérêt que peut représenter, pour un enfant de 4 mois au moins, la possibilité de rencontrer un autre enfant du même âge, dans une situation où il est « libéré » des efforts à fournir et de l'énergie à investir, pour assurer la verticalité de son buste et le port non oscillant de sa tête. Parallèlement, comme nous l'avons souligné, le regard, les représentations, les attitudes et le discours de la mère (et du père lorsque l'« occasion » se présente) se modifient, lorsqu'elle constate les capacités « cachées » de son enfant.

Un aspect important est constitué par les relations qui peuvent exister entre la qualité de l'attachement initial entre la mère et son bébé, et l'émergence ou la non-émergence, à partir de 4 mois au moins, des cinq « compétences-socles » que nous distinguons chez deux enfants que l'on met en situation d'interaction. C'est l'un des objectifs des recherches de notre groupe.

2. *Les situations de verticalité du buste et de la tête peuvent aider des enfants en difficulté à développer leurs capacités.*

A la lumière des données de notre étude, qui reste préliminaire, il paraît intéressant que les jeunes enfants aient la possibilité d'être accueillis, au moins de temps en temps, dans des lieux où ils rencontrent des partenaires du même âge, avec lesquels ils sont en situation de communiquer, sans être freinés ou empêchés par leur immaturité tonico-posturale. A cet effet, on pourrait créer, modifier ou compléter des sièges, des matelas ou d'autres types de support, pour aider l'enfant dans sa conquête et sa maîtrise de la verticalité du buste et de la tête, sans que cela devienne évidemment une recette et une contrainte nouvelle, pour l'enfant lui-même et les personnes qui l'entourent. Il ne s'agit pas de lui imposer en permanence, pendant de longs épisodes, la position assise dans un siège qui lui assure la verticalité du buste, mais de lui donner, à un moment ou à un autre, l'occasion de se révéler ses capacités à lui-même et de les « montrer » aux autres.

Tout aussi utile pourrait être l'installation dans les hôpitaux de sièges appropriés pour les jeunes enfants qui ont subi une intervention chirurgicale, par exemple une trachéotomie, et qui doivent ensuite rester allongés. La verticalité des enfants étant assurée sans qu'ils aient à investir des efforts et de l'énergie, on peut faire l'hypothèse que, pendant leur traitement, puis leur convalescence, ils pourraient ainsi mieux préserver leurs capacités perceptives, motrices et interactives, et aussi les développer. Et enfin rassurer leurs parents par leur vitalité comportementale.

Au plan de la recherche, les situations de verticalité devraient permettre de mieux cerner les véritables capacités des enfants pour lesquels on nourrit de l'inquiétude, en raison des particularités, troubles ou déficits de leurs systèmes sensoriels, moteurs, comportementaux, et autres. Et, en même temps, créer les conditions pour que des capacités inattendues soient révélées. Par exemple, au cours d'observations préliminaires, nous avons constaté que des enfants, dits hypotoniques ou dystoniques, peuvent manifester, dans nos sièges expérimentaux, des capacités d'attention visuelle, une faim à l'interaction, des comportements de type affiliatif, des séquences gestuelles organisées et des ébauches d'imitation. Comme si la verticalité stabilisée de leur corps en position assise avait « libéré » les cinq compétences-socles que nous avons distinguées.

Par ailleurs, une observation attentive et systématique des

enfants de 4 à 5 mois au cours des consultations médicales, pourrait permettre de déceler l'un ou l'autre des phénomènes suivants :

1. Une attention visuelle labile (et/ou un regard qui n'accroche aucun regard) ;

2. Une absence d'élan en direction des différents partenaires, notamment d'un autre enfant, qui pourrait traduire une absence de faim à l'interaction ;

3. Une absence ou une faible fréquence des comportements affiliatifs, et en même temps une prédominance des comportements autocentrés, des comportements dommageables pour soi-même (automorsures, autogriffures) ou le partenaire, ou encore des comportements de crainte ;

4. Une absence de gestes coordonnés et ajustés du bras et de la main soit en direction des objets, soit en direction du partenaire, soit les deux ;

5. Une absence de comportements d'imitation et, de façon plus générale, de processus d'acquisition au contact du partenaire, surtout lorsqu'il a globalement les mêmes compétences (un enfant du même âge).

Peut-être pourrait-on ainsi affiner les tableaux de signes qui ont une probabilité élevée de traduire différents troubles du comportement et de la conduite, ou d'annoncer ou de préparer des troubles encore plus profonds ?

Peut-être pourrrait-on trouver en même temps, ou ensuite, des conditions qui freinent, réduisent ou empêchent la labilité de l'attention visuelle, l'absence de faim à l'interaction et de comportements affiliatifs, les activités manuelles incoordonnées, mal ajustées et sans cible, les comportements autocentrés ou les autres comportements qui empêchent l'imitation et, plus généralement, les acquisitions au contact des autres ?

En tout cas, il me paraît souhaitable d'organiser un examen attentif de tous les enfants à l'âge de 4 ou 5 mois, non seulement en présence de la mère (et aussi du père, qui apporte parfois ou souvent, selon le cas, des observations et des réflexions auxquelles la mère est moins sensible), mais aussi d'autres partenaires, en particulier un enfant du même âge. Les situations qui assurent la verticalité du buste et le port non oscillant de la tête peuvent être alors, nous l'avons vu, particulièrement révélatrices.

Le rôle des espaces aménagés et des interactions avec les pairs dans l'émergence et le développement des capacités de l'enfant, de l'âge de 8 à 10 mois à l'âge de 30 mois.

Lorsque des enfants du même âge ont, à partir de 8 à 10 mois, la possibilité d'investir avec des pairs un espace diversifié qui autorise la conquête de la troisième dimension, sans limitation de leurs déplacements et sans interdit, ils révèlent des capacités inattendues, à la fois plus précoces, diversifiées et complexes que ne l'indiquent les échelles de développement, les études expérimentales et les observations cliniques.

Là aussi, les émergences et les développements paraissent sous-tendus par les cinq compétences-socles que nous avons distinguées pour des enfants de 4 à 7 mois.

1. *La compétence à maintenir une capacité d'attention visuelle soutenue et ciblée vis-à-vis des partenaires-enfants*

Elle est manifeste dès l'âge de 8 mois au moins, à tout moment et en tous lieux du local que nous avons aménagé. Elle est particulièrement évidente de part et d'autre de la paroi percée d'orifices, où le regard de chacun est souvent sollicité par l'apparition d'un regard ou d'un visage (figure 16), l'introduction d'un objet ou le passage d'une tête ou d'un corps. Et aussi dans le hublot qui autorise des face à face de durée relativement longue. Cependant, l'attention visuelle est aussi sollicitée sans relâche par les poursuites ludiques, les escalades, les descentes, les rotations du manège, les activités dans les bacs à balles, et les cris, appels, rires et jubilations qui les accompagnent.

2. *La faim à l'interaction avec des enfants du même âge*

Fréquemment, au cours de la durée d'une session (trente minutes), il n'y a aucun temps mort dans les évolutions et les interactions des enfants. La faim à l'interaction avec les pairs se traduit par la recherche fréquente du contact œil à œil à travers les orifices de la paroi et au cours des interactions face à face dans le hublot. Elle trouve son prolongement dans les comportements d'imitation, les comportements de coopération et les anticipations des déplacements et du comportement du partenaire, de part et d'autre et autour de la paroi. A partir de 18, 19 ou 20 mois, la faim à l'interaction entraîne les enfants dans des conduites sociales encore plus élaborées : l'entraide et les jeux symboliques.

Elle se manifeste, dès 14 ou 15 mois, par des interactions qui s'enchaînent, non pas « simplement » entre deux enfants, mais parfois aussi entre trois, quatre ou cinq enfants, par exemple au cours de la rotation du manège et, à partir du début de la troisième année, par des jeux symboliques entre les cinq ou six enfants du groupe, notamment dans les bacs à balles et les nids de l'autre plate-forme.

Les isolements et les comportements de retrait du groupe sont rares. Lorsque les enfants se retirent du groupe et se réfugient auprès des deux puéricultrices, c'est parfois à la suite de chutes (rarement observées dans les structures d'escalade) ou d'agressions (rares à tous les âges) mais, plus souvent, en relation avec un sommeil nocturne écourté ou perturbé (les sessions sont organisées à 9 h 30), une séparation difficile avec la mère au moment de l'entrée à la crèche, un événement familial, une rage de dents, un état fébrile, un état infectieux.

Le suivi des enfants toutes les deux semaines suggère qu'il existe des liens fonctionnels et ontogénétiques (liés au développement) entre interactions, comportements sociaux et motricité. Tout d'abord, nombre d'émergences motrices, interactives et socialement orientées surgissent au cours du même créneau d'âge, entre 10 ou 11 mois et 12 ou 13 mois, selon ce qui est considéré. Le développement de la verticalité, cette fois du corps tout entier qui se dresse et se déplace le long des structures, « libère » à la fois les habiletés motrices nécessaires à la conquête de la troisième dimension de l'espace, les interactions face à face et œil à œil, les imitations et la coordination des actes individuels dans des « tâches communes ».

Entre 14 et 16 mois, un bond qualitatif et quantitatif est observé dans le développement de la motricité, des capacités interactives et des comportements sociaux. Désormais, la station debout est prédominante au cours des escalades et des descentes. On observe, en même temps, une brusque augmentation de la fréquence des imitations et des coopérations. On voit aussi apparaître de nouvelles formes de coopération dans lesquelles les actes de l'un des enfants complètent les actes d'un autre dans la réalisation d'une même « tâche ».

Un autre bond qualitatif et quantitatif est observé à partir de 18-20 mois avec la maîtrise du franchissement du hublot et de l'escalade du manège, et avec le développement des comportements d'entraide et des jeux symboliques, qui coïncide avec le développement rapide du langage.

Tout se passe comme si, de l'autonomie locomotrice à la troisième année, le développement de l'enfant était étroitement dépendant de couplages fonctionnels entre les habiletés motrices et les capacités interactives. Nous qualifions ce processus de motricité interactive. Un non-couplage ou un découplage des habiletés motrices et des capacités interactives, et donc l'absence ou le développement insuffisant d'une motricité interactive, pourraient empêcher un enfant de construire nombre d'activités motrices coordonnées, de comportements sociaux complexes et d'activités symboliques. L'accès au langage, puis sa maîtrise, le schéma corporel, les phénomènes de socialisation, les processus symboliques et les apprentissages pourraient en être affectés.

Il serait donc intéressant de multiplier, dès le milieu de la première année, des études longitudinales sur la motricité, les compétences interactives et les comportements sociaux des enfants qui présentent des décalages (ou « retards »), déficits ou troubles du développement. Peut-être serait-il possible de cerner ainsi plus précisément les découplages éventuels entre le développement des habiletés motrices et le développement des capacités interactives et des comportements sociaux ? Peut-être serait-ils alors possible de créer les conditions qui permettent des recouplages de ces habiletés et compétences ?

En effet, comme nous l'avons vu avec Christophe, André ou Alexandre, le suivi des enfants en difficulté dans des lieux qui ne limitent ni leur motricité ni leurs interactions, permet de faire émerger nombre de leurs capacités cachées ou enfouies, à la fois dans leur motricité et dans leurs interactions.

A l'âge de 9 mois et demi, Christophe se montre alors capable de développer une autonomie locomotrice et interactive par rapport à sa mère. Deux mois et demi plus tard, il révèle une gamme inattendue de capacités locomotrices et interactives. C'est en même temps la mère qui découvre son enfant avec un nouveau regard. Sortant d'une hospitalisation de plusieurs mois, André peut aussi se découvrir (ou se redécouvrir) dans un environnement qui lui permet d'évoluer en activité libre et, en même temps, de montrer à ses parents qu'il reste capable de déplacements coordonnés et d'interactions dynamiques, et particulièrement avec eux. En même temps, les aménagements d'espace donnent aux parents l'occasion de manifester des conduites ajustées aux interactions enfantines, par exemple « coucou, je ne te vois plus », « coucou, je te retrouve ». Ils découvrent ou redécouvrent leurs « compétences » à induire la recherche visuelle, le sourire, la jubilation, etc. C'est toute une construction (Christophe) ou une « restauration » (André) qui peuvent s'amorcer.

Enfin Alexandre, l'infirme moteur cérébral, a construit, à son rythme et à son initiative, des coordinations et régulations motrices qui lui permettent d'escalader et de descendre sans aide la rampe de notre local. Il a construit en même temps des comportements d'interaction ajustée avec ses compagnons de jeu. Là aussi, des couplages fonctionnels paraissent exister entre le développement de la motricité et le développement des capacités interactives.

Par conséquent, il paraît souhaitable que les structures d'accueil de la petite enfance, les centres médico-sociaux, les institutions spécialisées dans l'accueil des enfants en difficulté ou des enfants handicapés, les écoles maternelles, etc., soient aménagés pour que les enfants évoluant en activité libre parmi leurs compagnons de jeu aient vraiment l'« occasion » de découvrir et de montrer l'étendue de leurs capacités motrices et interactives, sans compter les autres capacités (voir plus loin).

3. *La prédominance des comportements affiliatifs*

La faible fréquence des comportements d'agression à tous les âges dans notre local expérimental, doit être soulignée. Ce résultat montre toute l'importance du contexte dans l'émergence et le développement de ces comportements. En effet, les études précédemment effectuées dans les crèches* montrent que leur fréquence est relativement élevée au cours de la deuxième moitié de la deuxième année.

En revanche, de façon encore plus nette qu'entre 4 et 7 mois, les enfants du même groupe paraissent partager les mêmes objectifs, les mêmes intentions et les mêmes émotions, comme s'ils adhéraient aux mêmes projets, ou comme si chacun cherchait à entraîner les autres dans ses projets. Les comportements affiliatifs sont en effet largement prédominants et revêtent des formes diversifiées (interactions successives avec touchers non agressifs, offrandes, sollicitations et échanges d'objets à travers les orifices et le hublot de la paroi ; imitations de gestes, de vocalisations et d'activités ; coopérations ; entraides ; jeux symboliques cohésifs). On sait par ailleurs qu'entre 12 et 20 mois, ils sont riches en comportements de tendresse**. Par comparaison, les

* Montagner, 1978, 1988 ; Restoin *et al.*, 1983, 1985.
** Casati, 1991.

comportements autocentrés, les isolements et les comportements de détresse sont peu fréquents.

4. *La compétence à ajuster ses gestes à ceux du partenaire*

En activité libre parmi leurs pairs, les enfants manifestent dès 8, 9 ou 10 mois l'ensemble des gestes coordonnés qui paraissent se construire autour et à partir de l'armature, du pivot ou du socle constitués par l'extension du bras et l'ajustement de la main à une cible-objet ou à un partenaire. C'est-à-dire les actes de préhension ou de saisie des objets, les offrandes, les sollicitations, les désignations, les explorations corporelles et les actes qui pourraient traduire une intention menaçante dans les conflits.

Dans notre local, les enfants ont l'occasion de les intégrer dans des activités nouvelles, à partir desquelles ils construisent des habiletés motrices de complexité croissante, et intègrent des nouvelles dimensions « conceptuelles ». En effet, ils découvrent qu'avec la maîtrise du geste, ils sont capables d'introduire une balle de façon ciblée à travers un petit nombre d'orifices, en fonction de leurs dimensions et de leur forme, puis de passer l'ensemble du corps par quelques-uns, découvrant en même temps le « devant », le « derrière », le « à travers », la « profondeur ». Ils peuvent aussi organiser « en aveugle » leurs comportements d'offrandes et leurs sollicitations manuelles de part et d'autre de la paroi, avec pour tout repère le contact avec la main ou le bras du partenaire qui évolue de l'autre côté. Comme dans les études avec les sièges expérimentaux, on observe le développement combiné de nouvelles habiletés motrices et de nouveaux modes d'interactions, mais ici à partir de l'organisation du geste. Se développant dans l'interface de deux lieux séparés par une paroi, cette nouvelle forme de motricité interactive crée forcément de nouvelles perceptions spatiales, qui nourrissent des concepts clés (« devant », « derrière », « à travers »).

Les capacités des enfants à maîtriser très tôt des gestes coordonnés et ajustés dans leurs interactions et vis-à-vis des objets se prolongent dès 19 ou 20 mois, par la construction de séquences motrices structurées d'un haut niveau de complexité, qui contribuent non seulement au développement des habiletés motrices, mais aussi au développement de comportements sociaux élaborés (les comportements d'entraide, par exemple : tendre les bras et coordonner ses efforts pour aider un pair à descendre du manège ou à remonter d'un bac à balles ; les comportements symboliques, par exemple la simulation de l'offrande et son intégration dans un rituel d'apaisement ou dans un « scénario » qui fait vivre des interactions vécues dans le milieu familial ou des histoires racontées par les parents).

A ce propos aussi, il me paraît essentiel que des enfants présentant divers troubles du développement, par exemple des enfants autistes, aient la possibilité d'explorer leurs capacités gestuelles dans des environnements qui conduisent à l'organisation du geste, non pas simplement vis-à-vis des objets, mais aussi dans le cadre de leurs interactions avec des partenaires « de jeu ». Les structures qui « ouvrent des fenêtres » sur des espaces de découverte des autres et de leurs activités, tout en donnant le sentiment de ne pas être vus, peuvent constituer un outil non négligeable dans cet ordre d'idées. C'est en tout cas l'hypothèse qui m'est suggérée par l'observation et le suivi de quelques enfants autistes dans notre local expérimental, en interaction avec mes amis cliniciens spécialistes de l'autisme*.

5. *La compétence à développer des auto-apprentissages et des apprentissages au contact de partenaires du même âge*

A tout moment, les enfants se montrent capables d'intégrer, en des enchaînements de mieux en mieux construits, les successions d'actes qui leur permettent d'accéder à la découverte de nouvelles structures spatiales, soit par des répétitions, soit par des processus du type assimilation-

* Aussilloux *et al.*, 1992.

accommodation, soit par des imitations. Lorsqu'ils découvrent par exemple les premières marches de l'escalier hélicoïdal, certains escaladent deux, trois ou quatre marches, puis descendent et escaladent de nouveau le même nombre de marches, et redescendent. Cela plusieurs fois consécutives, avant d'escalader un plus grand nombre de marches et la totalité de l'escalier. D'autres se hissent d'emblée jusqu'à la plate-forme terminale, sans « essais » partiels. D'autres encore effectuent des escalades partielles après une escalade complète, parfois à répétition, avant de poursuivre l'escalade jusqu'à son terme. Dans l'escalade de la rampe, les enchaînements de comportements peuvent être du même ordre ou tout à fait différents, selon les enfants et selon les sessions. On observe chez quelques-uns des processus du type « assimilation-accommodation », qui se rattachent aux constructions piagétiennes. Par exemple, des enfants qui viennent de maîtriser l'escalade complète de l'escalier se hissent d'emblée jusqu'au sommet de la rampe dès la première escalade de cette structure.

Déjà développés avant 16 mois chez la plupart des enfants, ces phénomènes ne peuvent être examinés indépendamment de l'activité des autres enfants.

En effet, les capacités d'attention visuelle soutenue, la faim à l'interaction, la prédominance des comportements affiliatifs, les capacités d'ajustement des gestes à ceux des autres et les capacités d'imitation influencent considérablement la décision de chaque enfant à commencer et poursuivre une escalade, à modifier ses habiletés motrices (à plat ventre, à quatre pattes, debout), et à enchaîner par une autre activité. La présence d'un pair au bas de l'escalier ou de la rampe, l'observation d'un autre déjà parvenu au sommet de l'une des plates-formes et les interactions avec un ou plusieurs autres juchés sur le manège, constituent des incitations puissantes à l'escalade. Outre ces phénomènes de facilitation sociale, l'imitation, la coopération et les conduites d'anticipation sont les ferments de multiples apprentissages, en même temps que les apprentissages les stimulent. L'évolution régulière d'enfants qui ont des difficultés du développement, même très « lourdes » (enfants autistes, enfants infirmes moteurs cérébraux, etc.), parmi d'autres enfants normalement développés, est susceptible de les conduire, eux aussi, vers de tels processus, pourvu que les aménagements d'espace les rendent possibles. En tout cas, c'est ce que suggère le suivi d'enfants autistes et d'enfants infirmes moteurs cérébraux dans notre local expérimental.

VERS L'ESPOIR ET L'AVENIR

Fondamentalement acteur, l'enfant ne l'est pas « simplement » pour donner la réplique à sa mère et aux autres personnes qui l'entourent, et pour se mouler sur leurs conduites, quel que soit l'amour qu'elles lui portent, quelle que soit la noblesse de leur projet et quel que soit leur pouvoir de modeler. Il l'est aussi pour manifester sa différence, et pour entraîner ses différents partenaires dans des échanges dont il a les clés. Mais encore faut-il que soient réunies les conditions qui libèrent ses capacités d'attention, ses capacités interactives, ses capacités affiliatives, ses capacités d'organisation gestuelle et ses capacités d'apprentissage.

La recherche permet de préciser à quels moments du développement et comment jouent les influences maternelles et familiales dans l'émergence et le développement de ces capacités. Mais elle montre aussi comment, et dans quelles situations, les autres partenaires font surgir des compétences et habiletés nouvelles. Les enfants du même âge sont en particulier des « phares » qui montrent des voies nouvelles, et des maîtres de ballet qui donnent du sens et du plaisir à la communication et à la conquête des espaces. Chacun pouvant être le phare et le maître de ballet.

Si les données obtenues sont encourageantes, elles restent encore fragmentaires et largement insuffisantes pour comprendre la complexité des constructions de l'enfance, pour prévenir les difficultés de développement, et pour créer les conditions appropriées qui révèlent, confortent ou restaurent les capacités cachées ou enfouies.

Outre les efforts individuels des chercheurs et des équipes de recherche, six avancées me semblent nécessaires pour qu'une telle espérance devienne une réalité de mieux en mieux maîtrisée :

1. Comme je l'ai déjà souligné, la combinaison des approches cliniques, « naturalistes » et expérimentales, doit déboucher non seulement sur une connaissance plus complète du développement de l'enfant et de ses difficultés, mais aussi sur une théorie « syncrétique » et évolutive, qui « assimile » et « accommode » les données nouvelles. En effet, les limites théoriques sont sans cesse repoussées avec les découvertes, chez le bébé et le jeune enfant, de capacités inattendues, ou encore plus précoces et complexes que ne l'indiquent les publications les plus avancées.

2. Parallèlement, les interactions et les collaborations doivent se développer avec plus d'efficacité encore entre les différents professionnels de la périnatalité et de la petite enfance (obstétriciens, sages-femmes, pédiatres, pédopsychiatres, infirmières, puéricultrices...). Ils peuvent alors mettre en commun les informations qu'ils ont recueillies séparément, soit sur l'enfant, soit sur sa mère (et sa famille), mieux appréhender ainsi l'ensemble des facteurs prénataux et postnataux qui peuvent être corrélés à telle ou telle particularité de l'enfant et de sa mère, et organiser si nécessaire une alliance thérapeutique. J'ai pu constater à Montpellier la faisabilité et l'efficacité de telles collaborations, qui changent les regards et les pratiques*. Elles ont beaucoup influencé mon cheminement. Mais je pense qu'elles seraient encore plus efficaces si elles intégraient des actions de recherche fondamentale à chaque « étape » du

* Visier *et al.*, 1989 ; Molénat, 1992.

développement de l'enfant, avant et après la naissance. Ainsi pourraient être combinés à tout moment les tableaux de « signes » ou indicateurs de la recherche fondamentale et de la clinique. Les cliniciens disposeraient là d'un outil précieux pour mieux comprendre et mieux intervenir aux moments les plus « sensibles » pour chaque enfant, chaque mère et chaque dyade mère-enfant. De telles collaborations pluridisciplinaires me paraissent particulièrement indispensables pour repérer, et donc prévenir, les difficultés naissantes ou aggravées du développement, notamment chez les bébés à risques.

3. Les futures mères, les mères et plus généralement les familles devraient avoir la possibilité de se rendre dans des lieux où elles pourraient s'entretenir avec des professionnels de la petite enfance et obtenir des informations sur l'enfant qu'elles désirent, qu'elles attendent ou qu'elles élèvent, selon le cas. Fort heureusement, de tels lieux existent et remplissent souvent avec bonheur leur mission d'écoute et d'information, tout en rassurant et déculpabilisant les personnes, sous la responsabilité de médecins de protection maternelle et infantile, de pédiatres, de pédopsychiatres ou de psychologues (Maisons de l'enfance des caisses d'allocations familiales ; centres de consultation des médecins de PMI ; centres d'assistance éducative du tout-petit ; centres d'action médico-sociale précoce ; maisons vertes ; etc.). Cependant, ils sont encore en nombre insuffisant et sont surtout implantés dans certains secteurs des villes de taille moyenne et des grandes villes. Mais ils sont encore rares ou mal connus dans de nombreuses petites villes et en milieu rural. Il serait utile que, dès le début de la grossesse, puis au cours de celle-ci et après l'accouchement, les mères et les familles soient précisément informées de la localisation de ces lieux d'accueil et d'écoute, et sachent qu'elles peuvent s'y rendre librement, sans formalités particulières. Les médecins, les éducateurs, les enseignants, les travailleurs sociaux, et aussi les mairies et les autres collectivités pourraient beaucoup contribuer à cette information.

4. Les âges de 4 et 6 mois devraient donner lieu à des examens particulièrement attentifs de l'enfant et de la dynamique de ses interactions avec sa mère, et aussi avec d'autres partenaires. Nous avons vu, en effet, que nombre de compétences sont alors déjà bien développées chez les enfants qui n'ont pas de difficultés particulières (par ailleurs, c'est à quatre mois que se « stabilise » la composante circadienne du rythme veille-sommeil*). On peut alors nettement observer des « signes » qui traduisent des difficultés dans la construction régulée des systèmes tonico-posturaux, comportementaux et interactifs de l'enfant, et l'émergence ou le renforcement de l'inquiétude de ses parents. L'âge de 4 à 6 mois m'apparaît ainsi comme un quatrième âge clé, en plus des trois moments considérés par Brazelton (1992) comme des « temps forts » du développement, c'est-à-dire la « période » prénatale, la naissance et l'âge de 1 mois.

5. La complexité des phénomènes et l'évolution rapide des connaissances rendent nécessaire le développement des formations pluridisciplinaires pour l'ensemble des professionels de la périnatalité et de la petite enfance. C'est au cours de ces formations que peuvent être transmises et discutées les données les plus récentes de la recherche scientifique et médicale, que peuvent être confrontées les observations et les pratiques, et que peuvent être élaborés des projets nouveaux. L'attente est d'ailleurs très forte, en France et en Europe, comme le montre, par exemple, l'augmentation importante et croissante des demandes d'inscription aux cycles de formation des formateurs à l'approche médico-psychologique de la périnatalité, qui sont organisés à Montpellier par l'Association de formation et de recherche sur l'enfant et son environnement (AFREE, responsable : Françoise Molénat). Il serait essentiel que de telles actions de formation soient encore davantage soutenues par les ministères concernés et les communautés européennes.

* De Roquefeuil *et al.*, 1992.

6. Enfin, les lieux qui reçoivent les bébés et les enfants de tout âge en dehors du milieu familial, devraient être aménagés ou réaménagés pour favoriser tous les aspects de leur développement, tout en rassurant et déculpabilisant les parents, surtout lorsqu'ils sont en difficulté. Après la création des crèches, des haltes-garderies et des autres structures comparables, un nouveau progrès a été effectué avec la réalisation des Maisons vertes, sous l'impulsion de Françoise Dolto et de Bernard This. Mais il faut aller plus loin et créer des espaces qui permettent à chaque enfant de se révéler à lui-même ses capacités, et de se découvrir des dimensions inattendues, restées en sommeil. Découvrant et dévoilant dans de nouveaux espaces son savoir-être et son savoir-faire avec de nouveaux partenaires, il peut lever nombre de freins qui l'empêchent de « grandir ». Prenant confiance dans ses possibilités, il peut faire fructifier toute la gamme de ses compétences, et conquérir son autonomie d'action et de pensée. Les conditions sont réunies pour que l'enfant soit pleinement acteur de son développement.

C'est en particulier l'école qui doit se modifier dans ses fondements pour que les conditions d'accueil, les espaces et les « rythmes » permettent à tous les enfants de se réaliser dans leurs compétences et, en même temps, de s'enrichir des compétences des autres. A travers l'émergence de ses compétences cachées ou enfouies, chacun modifie les regards et les pratiques de ses différents partenaires, et en particulier du maître. L'élève peut éclore. Nourri des compétences interactives et reconnues des enfants par les différents acteurs (notamment le maître et les parents), le projet pédagogique porte alors en germe la réussite humaine, sociale et intellectuelle de chaque « enfant-élève ».

Remerciements

Je tiens d'abord à remercier les enfants, les mères et les pères qui m'ont fait confiance, en acceptant la présence, parfois pesante et indiscrète, de notre équipe de recherche, d'abord à la maternité, puis dans le milieu familial, au cours des études longitudinales que nous avons effectuées à partir de la naissance des bébés. Mes remerciements vont également aux enfants, aux mères et aux pères qui se sont prêtés avec beaucoup de patience et de générosité aux études expérimentales que nous avons réalisées au sein de l'Unité 70 de l'Inserm. Ils s'adressent aussi avec infiniment de reconnaissance :

— A l'ensemble des personnels de la Maternité de Montpellier, et particulièrement au professeur J.-L. Viala, et de la clinique Clémentville, notamment au docteur Delille, pour nous avoir permis d'organiser dans leurs établissements des recueils sur les bébés et leurs interactions au cours des premiers jours de la vie ;

— A l'ensemble des personnels du service de néonatalogie de l'hôpital Saint-Charles de Montpellier, pour nous avoir permis d'organiser des recueils de données sur les bébés hypotrophes et les bébés prématurés ;

— A l'ensemble des personnels des crèches de Blanche-Neige et de Boutonnet de Montpellier, et à leurs directrices Mmes Cambois et Dugoul, dont la collaboration souriante et compétente a été essentielle pour organiser les études expérimentales au sein de notre unité de recherche ;

— A l'ensemble des personnels éducatifs et médicaux de la pouponnière de Fontcaude, de l'hôpital de jour de Peyreplantade et de l'institut médico-pédagogique de La Cardabelle, qui nous ont permis de suivre des enfants en difficulté, et de commencer à lever un voile sur certains aspects de leur développement.

— Aux pédiatres et pédopsychiatres qui nous ont mis en relation avec des parents dont ils ont examiné l'enfant.

Je n'aurais pu progresser si je n'avais bénéficié des apports conceptuels, des remarques, des avis critiques et de la compétence de mes amis et collègues cliniciens, en particulier des docteurs F. Molénat et J. Roy, des professeurs Ch. Aussilloux et J.-P. Visier, et de mes collaborateurs de l'Inserm : B. Epoulet, G. Gauffier, R. Goulévitch, M. Djakovic, G. de Roquefeuil. L'aide technique d'A. Jover, E. Marty et L. Almunia-Robert, et le travail des étudiants en thèse M.G. Alias, I. Blanc, C. Grondin, J.-P. Juan, R. Noël, N. Ramel, V. Ruiz, M. Taulé, B. Wiaux, ont été également précieux.

Je ne saurais oublier mon fils Erwan Montagner pour sa collaboration efficace et inspirée dans la rédaction de ce livre.

Enfin, je suis reconnaissant à la Mutuelle générale de l'Éducation nationale, et particulièrement à ses deux derniers présidents, Pierre Chevalier et Alain Chauvet, de nous avoir aidés financièrement dans nos recherches.

Références bibliographiques

AINSWORTH, M. D. S. (1973), « The development of infant-mother attachment », in B.M. Caldwell and H.N. Ricciuti (eds.) *Review of Child Development Research*, *3*, 1-94, Chicago, University of Chicago Press.
AINSWORTH, M. D. S. (1974), *The Secure Base*, New York, Johns Hopkins University.
AINSWORTH, M. D. S. (1979), « Attachment as related to mother-infant interaction », in J.S. ROSENBLATT, R.A. HINDE, C. BEER, and M.C. BUSNEL (eds.) *Advances in the Study of Behavior*, *9*, New York and London, Acad. Press.
AINSWORTH, M. D. S. (1979), « Infant-mother attachment », *American Psychologist*, *34*, 932-937.
AJURIAGUERRA, J. (1977), « De l'ontogenèse de la motricité », in A. HECAEN et M. JEANNEROD (eds.), *Du contrôle moteur à l'organisation du geste*, 133-157, Paris, Masson.
AJURIAGUERRA, J. de (1980), « Ontogenèse des postures, Moi et l'Autre », *La Psychomotricité*, *4*, 46-51.
AMES, L.B. (1979), *The Gesell Institute's Child from one to six : Evaluating the behavior of the pre-school child*, New York, Harper and Row.
AMIEL-TISON, C., GRENIER, A. (1980), *Évolution neurologique du nouveau-né et du nourrisson*, Paris, Masson.
AUSSILLOUX, Ch., ROY, J., LEHINGUE, Y., BIAU, J.M.,

STOEBNER, A. (1992), « Epidemiological study of children institutionalised for psychiatric disorders », *Acta Paedopsychiatrica*, *55*, 57-64.

BAKEMAN, R., ADAMSON, L. B. (1984), « Coordination attention to people and objects in mother-infant and peer-infant interactions », *Child Development*, *55*, 1278-1289.

BATES, E., AMES, L.B., ILG, F., CHASE HABER, C. (1983), *L'Enfant de un an*, Paris, PUF.

BAUDONNIÈRE, P.M. (1988), *L'Évolution des compétences à communiquer chez l'enfant de 2 à 4 ans*, Paris, PUF.

BAUDONNIÈRE, P.M., MICHEL, J. (1988), « L'imitation entre enfants au cours de la deuxième année : changement de cible et/ou changement de fonction ? », in J. NADEL (ed.), *Psychologie française*, *33*, 29-36.

BAYLEY, N. (1969), *Manual for the Bayley Scales of Infant Development*, New York, Psychological Corporation.

BEHRMAN, R.E., VAUGHAN, V.C., (1987), *Nelson Textbook of Pediatrics*, Ed. 13, Philadelphia, W.B. Saunders Co.

BONVILLIAN, J.D., ORLANSKY, M.D., NOVACK, L.L. (1983), « Developmental milestones : Sign language acquisition and motor development », *Child Development*, *54*, 1435-1445.

BOWER, T.G.R. (1976), « Repetitive processes in child development », *Scientific American*, *235*, 38-47.

BOWER, T.G.R. (1977), *A Primer of Infant Development*, San Francisco, W.H. Freeman.

BOWER, T.G.R. (1979), *Human Development*, San Francisco, W.H. Freeman.

BOWLBY, J. (1958), « The nature of the child's ties to his mother », *Int. J. Psychoanal.*, *39*, 350-373.

BOWLBY, J. (1960), « Separation anxiety », *Int. J. Psychoanal.*, *41*, 89-113.

BOWLBY, J. (1969), *Attachment and Loss.* I : *Attachment*, London, The Hogarth Press and Institute of Psychoanalysis. *L'Attachement*, Paris, PUF, 1978.

BOWLBY, J. (1973), *Attachment and Loss*. II : *Separation, Anxiety and Anger*, London, Tavistock. *La Séparation, angoisse et colère*, Paris, PUF, 1978.

BOWLBY, J. (1980), *Attachment and Loss*. III : *Loss, Sadness and Depression*, New York, Basic Books. *La Perte, tristesse et dépression*, Paris, PUF.

BRAUNWALD, S.R., BRISLIN, R.W. (1979), « The diary method updated », in E. OCHS and B.B. SCHIEFFELIN (eds.), *Developmental Pragmatics*, 21-42, New York, Academic Press.

BRAZELTON, T.B. (1973), *Neonatal Behavioral Assessment Scale*, Clinics in Developmental Medicine, n° 50, London, William Heinemann Medical Books ; Philadelphia, Lippincott.

BRAZELTON, T.B. (1975), *Early Mother-Infant Reciprocity in Parent-Infant Interaction*. Amsterdam, Elsevier.

BRAZELTON, T.B. (1980), « Neonatal assessment », in S.I. GREENSPAN, and G.H. POLLOCK (eds), *The Course of Life*, I, 780-786, US Department of Health and Human Services, DHHS Publications.

BRAZELTON, T.B. (1981), « Precursors for the development of emotions in early infancy », in R. PLUTCHIK and H. KELLERMAN (eds.), *Emotion, Theory, Research and Experience*, vol. 2, New York, Academic Press.

BRAZELTON, T.B. (1982), « Joint regulation of neonate-parent behavior », in E.Z. TRONICK (ed.) *Social interchange in infancy*, 7-22, Baltimore, University Park Press.

BRAZELTON, T.B. (1983), *La Naissance d'une famille*, Paris, Stock/Pernoud.

BRAZELTON, T.B. (1985), *Trois bébés dans leur famille : Laura, Daniel et Louis*, Paris, Stock/Pernoud.

BRAZELTON, T.B. (1992). *Points forts*, Paris, Stock/Pernoud.

BRAZELTON, T.B., CRAMER B. (1991), *Les Premiers liens*, Paris, Stock/Pernoud, Calmann-Lévy.

BRAZELTON, T.B., KOSLOWSKI, B., MAIN, M. (1974), « The origins of reciprocity : the early mother-infant inter-

action », in M. LEWIS and L.A. ROSENBLUM (eds.), *The Effects of the Infant on its Caregiver*, 49-76, New York and London, Wiley and Sons.
BRAZELTON, T.B., TRONICK, E., ADAMSON, L., ALS, H., WISE, S. (1975), « Early mother-infant reciprocity », in *Parent-Infant Interaction, Ciba Foundation Symposium, 33*, 137-154, Amsterdam, ASP Elsevier.
BRAZELTON, T.B., YOGMAN, M.W. (1986), *Affective Development in Infancy*, Norwood, N.J., Ablex.
BRIDGES, K. M. B. (1933), « A study of social development in early infancy », *Child Develop.*, *4*, 36-49.
BRIL, B., BRENIERE, Y. (1989), « Steady-State velocity and temporal structure of gait during the first six months of autonomous walking », *Human Movement Science*, *8*, 99-122.
BRONSON, W. C. (1981), *Toddler's Behavior with Agemates : Issues of interaction, cognition and affect*, Norwood (NJ), Ablex Publishing Corp.
BRUNET, O., LÉZINE, I. (1965), *Le Développement psychologique de la première enfance*, 2e édition, Paris, PUF.
BÜHLER, Ch. (1927), *Die ersten sozialen Verhaltung Weisen des Kindes*, Iena, Fisher Verlag.
BUSNEL, M.C., GRANIER-DEFERRE, C. (1983), « And what of fetal audition ? », in A. OLIVIERO and M. ZAPPELLA (eds), *The Behavior of Human Infants*, 93-126, New York and London, Plenum Press.
BUSNEL, M.C., GRANIER-DEFERRE, C., LECANUET, J.-P., LEHMAN, A.G. (1989), « La sensorialité fœtale », in S. LEBOVICI et F. WEIL-HALPERN (eds), *Psychopathologie du bébé*, 157-164, Paris, PUF.
BUSNEL, M.C., LECANUET, J.-P., GRANIER-DEFERRE, C., De CASPER, A.J. (1986), « Perception et acquisition auditives prénatales », *Médecine périnatale*, 37-46, Paris, Arnette.
CASATI, I. (1991), « Hugging and embracing : Kisses given, kisses received. Preludes to tenderness between infant and adult », *Early Child Devel and Care*, *67*, 1-15.

CAZATI, I., LÉZINE I. (1968), *Les Étapes de l'intelligence sensori-motrice chez l'enfant de la naissance à deux ans*, Paris, Centre de psychologie appliquée.

CLIFF, S. (1979), *The Development of Reach and Grasp*, El Paso, Guynes Press.

COHEN, M.A., GROSS, P.J. (1979), *The Developmental Resource : Behavorial Sequences for Assessment and Programm Planning*, New York, Grune & Stratton.

COSNIER, J. (1981), *Nouvelles clefs pour la psychologie*, Lyon, PUF.

COSNIER, J. (1984), « Observation directe des interactions précoces ou les bases de l'épigenèse interactionnelle », *Psychiatrie de l'enfant*, *1*, 107-126.

COSNIER, J. (1984), « Les prérequis d'une approche éthologique du langage », *Psychologie médicale*, *2*, 287-295.

COSNIER, J., BERRENDONNER, A., COULON, J., ORECCHIONI, C. (1982), *Les Voies du langage : communications verbales, gestuelles et animales*, Paris, Dunod.

COSNIER, J., BROSSARD, A. (1984), *La Communication non verbale*, Neuchâtel et Paris, Delachaux et Niestlé.

COSNIER, J., KERBRAT-ORECCHIONI, C. (1987), *Décrire la conversation*, Lyon, PUF.

CRAMER, B. (1987), « Objective and subjective aspects of parent-infant relations : An attempt at correlation between infant studies and clinical work », in J. OSOFSKY (ed.), *Handbook of Infant Development*, 2nd edition, New York, John Wiley.

CRAMER, B. (1989). « Les thérapies spécifiques et la consultation thérapeutique », in S. LEBOVICI et F. WEIL-HALPERN (eds), *Psychopathologie du bébé*, 827-849, Paris, PUF.

CRATTY, B.J. (1970), *Perceptual and Motor Development in Infants and Young Children*, New York, Mac Millan.

CYRULNIK, B. (1983), *Mémoire de singe et paroles d'homme*, Paris, Hachette.

CYRULNIK, B. (1989), *Sous le signe du lien*, Paris, Hachette.

CYRULNIK, B. (1991), *La Naissance du sens*, Paris, Hachette.
DECASPER, A.J., FIFER, W.P. (1980), « Of human bonding : newborns prefer their mother's voice », *Science*, *208*, 1174-1176.
DECASPER, A.J., SIGAFOOS, A.D. (1983), « The intrauterine heartbeat : a potent reinforcer for newborns », *Inf. Behav. Dev.*, *6*, 19-25.
DECASPER, A.J., SPENCE, M.J. (1986), « Prenatal maternal speech influences newborn's perception of speech sounds », *Inf. Behav. Dev.*, *9*, 133-150.
DE LANNOY, J.D., FEYEREISEN, P. (1987), *L'Éthologie humaine*, Paris, PUF.
DE LANNOY, J.D., FEYEREISEN, P. (1992), *L'Inceste*, Paris, PUF.
DEMARET, A. (1979), *Éthologie et Psychiatrie : valeur de survie et phylogenèse des maladies mentales*, Bruxelles, Mardaga.
DENNIS, W., DENNIS, M.G. (1937), « Behavioral development in the first year as shown by forty biographies », *Psychological Record*, *1*, 349-361.
DE ROQUEFEUIL, G., DJAKOVIC, M., MONTAGNER, H. (1992), « Données nouvelles sur la genèse du rythme veille-sommeil de l'enfant, de l'âge de 4 mois à l'âge de 15 mois », *Arch. Fr. Pediat.*, *6*, 493-504.
DE ROQUEFEUIL, G., DJAKOVIC, M., MONTAGNER, H. (1991), « New data on the ontogeny of the child's wake-sleep rhythm », *Chronobiol. Int.*, *10*, 43-53.
DE ROQUEFEUIL, G., DJAKOVIC, M., MONTAGNER, H. (1993), « Sexual differences in the ontogeny of the child's wake-sleep rhythm », *Chronobiol. Int.*, *10*, sous presse.
DE ROQUEFEUIL, G., DJAKOVIC, M., MONTAGNER, H. (1993), « Daily distribution of the child's awakenings from 4 to 15 months of age ». En préparation.
DE STEFANO, C.T., MUELLER, E. (1982), « Environmental determinants of peer social activity in 18-month-old males », *Infant Behavior and Development*, *5*, 175-183.

DOLTO, F. (1985), *La Cause des enfants*, Paris, Robert Laffont.
DUBON, D.C., JOSSE, D., LÉZINE, I. (1981), « Évolution des échanges entre enfants au cours des deux premières années de la vie », *Neuropsychiatrie de l'enfance*, *29*, 273-290.
ECKERMAN, C.O., WHATLEY, L.J., KUTZ, S.L. (1975), « Growth of social play with peers during the second year of life », *Developmental Psychology*, *11*, 42-49.
ECKERMAN, C.O., WHATLEY, L.J. (1977), « Toys and social interaction between infant peers », *Child Development*, *48*, 1645-1656.
FOLIO, R., DE BOSE, R.F. (1974), *Monograph of Peabody Developmental Motor Scales* (revised experimental edition), Nashville, George Peabody College.
FORSSBERG, H. (1985), « Ontogeny of human locomotor control : I. Infant stepping, supported locomotion and transition to independant locomotion », *Exp. Brain Res.*, *57*, 480-493.
FRANKENBURG, W.K., DODDS, J.B. (1967), « The Denver Development Screening Test », *J. Pediatr.*, *71*, 181-191.
FRANKENBURG, W.K., FANDAL, A.W., SCIARILLO W. *et al.* (1981), « The newly abbreviated and revised Denver developmental screening test », *J. Pediatr.*, *99*, 995-999.
FREUD, S. (1962), *Trois essais sur la théorie de la sexualité* (1905), Paris, Gallimard.
FREUD, S. (1965), *Inhibition, Symptôme et Angoisse* (1926), Paris, PUF.
FREUD, S. (1967), *L'Interprétation des rêves* (1900), Paris, PUF.
GESELL, A. (1940), *The First Five Years of Life*, New York, Harper and Row Publishers.
GESELL, A., AMATRUDA, C.S. (1947), *Developmental Diagnosis*, New York, Hoeber.
GESELL, A., AMES, L.B. (1940), « The ontogenetic organization and prone behavior in human infancy », *Journal of Genetic Psychology*, *56*, 247-263.

GESELL, A., HALVERSON, H., AMATRUDA C. (1940), *The First Five Years of Life*, New York, Harper and Brothers.

GESELL, A., ILG, F. (1967), *Le Jeune Enfant dans la civilisation moderne*, Paris, PUF.

GESELL, A., THOMPSON, H. (1938), *The Psychology of Early Growth*, New York, Mac Millan.

GOLDFIELD, E.C., MICHEL, G.F. (1986), « Spatiotemporal linkage in infant interlimb coordination », *Develop. Psychobiol.*, *19*, 259-264.

GRENIER, A. (1981), « La ''motricité libérée'' par fixation manuelle de la nuque au cours des premières années de vie », *Arch. Fr. Pédiat.*, *38*, 557-561.

HALVERSON, H.M. (1931), « An experimental study of prehension in infants by means of systematic cinema records », *Genet. Psychol. Monographs*, *10*, 107-286.

HARTUP, W.W. (1970), « Peer interaction and social organization », in P.H. MUSSEN (ed.) *Carmichael's Manual of Child Psychology*, *2*, 253-268, New York, Wiley.

HARTUP, W.W. (1976), « Peer interaction and the behavioral development of the individual child », in E. SCHOPLER and R.J. REICHLER (eds), *Psychopathology and Child Development : Research and Treatment*, 203-218, New York, Plenum Press.

HARTUP, W.W. (1978), « Children and their friends », in H. MCGURK (ed.), *Issues in Childhood and Social Development*, 130-170, London, Methuen.

HARTUP, W.W. (1983), « The peer system », in H.P. MUSSEN and E.M. HETHERINGTON (eds.), *Handbook of Child Psychology : Socialization, Personality and Social Development*, *4*, 103-196, New York, Wiley.

HARTUP, W.W., GLAZER, J.A., CHARLESWORTH, R. (1967), « Peer reinforcement and sociometric status », *Child Development*, *38*, 1017-1024.

HOLMES, G.E. (1985), « Is this child developing properly ? A practical tool for monitoring », *Postgraduate Medecine*, *77*, 101-109.

HOLMES, G.E., HASSANEIN, R.S. (1982), « The kids chart.

A simple, reliable infant development screening tool», *Am. J. Dis. Child.*, *136*, 997-1001.
HOWES, C. (1980), «Peer play scale as an index of complexity of peer interaction», *Developmental Psychology*, *16*, 371-372.
HOWES, C. (1987), «Social competency with peers : contributions from child care», *Early Chilhood Research Quaterly*, *2*, 155-167.
HOWES, C., RUBENSTEIN, J.L. (1981), «Toddler peer behavior in two types of day care», *Inf. Behav. Develop.*, *4*, 387-393.
ILLINGWORTH, R.S. (1990), *Développement psychomoteur de l'enfant*, Paris, Masson.
JACOBSON, J.L. (1981), «The role of inanimate objects in early peer interaction», *Child Development*, *52*, 618-626.
KOCH, P., MONTAGNER, H., SOUSSIGNAN, R. (1987), «Variation of behavioral and physiological variables in children attending kindergarten and primary school», *Chronobiol. Int.*, *4*, 525-535.
KREISLER, L. (1981), *L'Enfant du désordre psychosomatique*, Toulouse, Privat.
KREISLER, L. (1987), *Le Nouvel Enfant du désordre psychosomatique*, Toulouse, Privat.
LAURENT, D. (1983), *Régulation des entrées alimentaires et des comportements chez de jeunes enfants fréquentant la crèche*. Thèse de neuro-sciences de l'Université de Franche-Comté.
LEBOYER, F. (1974), *Pour une naissance sans violence*, Paris, Le Seuil.
LEBOVICI, S. (1983), *Le Nourrisson, la Mère et le Psychanalyste : les interactions précoces*, Paris, Le Centurion.
LEBOVICI, S. (1988), «Interaction fantasmatique et transmission transgénérationnelle», in B. CRAMER (ed.), *Psychiatrie du bébé : nouvelles frontières*, Paris, Eshel ; Genève, Médecine et Hygiène.
LEBOVICI, S., DIATKINE, R., SOULÉ, M. (1985), *Traité de psychiatrie de l'enfant et de l'adolescent*, Paris, PUF.

LEBOVICI, S., MAZET, P., VISIER, J.P. (1989), *Évaluation des interactions précoces*, Paris, Eshel.

LEBOVICI, S., SOULÉ (1972), *La Connaissance de l'enfant par la psychanalyse*, Paris, PUF.

LEBOVICI, S., WEIL-HALPERN, F. (1989), *Psychopathologie du bébé*, Paris, PUF.

LECANUET, J.P., GRANIER-DEFERRE, C., BUSNEL, M.C. (1985), « Fetal cardiac response to sound function of stimulus frequency band and intensity », *Cahiers de Psychologie cognitive*, *5*, 254-255.

LECANUET, J.P., GRANIER-DEFERRE, C., COHEN, H., LE HOUEZEC, R., BUSNEL, M.C. (1986), « Fetal responses to acoustic stimulations depend on heart rate variability pattern, stimulus intensity and repetition », *Early Hum. Dev.*, *13*, 269-283.

LECANUET, J.P., GRANIER-DEFERRE, C., DECASPER, A.J., MAUGEAIS, R., ANDRIEU, A.J., BUSNEL, M.C. (1987), « Perception et discrimination fœtales de stimuli langagiers ; mise en évidence à partir de la réactivité cardiaque ; résultats préliminaires », *C.R. Acad. Sc. Paris*, *305*, série III, 161-164.

LÉZINE, I. (1974), *Propos sur le jeune enfant*, Paris, Mame.

LÉZINE, I. (1978), « Premières organisations des activités manipulatoires chez des enfants de 5 à 9 mois », *Archives de psychologie*, *177*, 33-57.

LORENZ, K. (1935), « Der Kumpan in der Umwelt des Vogels ; die Artgenosse als auslösendes Moment Sozialer Verhaltungsweisen », *J.F. Ornithol.*, *83*, 137-213, 289-413.

LORENZ, K. (1937), « The companion in the bird's world », *Auk.*, *54*, 245-273.

LORENZ, K. (1950), « The comparative method in studying innate behaviour patterns », in *Symposia of the Society for Experimental Biology :* IV. *Physiological Mechanisms in Animal Behaviour*, 221-268, Cambridge, Cambridge University Press.

LORENZ, K. (1970), *Essais sur le comportement animal et humain*, Paris, Le Seuil.

LORENZ, K. (1970-1971), *Studies in Animal and Human Behavior* (2 vol.), Cambridge, Cambridge University Press.

MAZET, Ph., LEBOVICI, S. (1988), *Penser, Apprendre*, Paris, Eshel.

MAZET, Ph., STOLÉRU (1988), *Psychopathologie du nourrisson et du jeune enfant*, Paris, Masson.

MCGRAW, M.B. (1941), « Neural maturation as exemplified in the reaching-prehensile behavior of the human infant », *Psychol.*, *11*, 127-141.

MCGRAW, M.B. (1943), *The Neuromuscular Maturation of the Human Infant.*, New York, Columbia University Press.

MICHEL, G.F., OVRUT, M.R., HARKINS, D.A. (1985), « Hand-use preference for reaching and object manipulation in 6-through 13-month-old infants », *Genetic, Social and General Psychology Monographs*, 409-427.

MILANI-COMPARETTI, A., GIDONIA, E. (1967), « Routine developmental examination in normal and retarded children », *Dev. Med. Child. Neurol.*, *9*, 631-638.

MOLÉNAT, F. (1992), *Mères vulnérables*, Paris, Stock/Pernoud.

MONTAGNER, H. (1978), *L'Enfant et la Communication*, Paris, Stock/Pernoud.

MONTAGNER, H. (1983), *Les Rythmes de l'enfant et de l'adolescent*, Paris, Stock/Pernoud.

MONTAGNER, H. (1988), *L'Attachement, les débuts de la tendresse*, Paris, Éd. Odile Jacob.

MONTAGNER, H., DE ROQUEFEUIL, G., DJAKOVIC, M. (1992), « Les fluctuations des rythmes biologiques, des comportements et de l'activité intellectuelle de l'enfant dans ses différents environnements », *Pédiatrie*, *47*, 85-104.

MONTAGNER, H., DE ROQUEFEUIL, G., DJAKOVIC, M. (1992), « Biological, behavioral and intellectual activity rhythms of the child during its development in different educational environments », in Y. TOUITOU and E. HAUS (eds), *Biologic rhythms in clinical and laboratory medicine*, 214-229, Berlin, Heidelberg, New York, Springer-Verlag.

MONTAGNER, H., GAUFFIER, G., ÉPOULET, B., RESTOIN A., GOULÉVITCH, R., TAULE, M., WIAUX, B. (1993). « Alternative child care in France. Advances in the study of motor, interactive and social behaviors of young children in settings allowing them to move freely in a group of peers », *Pediatrics*, *91*, 253-263.

MONTAGNER, H., MAGNUSSON, M., CASAGRANDE, C., RESTOIN, A., BEL, J.P., NGUYEN, M., HOANG, P., RUIZ, V., DELCOURT, S., GAUFFIER, G., ÉPOULET, B. (1990), « Une nouvelle méthode pour l'étude des organisateurs de comportements et des systèmes d'interaction du jeune enfant. Les premières données », *Psychiatrie de l'enfant*, *33*, 391-456.

MONTAGNER, H., RESTOIN, A., HENRY, J.C. (1982), « Biological defence rhythms, stress and communication behavior », in W.W. HARTUP (ed.) *Review of Child Development Research*, *6*, 291-319, Chicago, University of Chicago Press.

MONTAGNER, H., RESTOIN, A., ULLMANN, V., RODRIGUEZ, D., GODARD, D., VIALA, M. (1984), « Development of early peer interaction », in W. DOISE and A. PALMONARI (eds.), *Social Interaction in Individual Development*, 25-41, Cambridge and London, Cambridge University Press ; Paris, Maison des sciences de l'homme.

MONTAGNER, H., RESTOIN, A., RODRIGUEZ, D., KONTAR, F. (1988), « Aspects fonctionnels et ontogénétiques des interactions de l'enfant avec ses pairs au cours des trois premières années », *Psychiatrie de l'enfant*, *31*, 173-278.

MONTAGNER, H., RESTOIN, A., RODRIGUEZ, D., ULLMAN, V., VIALA, M., LAURENT, D., GODARD, D. (1988), « Social interactions of young children with peers and their modifications in relation to environmental factors », in M.R.A. CHANCE, *Social Fabrics of the Mind*, 237-259, Hove (G.B.), Laurence Erlbaum.

MONTAGNER, H., RUIZ, V., RAMEL, N., RESTOIN, A., MERTZIANIDOU, V., GAUFFIER, G. (1992), « Interactive capacities of infants of 4 to 7 months with infants of the same age », *Child Development*, soumis.

MONTAGNER, H., RUIZ, V., RAMEL, N., RESTOIN, A., MERTZIANIDOU, V., GAUFFIER, G. (1992), « Les capacités interactives d'enfants de 4 à 7 mois avec un enfant du même âge », *Psychiatrie de l'enfant*, sous presse.

MOSS, S.C., HOGG, J. (1983), « The development and integration of fine motor sequences in 12-to 18 month-old children : A test of the modular theory of motor skill acquisition », *Genetic Psych. Monographs*, *107*, 145-187.

MUELLER, E. (1979), « Toddlers and toys : An autonomous social system », in M. LEWIS and L.A. ROSENBLUM (eds.), *The Social Network of the Developing Infant*, New York, Plenum.

MUELLER, E., LUCAS, T.A. (1975), « A developmental analysis of peer interaction among toddlers », in M. LEWIS and L.A. ROSENBLUM (eds.), *Friendship and Peer Relations*, New York, Wiley.

MUELLER, E., BRENNER, J. (1977), « The origins of social skills and interaction among playgroup toddlers », *Child Development*, *48*, 854-861.

MUSATTI, T. (1986), « Early peer relations : the perspective of Piaget and Vygotsky », in E. MUELLER and C. COOPER (eds.), *Process and Outcome in Peer Relationships*, 25-54, New York, Academic Press.

MUSATTI, T., PANNI, S. (1981), « Social behavior and interaction among day-care center toddlers » *Early Child Development and Care*, *7*, 5-27.

NADEL, J. (1986), *Imitation et Communication entre jeunes enfants*, Paris, PUF.

NADEL-BRULFERT, J., BAUDONNIÈRE, P.M. (1980),

« L'imitation, mode d'échange prépondérant entre pairs », *Enfance*, 1-2, 77-90.
NADEL-BRULFERT, J., BAUDONNIÈRE, P.M. (1982), « The social function of reciprocal imitation in 2 year-old peers », *International Journal of Behavioral Development*, *5*, 95-109.
NOLLER, K., INGRISANO, D. (1983), « Cross-sectional study of gross and fine motor development : Birth to 6 years of age », *Physical Therapy*, *64*, 308-316.
PIAGET, J. (1923), *Le Langage et la Pensée chez l'enfant*, Neuchâtel, Paris, Delachaux et Niestlé.
PIAGET, J. (1945), *La Fonction du symbole chez l'enfant*, Neuchâtel, Paris, Delachaux et Niestlé.
PIAGET, J. (1950), *Introduction à l'épistémologie génétique*, 3 vol., Paris, PUF.
PRECHTL, H.F.R. (1965), « Problems of behavioural studies in the newborn infant », in D.S. LEHRMAN, R.A. HINDE, and E. SHAW (eds), *Advances in the Study of Behaviour*, 75-96, New York, Academic Press.
PRECHTL, H.F.R. (1974), « Problems of behavioural states of the newborn (a review) », *Brain Research*, *76*, 185-212.
QUERLEU, D., RENARD, X., VERSYP, F. (1985), « Vie sensorielle du fœtus », in M. TOURNAIRE et G. LÉVY (eds), *L'Environnement de la naissance*, 15-41, Paris, Vigot.
RESTOIN, A., MONTAGNER, H., RODRIGUEZ, D., GIRARDOT, J.-J., ULLMANN, V., CASAGRANDE, C., TALPAIN, B. (1983), « Données nouvelles sur le développement chronologique des systèmes de communication du jeune enfant avec ses pairs », *Recherches de psychologie sociale*, *5*, 31-56.
RESTOIN, A., MONTAGNER, H., RODRIGUEZ, D., GIRARDOT, J.-J., LAURENT, D., KONTAR, F., ULLMANN, V., CASAGRANDE, C., TALPAIN, B. (1985), « Chronologie des comportements de communication et profils de comportement chez le jeune enfant », in R.R. TREMBLAY, M.A. PROVOST and F.F. STRAYER (eds.), *Étho-*

logie et Développement de l'enfant, 93-130, Paris, Stock/Pernoud.

RICE, T., PLOMIN, R., DE FRIES, J.C. (1984), « Development of hand preference in the Colorado adoption project », *Perceptual and Motor Skills*, *58*, 683-689.

RIGAL, R.A., PAOLETTI, R., PORTMAN, M. (1984), *Motricité, approche psychophysiologique*, Montréal, Québec Presse Universitaire.

RODRIGUEZ, D. (1985), *Contribution à l'étude ontogénétique des séquences de comportement et des vocalisations chez le jeune enfant*. Thèse en sciences de la vie, Université de Franche-Comté.

ROGERS, S.J., D'EUGENIO, D.B. (1977), « Assessment and application », in D.S. SCHAFER and M.S. MOERSCH (eds), *Developmental programming for Infants and Young Children*, *1*, 1-11, Ann Arbor, The University of Michigan Press.

ROSENBLITH, J.F., SIMS-KNIGHT J.E. (1985), *In the Beginning : Development in the First Two Years*, Monterey, CA, Brooks/Cole Publishing Co.

ROUCHOUSE, J.C. (1978), « Éthologie humaine, éthogramme et communication non verbale entre nourrissons », *Enfance*, n° 1, 13-30.

SAINT-ANNE D'ARGASSIES, S. (1982), *Le Développement neuromoteur et psycho-affectif du nourrisson*, Paris, Masson.

SCHNEIDER, B.H., ATTILI, G., NADEL, J., WEISSBERG, R.P., (1989), *Social Competence in Developmental Perspective*, *51*, Series D : Behavioural and Social Sciences, Nato Asi Series, Dordrecht, Boston, London, Kluwer Academic Publ.

SHARP, J.T. (1984), « Development of gross motor skills in the normal child », *Clinics in Pediatry*, *1*, 447-457.

SHIRLEY, M.M. (1931/1933), *The First Two Years : a Study of Twenty-Five Babies* : vol. *I* & vol. *II*. *Postural and locomotor development*, Minneapolis, University of Minnesota Press.

SINCLAIR, H. (1987), « Symbolisme et interaction interpersonnelle », in J. MONTAGERO, A. TAYPHON, et S. DIONNET (eds), *Symbolisme et Connaissance. Cahiers de la Fondation Archives Jean Piaget, 8.*

SOULÉ, M. (1982), « L'enfant dans la tête, l'enfant imaginaire », in L. KREISLER, R. SCHÄPPI, M. SOULÉ (éd.), *La Dynamique du nourrisson*, 135-175, Paris, ESF.

SOULÉ, M. (1984), *Le Nouveau Roman familial*, Paris, ESF.

SOUSSIGNAN, R., KOCH, P., MONTAGNER, H. (1988), « Behavioural and cardiovascular changes in children moving from kindergarten to primary school », *J. Child. Psychol. Psychiat.*, *29*, 321-333.

SPITZ, R. (1968), *De la naissance à la parole*, Paris, PUF.

STAMBAK, M., BONICA, L., MAISONNET, R., RAYNA, S., VERBA, M. (1979), « Modalités d'échanges entre enfants de moins de deux ans », *Cahiers du CRESAS*, *19*, 3-103.

STATHAM, L., MURRAY, M.P. (1971), « Early walking patterns of normal children », *Clinical Orthopaedics*, *79*, 8-24.

STERN, D. (1985), « Affect, attunement : Mechanisms and clinical implication », in J.D. CALL, E. GALENSON and R.L. TYSON (eds.), *Frontiers of Infant Psychiatry*, *2*, New York, Basic Books.

STERN, D. (1989), *Le Monde interpersonnel du nourrisson. Une perspective psychanalytique et développementale*, Paris, PUF.

TESTU, F. (1982), « Les Variations journalières et hebdomadaires de l'activité intellectuelle de l'élève », *Monographies françaises de psychologie*, Paris, CNRS.

TESTU, F. (1990), *Chronopsychologie et Rythmes scolaires. Étude expérimentale des variations journalières et hebdomadaires de l'activité intellectuelle de l'élève*, 2e édition, Paris, Masson.

THELEN, E. (1984), « Learning to walk : ecological demands and phylogenetic constraints », in L.P. LIPSITT (ed), *Advances in Infancy Research*, *3*, 213-250. Norwood, NJ : Ablex.

THELEN, E. (1985), « Developmental origins of motor coordination : Leg movements in human infants », *Dev. Psychobiol.*, *18*, 1-22.

THELEN, E. (1986), « Treadmill-elicited stepping in seven-month-old infants », *Child Dev.*, *57*, 1498-1506.

THELEN, E., BRADSHAW, G., WARD, J.A. (1981), « Spontaneous kicking in month-old infants : Manifestations of a human central locomotor program », *Behavioral and Neural Biology*, *32*, 45-53.

THELEN, E., FISCHER, D.M. (1982), « Newborn stepping : An explanation for a "disappearing reflex" », *Dev. Psychology*, *18*, 760-775.

THELEN, E., FISCHER, D.M., RIDLEY-JOHNSON, R. (1984), « The relationship between physical growth and a newborn reflex », *Inf. Behav. and Develop.*, *7*, 479-493.

THELEN, E., RIDLEY-JOHNSON, R., FISCHER, D.M. (1983), « Shifting patterns of bilateral coordination and lateral dominance in the leg movements of young infants », *Dev. Psychobiol.*, *16*, 29-46.

THIS, B. (1975), *Naître et Sourire*, Paris, éd. Aubier-Montaigne.

THIS, B. (1980), *Le Père : acte de naissance*, Paris, Le Seuil.

TRONICK, E., ALS, H., ADAMSON, L., WISE, S., BRAZELTON, T.B. (1978), « The infant's response to entrapment between contradictory messages in face-to-face interaction », *Journal of the American Academy of Child Psychiatry*, *17*, 1-13.

TRONICK, E., ALS, H., BRAZELTON, T.B. (1980), « Monadic phases : a structural descriptive analysis of infant-mother face-to-face interaction », *Merril-Palmer Quaterly*, *26*, 3-23.

TRONICK, E., RICKS, M., COHN, J. (1982), « Maternel and infant affective exchange patterns of adaptation », in T. FIELD and A. FOGEL (eds.), *Emotion and Early Interaction*, Hillsdale, Lawrence Erlbaum.

TRONICK, E., COHN, J., SHEA, E. (1984), « The transfer of affect between mothers and infants » », in T.B. BRAZELTON and M.W. YOGMAN (eds.), *Affective Development in Infancy*, Norwood, N.J., Ablex.

VANDELL, D. (1980), « Peer interaction in the first year of life », *Child Development*, *51*, 481-488.

VANDELL, D., MUELLER, E. (1980), « Peer play and frienship during the first two years », in H.C. FOOT, A.J. CHAPMAN and J.R. SMITH (eds.), *Friendship and Social Relation in Children*, New York, Wiley.

VERBA, M., MUSATTI, T. (1989), « Minor phenomena and major process of interaction with objects and peers in day care centres », *European Journal of Psychology of Education*, *4*, 215-227.

VERMEIL, C., VERMEIL, G. (1987), *Le Lièvre et la Tortue*, Paris, Stock/Pernoud.

VIGNOLLES, B. (1991), *Vive la crèche*, Paris, Nathan.

VINCZE, M. (1971), « The social contacts of infants and young children reared together », *Early Child Development and Care*, *1*, 99-109.

VISIER, J.P. (1991), « Développement de la personnalité chez l'enfant », *Encyclopédie médico-chirurgicale* (Paris), *37200 G 10*, 6p.

VISIER, J.P., MAURY, M., BOUVIER, N. (1989), « Interactions entre pédiatre et psychiatre d'enfants », in S. LEBOVICI, Ph. MAZET, J.P. VISIER (eds.), *Évaluation des interactions précoces*, 405-425, Paris, Eshel.

WALLON, H. (1934), *Les Origines du caractère chez l'enfant*, Paris, Boivin.

WALLON, H. (1942), *De l'acte à la pensée*, Paris, Flammarion.

WALLON, H. (1945), *Les Origines de la pensée*, Paris, PUF.

WELLMAN, B.L. (1937), « Motor achievements of preschool children », *Child Education*, *13*, 311-316.

WINNICOT, D.W. (1969), *De la pédiatrie à la psychanalyse*, Paris, Payot.

WINNICOTT, D.W. (1971), *L'Enfant et sa famille : les premières relations*, Paris, Petite Bibliothèque, Payot.

WINNICOTT, D.W. (1986), « Communication between infant and mother, and mother and infant compared and contrasted », in *Babies and their Mothers*, Reading, Mass., Addison-Wesley.

WINNICOTT, D.W. (1988), *Human Nature*, New York, Schocken Books.

WYNN, K. (1992), « Addition and substraction by human infants », *Nature*, *358*, 749-750.

ZAZZO, B. (1978), *Un grand passage : de l'école maternelle à l'école élémentaire*, Paris, PUF.

ZAZZO, B. (1984), *L'École maternelle à 2 ans : oui ou non*, Paris, Stock/Pernoud.

ZAZZO, R. (1974), *L'Attachement*, Neuchâtel et Paris, Delachaux et Niestlé.

Table

Cet ouvrage, composé par
Charente Photogravure à Angoulême,
a été achevé d'imprimer
sur les presses de l'imprimerie Hérissey à Évreux
N°: 87842

Dépôt légal : 03533 - Octobre 2000
54-20-4193-03/6
ISBN : 2-234-02552-4